Accanto ad un bicchiere di vino

da Li Po a Rino Gaetano
antologia della poesia
a cura di Piero Buscemi

ZeroBook

Accanto ad un bicchiere di vino

da Li Po a Rino Gaetano
antologia della poesia

a cura di Piero Buscemi

ZeroBook 2016

Titolo originario: *Accanto ad un bicchiere di vino: da Li Po a Rino Gaetano antologia della poesia* / a cura di Piero Buscemi

Questo libro è stato edito da Zerobook: www.zerobook.it.
Prima edizione: giugno 2016

ebook: ISBN 978-88-6711-107-7
book: ISBN 978-88-6711-108-4

Tutti i diritti riservati in tutti i Paesi. Questo libro è pubblicato senza scopi di lucro ed esce sotto Creative Commons Licenses. Si fa divieto di riproduzione per fini commerciali. Il testo può essere citato o sviluppato purché sia mantenuto il tipo di licenza, e sia avvertito l'editore o l'autore.
Controllo qualità ZeroBook: se trovi un errore, segnalacelo!

Indice generale

Indice generale..5
Prefazione, di Marisa Attanasio...13
Jack Kerouac..15
   Il jazz s'è suicidato..15
Bertolt Brecht..16
   Ricordo di Maria A..16
Lawrence Ferlinghetti...17
   Pietà per la nazione (alla maniera di Khalil Gibran)...17
Gioconda Belli..19
   Sempre questa sensazione di inquietudine...19
Tariq Ali...21
   Patience exhausted..21
Salvatore Quasimodo..23
   Sei ancora quello della pietra e della fionda..23
Sergej Aleksandrovič Esenin..24
   Si è sollevato un incendio azzurro..24
Mohsen Lihidheb..26
   Entre Zarzis et Lampedusa...26
Gonzalo Millan..27
   El río invierte el curso de su corriente..27
Laurence Binyon..29
   La fame...29
József Attila..31
   Avvincono al tormento due corde...31
Dylan Thomas...32
   Splendessero lanterne..32
Ana Blandiana..33
   Sono come un occhio di cavallo...33
Ndjock Ngana...34
   Prigione...34
Paul Eluard...36
   Libertà...36
Alberto Caeiro..39
   Così come falliscono le parole..39
Bella Achatovna Achmadulina...40
   I vulcani...40
Andrea Zanzotto..42
   Esistere psichicamente...42
James Douglas Morrison..44
   Canto di dolore e libertà..44
Robert Walser..46
   Da quando mi sono arreso al tempo..46
Maria Luisa Spaziani...47
   Nulla di nulla..47

- **Lev Rubinstein** 48
  - Ovunque la vita 48
- **Raymond Carver** 51
  - Le ragazze 51
- **Augusto Blotto** 52
  - Erano come noi, quelli che sono morti 52
- **Manuel Carpio** 54
  - El río de Cosamaloapán 54
- **Nazim Hikmet** 55
  - L'uomo 55
- **Peppino Impastato** 57
  - Amore Non Ne Avremo 57
- **Robert Lee Frost** 58
  - The Road Not Taken 58
- **Siegfried Sassoon** 60
  - Gloria alle donne 60
- **Carlo Alberto Salustri** 61
  - Er ministro novo 61
- **Antonio De Curtis** 63
  - Chi ò ll'ommo? 63
- **César Abraham Vallejo Mendoza** 66
  - Piedra negra sobre una piedra blanca 66
- **Pier Paolo Pasolini** 67
  - Canto civile 67
- **Wole Soyinka** 69
  - Civilian and Soldier 69
- **Domenico Tempio** 71
  - La futtuta all'inglisa 71
- **Gregory Corso** 74
  - Paris 74
- **Yiannis Ritsos** 76
  - Addii 76
- **Adrienne Rich** 77
  - Prospective Immigrants Please Note 77
- **Giovanni Pascoli** 79
  - L'aquilone 79
- **Martha Medeiros** 82
  - A morte devagar 82
- **Raoul Follereau** 85
  - E ora tocca a voi battervi 85
- **Vladimir Vladimirovič Majakovskij** 87
  - Il mio Maggio 87
- **Salvo Basso** 89
  - Nun sacciu scriviri poesii bboni ppe concorsi 89
- **Fernando del Paso Morante** 92
  - Es tan blanca, tu piel, como la nieve 92
- **Friedrich Wilhelm Nietzsche** 93
  - Figlio mio 93
- **Gabriel Aresti** 95
  - Nire aitaren etxea (vers. basca) 95

Massimo Troisi 98
   Quanta brava gente 98
Rabindranath Tagore 99
   Chi sei tu lettore 99
Hayyim Nahman Bialik 101
   Dopo la mia morte (in memoria di N) 101
Mario Melendez 104
   Llévame 104
Woody Guthrie 106
   Un bambino 106
Carmen Yanez 108
   Piccola Storia 108
Salvatore Di Giacomo 109
   'E cecate 'e Caravaggio 109
Ignazio Buttitta 111
   Cumpagni di viaggiu 111
José Saramago 113
   Oceanografia 113
Máirtín Ó Direáin 117
   Perdonami 117
Elsa Morante 119
   Dedica a Remo N 119
Antioco Casula 122
   A tie, cumpagna mia 122
Candelaria Romero 124
   L'appesa 124
Carlos Montemayor 126
   Es tarde 126
Guido Ceronetti 129
   La ballata dell'angelo ferito 129
Titina De Filippo 132
   Quanne vuo' bene 132
Takamura Kōtarō 134
   Coppia di notte 134
Andrej Andreevich Voznesenskij 135
   Mai 135
Alfonsina Storni 136
   Io sono come la lupa 136
Joumana Haddad 138
   Donna 138
Ingeborg Bachmann 140
   Nella penombra 140
José Martì 142
   Guantanamera 142
Miklós Radnóti 144
   Mi capirebbero le scimmie 144
Mahmud Darwish 145
   Si tratta di un uomo 145
Piero Buscemi 147
   Madre 147

Victor Kusak **148**
    Universi un tanto al chilo 148
Malcolm Lowry **149**
    Joseph Conrad 149
Charles Bukowski **151**
    Gran serata in città 151
Gianni Rodari **155**
    Promemoria 155
Annie Vivanti **158**
    Aut aut 158
Giorgio Gaberscik **160**
    Io se fossi Dio 160
Diane Di Prima **168**
    Lettera rivoluzionaria 168
Philip Lamantia **169**
    Giorno d'inverno 169
Amelia Rosselli **171**
    Se sinistramente 171
Anne Waldman **174**
    Donna che parla veloce 174
Ralph Salisbury **178**
    My Brother's Poem: Vietnamese War, 1969 178
Denise Levertov **179**
    Gente di notte 179
Bob Kaufman **181**
    Fatti non storici 181
Ko Un **183**
    L'animo di un poeta 183
Paul Verlaine **186**
    Canzone d'autunno 186
Julio Cortazàr **188**
    El Futuro 188
Kostantinos Kavafis **190**
    Itaca 190
Samih al-Qasim **192**
    A colui 192
Marina Cvetaeva **194**
    Passante 194
Frank O'Hara **197**
    Granoturco 197
Assunta Finiguerra **199**
    M'aggia appecà 199
Eugénio de Andrade **201**
    Ver claro 201
Raffaele Viviani **202**
    Faciteme magnà 202
Lorenzo Calogero **205**
    Fuga di Pensieri 205
Cristanziano Serricchio **208**
    L'anima dell'acqua 208

- **Isabella Leardini** 210
  - da Una stagione d'aria 210
- **Salvatore Antonio Gaetano** 212
  - Costa poco un uomo libero 212
- **George Best** 213
  - Un tempo per 213
- **Nazik Al Malaika** 215
  - Io 215
- **Adelia Prado** 217
  - Estreito 217
- **Ruth Miller** 219
  - Ci sono ferite 219
- **Eduardo Mitre** 220
  - HÚMEDA LLAMA 220
- **Leonardo Da Vinci** 223
  - Il corpo umano 223
- **Roberto Cabral del Hoyo** 224
  - La declaración de amor 224
- **Erri De Luca** 226
  - Dopo 226
- **Giuseppe Bonaviri** 228
  - Valfrancesca 228
- **Sujata Bhatt** 229
  - Un'altra storia 229
- **Allen Ginsberg** 231
  - Urlo 231
- **Rafael Alberti** 234
  - Spunta sull'inguine un calor silente 234
- **Seamus Heaney** 236
  - Il Fusto di Pioggia 236
- **Ali Ahmad Sa'id Isbir** 238
  - Oriente e Occidente 238
- **Friedrich Hölderlin** 240
  - La veduta 240
- **Giovanni Antonio Di Giacomo** 242
  - A pici (versi scelti) 242
- **Dacia Maraini** 244
  - Come spigole sott'acqua 244
- **Raage Ugaas** 246
  - Era scesa la notte 246
- **Tristan Corbière** 248
  - Bonsoir 248
- **Fabrizio De Andrè** 250
  - (a forza di essere vento) Khorakhanè 250
- **Adalberto Ortiz** 252
  - Contribucion 252
- **Salvatore Toma** 254
  - Il falco lanario 254
- **Mile Pešorda** 256
  - Monologo 256

Jean Cocteau 258
   Les façades 258
Li Po 260
   Tristezza d'autunno 260
W. H. Auden 261
   Lullaby 261
William Ernest Henley 264
   Invictus 264
Alessio Di Giovanni 266
   Sudanu li viddana ni la fara 266
Rodolfo Alonso 268
   Pachamama 268
Giuseppe Ungaretti 270
   Dove la luce 270
Aïcha Arnaout 271
   La traversée du blanc 271
Modesto Della Porta 273
   Lu Destine 273
Giuseppe Marco Calvino 275
   Lu Seculu Decimunonu 275
Sandro Penna 277
   Una strana gioia di vivere 277
Jorge Carrera Andrade 282
   Versión de la Tierra 282
Inger Christensen 284
   Men's Voices 284
Olga Sedakova 285
   Principio 285
Marceline Desbordes Valmore 287
   Les roses de Saadi 287
Vinicius de Moraes 289
   Poética 289
Osip Mandel'stam 291
   Per l'alto valore dei secoli a venire 291
Renzo Barbera 294
   Nenti 294
Henry Miller 295
   Primavera Nera 295
Libero Bovio 297
   Senza sole 297
Geppo Tedeschi 299
   In Tono di Farnetico 299
James Joyce 301
   Alone 301
Giuseppe Conte 302
   Il poeta 302
Antonio Machado 303
   Lungo la nuda terra 303
Pascal D'Angelo 304
   Luce 304

Bob Geldof **307**
    Great Song Of Indifference 307
Tonino Guerra **309**
    La fica l'è una telaragna 309
Váci Mihály **311**
    Leggero, come il vento (Szelíden, mint a szél) 311
Maya Angelou **313**
    Men 313
Philippe Soupault **315**
    Conseils au poète 315
Wislawa Szymborska **317**
    Accanto a un bicchiere di vino 317
Siyabonga A Nxumalo **319**
    I am an African 319
Gerrit Kouwenaar **321**
    Non ho mai 321
Paolo Rossi **323**
    Magia 323
Prisca Agustoni **324**
    Le Dune 324
Pino Daniele **326**
    Pace e Serenita 326
Jorge Luis Borges **327**
    1964 327
Ricardo Eliezer Neftalí Reyes Basoalto **329**
    Amor América 329
David Gilmour **331**
    Wot's...Uh the Deal! 331
Robert Burns **333**
    To a Mouse 333
Eugenio Montale **335**
    I limoni 335
Mokhtar Sakhri **337**
    A Civitavecchia 337
Elena Bono **339**
    Lamento di David sul gigante ucciso 339
Polly Anne Samson **341**
    Louder than words 341
Giacomo Leopardi **343**
    La Ginestra 343
Karin Boye **345**
    Quiete della sera 345
Jean-Joseph Rabearivelo **347**
    Traduit de la nuit 347
Luigi Pirandello **348**
    Pianto di Roma 348
John Lennon **350**
    God 350
Michail Jur'evič Lermontov **352**
    Sulla strada esco solo 352

Peter Turrini **354**
    Alla fine della tristezza 354
Larysa Petrivna Kosach-Kvitka **356**
    Ode alla speranza 356
Abilio Estévez **359**
    I messaggi 359
Leonard Nimoy **361**
    Irish Eyes 361
Gloria Fuertes **363**
    Isla ignorada 363
Mihai Eminescu **366**
    Mai am un singur dor 366
Jacopo da Lentini **369**
    Io m'aggio posto in core a Dio servire 369
Forugh Farrokhzad **370**
    Saluterò di nuovo il sole 370
Derek Walcott **372**
    Concludendo 372
Juan Eduardo Cirlot **374**
    Contemplo Entre Las Aguas de Tu Cuerpo 374
Francesco Guccini **375**
    Amerigo 375
Indice analitico **379**
Nota di edizione **383**
    Questo libro 383
    L'autore 383
    Le edizioni ZeroBook 383

Prefazione, di Marisa Attanasio

Leggendo questa antologia poetica, mi viene in mente un'espressione di Pessoa: *"La mia anima è una misteriosa orchestra; non so quali strumenti suoni e strida dentro di me: corde e arpe, timpani e tamburi. Mi conosco come una sinfonia"*.

Piero Buscemi è il direttore della misteriosa orchestra che ha creato la sorprendente sinfonia contenuta in queste pagine. Nata come rubrica all'interno del giornale online Girodivite per soddisfare la passione dei lettori verso la poesia, questa selezione di versi si sviluppa come una sorta di diario di viaggio, un viaggio spirituale alla ricerca di sé. Da Jack Kerouac a Francesco Guccini, passando attraverso Salvatore Quasimodo, Ndjock Ngana, Bob Geldof, Paul Elouard, Nazim Hikmet, Titina De Filippo, Ingeborg Bachmann e molti altri, questa antologia consente al lettore di girare il mondo, ripercorrendo la storia in avanti e all'indietro per immergersi nell'animo di uomini e donne la cui voce ha lasciato un segno profondo.

"L'animo di un poeta è un solitario grido di verità

Nato negli spazi fra mali e bugie del nostro tempo..."

Ko Un *"L'animo del poeta"*

Leggere una poesia è come porsi senza veli di fronte ad uno specchio, osservarsi in modo diretto e prendere coscienza di sé nel bene e nel male.

"...Vorrei solo che questa sera

attenuaste le luci, abbassaste gli altoparlanti.

Stasera vorrei meditare un po' in pace e tranquillità.

... Stasera vorrò meditare su ciò che io sono."

Henry Miller *"Primavera nera"*

Questi versi di Henry Miller esprimono al meglio il bisogno dell'uomo di cercare in se stesso qualcosa di vero, di autentico che vada oltre il rumore degli *altoparlanti* e che gli consenta in questo silenzio di trovare il mezzo per comunicare con se stesso, prima di trovare il modo per stabilire un rapporto con gli altri e superare la grande solitudine che l'opprime. Oggi più che mai l'uomo è solo, nell'epoca in cui i social network sembrano avvicinare un capo all'altro del mondo, l'uomo è spaventosamente solo e sente con particolare intensità il bisogno di aprirsi all'altro, ma non ad un altro anonimo, la cui voce senza suono giunge con grafemi diversi su uno schermo. La poesia è lo strumento di ricerca più efficace e armonioso, chi scrive comunica e chi legge trasmette il senso di appagamento che prova nel cogliere il messaggio che gli viene rivolto, che viene rivolto a lui in tutta la sua soggettività. La poesia di Wislawa Szymbarska che dà il titolo a questa antologia "Accanto a un bicchiere di vino" recita:

> "...con uno sguardo mi ha resa bella,
>
> e io questa bellezza l'ho fatta mia."

E' questa, credo, la vera natura della poesia, fare propria la bellezza in essa contenuta.

Quando si parla di poesia e in particolare di una selezione così varia di autori per cultura, lingua, epoca di appartenenza, si può solo sottolineare la natura magica della parola che nasce dall'anima, diversa dalla parola formulata dalla mente per assolvere alle necessità pratiche quotidiane. La parola dell'anima non conosce praticità, essa è esclusivamente *"partecipazione emozionale"* per usare un'espressione cara alla scrittrice Anais Nin. La magia sta proprio lì, in quella partecipazione di emozioni, che solo il lettore che sa lasciarsi coinvolgere riesce a cogliere e fare propria. La voce che attraverso i versi si trasforma in grido di dolore, di passione, di gioia, di protesta giunge solo ad un orecchio attento e ad un animo sensibile e ricettivo. Ecco perché non tutti amano la poesia. È in sé che bisogna trovare la chiave di lettura.

> *"Se veramente cercate qualcosa,*
>
> *guardate nelle vostre mani...*
>
> *E' lì che si trova*
>
> *la vera definizione di magia."*
>
> *Paolo Rossi "Si fa presto a dire pirla"*

L'intensità dei versi contenuti in questa selezione si può comprendere solo assaporandoli poco per volta, appunto come un buon bicchiere di vino. Si avrà la sensazione di essere accarezzati da un fresco alito di vento, che sa dolcemente penetrare nell'Io più profondo, migliorarlo e aiutarlo a crescere.

> *"...It's time*
>
> *to let me in from the cold,*
>
> *Turn my lead into gold*
>
> *'cause there's a chill wind blowing in my soul*
>
> *And I think I'm growing old"*
>
> *David Gilmour "Wot's... Uh the Deal!"*

Marisa Attanasio

Jack Kerouac

Considerata la passione dei lettori verso questa branca letteraria, abbiamo deciso di dare vita a questa rubrica. Invitiamo i lettori a proporre le poesie da inserire settimanalmente.
mercoledi 13 luglio 2011

Il jazz s'è suicidato

Fate che la poesia non faccia la stessa fine
Non temiate
l'aria fredda della notte
Non date retta alle istituzioni
quando trasformate i manoscritti in
arenaria
non inchinatevi né fate a cazzotti
per i pionieri di Edith Wharton
o per la prosa alla nebraska di ursula major
no, statevene nel vostro giardinetto
& ridete, suonate
il trombone di mollica
& se poi qualcuno vi regala perline
ebree, marocchine, o vattelapesca,
addormentatevi con quella collana al collo
E' probabile che facciate sogni più belli
La pioggia non c'è
non ci sono più me
te lo dico io, ragazzo,
sicuro come un siluro.

Jack Kerouac, nato Jean-Louis Kerouac (Lowell, 12 marzo 1922 – St. Petersburg, 21 ottobre 1969), è stato uno scrittore e poeta statunitense.

Considerato uno dei maggiori e più importanti scrittori americani del proprio secolo, nonché "papa dei beatnik", il suo stile ritmato e immediato, chiamato dallo stesso Kerouac "prosa spontanea", ha ispirato numerosi artisti e scrittori, come il cantautore americano Bob Dylan. Le opere più conosciute sono I sotterranei, Sulla strada, considerata il manifesto beat generation, I vagabondi del Dharma e Big Sur che narrano dei suoi viaggi attraverso gli Stati Uniti.

Bertolt Brecht

Ricordo di Maria A. di Bertolt Brecht (Poesia segnalata da Orazio Leotta)
martedì 19 luglio 2011

Brecht espresse un giudizio negativo sulla morte eroica affermando tra l'altro: « Il detto che dolce e onorevole è morire per la patria può essere considerato solo come propaganda con determinati fini [...] solo degli stupidi possono essere così vanitosi da desiderare la morte, tanto più che pronunciano simili affermazioni quando si ritengono ancora ben lontani dall'ultima ora. Ma quando la comare morte si avvicina, ecco che se la squagliano con lo scudo in spalla come fece nella battaglia di Filippi l'inventore di questa massima, il grasso giullare dell'imperatore. »
Eugen Berthold Friedrich Brecht detto Bertolt (Augusta, 10 febbraio 1898 – Berlino, 14 agosto 1956) è considerato il più influente drammaturgo, poeta e regista teatrale tedesco del XX secolo.

Ricordo di Maria A.

Un giorno di settembre, il mese blu,
Tranquillo sotto un giovane susino
Io tenni l'amor mio pallido e quieto
Tra le mie braccia come un dolce sogno.
E su di noi nel bel cielo d'estate
C'era una nube ch'io mirai a lungo:
Bianchissima nell'alto si perdeva
E quando riguardai era sparita.

E da quel giorno molte e molte lune
Trascorsero nuotando per il cielo.
Forse i susini ormai sono abbattuti:
Tu chiedi che ne è di quell'amore?
Questo ti dico: più non lo ricordo.
Eppure non ignoro il tuo pensiero,
Pure il suo volto più non lo rammento.
Questo rammento: l'ho baciata un giorno.

Ed anche il bacio avrei dimenticato
Senza la nube apparsa su nel cielo.
Questo ricordo e non potrò scordare:
Era bianca e scendeva giù dall'alto.
Forse i susini fioriscono ancora
E quella donna ha forse sette figli.
La nuvola fiorì solo un istante
E quando riguardai sparì nel vento

Lawrence Ferlinghetti

 **Pietà per la nazione (alla maniera di Khalil Gibran)** *di Lawrence Ferlinghetti*. Poesia segnalata da Giuseppe Calabrò.

mercoledì 27 luglio 2011

Questa settimana abbiamo scelto una delle poesie più futuriste ed attuali, il cui autore merita un posto d'onore nell'ideale Olimpo dei poeti.
Lawrence Ferlinghetti (New York, 24 marzo 1919) è un poeta statunitense. La madre, Lyons Albertine Mendes-Monsanto, era di origini francesi, ebree sefardite e portoghesi. Il padre, Carlo Ferlinghetti, era nato a Brescia nel 1872, ed era emigrato negli Stati Uniti nel 1892. Ferlinghetti studiò alla Mount Hermon School e all'Università del Carolina del Nord sulla Chapel Hill, quindi si arruolò nella Marina statunitense durante la seconda guerra mondiale.
Dopo la guerra, ottenne un diploma post-laurea all'Università della Columbia e un dottorato alla Sorbona. Quando studiava a Parigi, incontrò Kenneth Rexroth, che in seguito lo persuase a recarsi a San Francisco per sperimentare la nascente scena letteraria della città. Fra il 1951 e il 1953 insegnò francese, scrisse critica letteraria e dipinse. Finì in prigione per aver pubblicato Howl, di Ginsberg, del 1956, condannato per oscenità.
Ferlinghetti è conosciuto anche per essere uno dei proprietari della libreria e casa editrice City Lights, che pubblicò i primi lavori letterari della beat generation, tra cui Jack Kerouac e Allen Ginsberg.

Pietà per la nazione (alla maniera di Khalil Gibran)

Pieta' per la nazione i cui uomini sono pecore
e i cui pastori sono guide cattive
Pieta' per la nazione i cui leader sono bugiardi
i cui saggi sono messi a tacere
Pieta' per la nazione che non alza la propria voce
tranne che per lodare i conquistatori
e acclamare i prepotenti come eroi
e che aspira a comandare il mondo
con la forza e la tortura
Pieta' per la nazione che non conosce
nessun'altra lingua se non la propria
nessun' altra cultura se non la propria
Pieta' per la nazione il cui fiato e' danaro
e che dorme il sonno di quelli
con la pancia troppo piena
Pieta' per la nazione – oh, pieta' per gli uomini
che permettono che i propri diritti vengano erosi
e le proprie libertà spazzate via
Patria mia, lacrime di te
dolce terra di liberta'!

Nota: La poesia è stata pubblicata in italiano nel libro "50 poesie di Lawrence Ferlinghetti 50 manifesti di Armando Milani" GAM editrice www.gamonline.it

Gioconda Belli

La poesia di questa settimana è di una poetessa sudamericana, Gioconda Belli ed è stata scelta dalla lettrice Silvia Galeano.

Sempre questa sensazione di inquietudine

Di attesa d'altro.
Oggi sono le farfalle e domani sarà la
tristezza inspiegabile,
la noia o l'ansia sfrenata
di rassettare questa o quella stanza,
di cucire, andare qua e là a fare commissioni,
e intanto cerco di tappare l'Universo con un dito,
creare la mia felicità con
ingredienti da ricetta di cucina,
succhiandomi le dita di tanto in tanto,
sentendo che mai potrò essere sazia,
che sono un barile senza fondo,
sapendo che "non mi adeguerò mai",
ma cercando assurdamente di adeguarmi
mentre il mio corpo e la mia mente si aprono,
si dilatano come pori infiniti
in cui si annida una donna che avrebbe
voluto essere
cielo, mare, stella,
ventre profondo che dà alla luce Universi
e splendenti stelle nove...
Raffiche di poesie mi colpiscono
tutto il giorno e
mi fanno desiderare di gonfiarmi come un
pallone per contenere
il Mondo, la Natura, per assorbire tutto e stare
ovunque, vivendo mille e una vita differenti...
Ma devo ricordarmi che sono qui e che
continuerò
ad anelare, ad afferrare frammenti di chiarore,
a cucirmi un vestito di sole,
di luna o il vestito verde color del tempo
con il quale ho sognato di vivere
un giorno su Venere

Gioconda Belli (Managua, 9 dicembre 1948) è una poetessa, giornalista e scrittrice nicaraguense. Ha al suo attivo quattro libri di narrativa, nei quali vengono esplorati alcuni temi ricorrenti, come le vicissitudini politiche del suo paese e la lotta sandinista, il femminismo e l'emancipazione della donna, il rapporto tra l'america precolombiana e il Sudamerica attuale, e un certo livello di misticismo. È anche autrice di diverse raccolte di poesie, caratterizzate da una poetica sensuale e femminile.

Tariq Ali

Questa settimana abbiamo scelto una poesia di un intellettuale pakistano, che oltre ad essere uno storico, un romanziere, un regista e un giornalista, a tempo perso scrive anche poesie. Ringraziamo il lettore Mauro Maiorca per la segnalazione.

martedì 9 agosto 2011

Tariq Ali (Punjabi, Urdu: طارق على), (born 21 October 1943), is a British Pakistani military historian, novelist, journalist, filmmaker, public intellectual, political campaigner, activist, and commentator. He is a member of the editorial committee of the New Left Review and Sin Permiso, and regularly contributes to The Guardian, CounterPunch, and the London Review of Books.

He is the author of several books, including Can Pakistan Survive? The Death of a State (1991), Pirates Of The Caribbean: Axis Of Hope (2006), Conversations with Edward Said (2005), Bush in Babylon (2003), and Clash of Fundamentalisms: Crusades, Jihads and Modernity (2002), A Banker for All Seasons (2007), The Duel (2008) and The Obama Syndrome (2010).

"I address this poem to the Muslim brothers who demonstrated in Cairo's Tahrir Square after Friday prayers on 29 July" (Tariq Ali)

Patience exhausted

You emerged from the shadows
To tell us what was forbidden and why.
You spoke loudly and clearly,
Each chant a whiplash:
God is Great!
The laws of God transcend democracy!
Liberals and secularists are the scum of the earth!
Copts too!
And uncovered women!
And leftists, trapped on the wrong side of history,
Their rage impotent, their numbers miniscule!
We Brothers represent the will of God!
Who told you?
Why did you believe him?
Was it the will of God that your leaders collaborate with Mubarak?
What of your rivals at home who claim the same?
And your noisy neighbours, each with their preachers in tow?
The Sultans in Abu Dhabi and Riyadh?
The Ayatollahs in Qom and Karbala?
The godly warlords in the White House?
The Pope in the Vatican?
The Rabbis in the Jerusalem Synagogue?

Their God is great too, is he not?
The Book teaches us there is only one God,
Omnipotent, indivisible, all-seeing.
Why does He speak in so many different tongues and voices?
Is He trying to please all at the same time?
Both Israel and Palestine?
Both oppressor and oppressed?

Leave Him alone for the moment,
Tell us what else you believe in?
How will you deal with our exploiters
starting with those inside your ranks?
Does the sun belong to you alone?
Is your God a neoliberal?
Must the poor live off charity for ever?
Why are our people despairing?
How long will you chain their freedoms?
Whose side are you really on?

Salvatore Quasimodo

Questa settimana un grande della poesia di tutti i tempi con una delle sue liriche più attuali di sempre. La poesia ci è stata segnalata dal lettore Luigi Guidi, che ringraziamo.

mercoledì 17 agosto 2011

Salvatore Quasimodo (Modica, 20 agosto 1901 – Napoli, 14 giugno 1968) è stato un poeta italiano, la cui poetica muove dall'ermetismo, vinse il premio Nobel per la letteratura nel 1959.

Sei ancora quello della pietra e della fionda...

Sei ancora quello della pietra e della fionda,
uomo del mio tempo. Eri nella carlinga,
con le ali maligne, le meridiane di morte,
t'ho visto – dentro il carro di fuoco, alle forche,
alle ruote di tortura. T'ho visto: eri tu,
con la tua scienza esatta persuasa allo sterminio,
senza amore, senza Cristo. Hai ucciso ancora,
come sempre, come uccisero i padri, come uccisero
gli animali che ti videro per la prima volta.
E questo sangue odora come nel giorno
Quando il fratello disse all'altro fratello:
«Andiamo ai campi». E quell'eco fredda, tenace,
è giunta fino a te, dentro la tua giornata.
Dimenticate, o figli, le nuvole di sangue
Salite dalla terra, dimenticate i padri:
le loro tombe affondano nella cenere,
gli uccelli neri, il vento, coprono il loro cuore.

Sergej Aleksandrovič Esenin

Questa settimana una poesia d'amore, tratta dalla tradizione classica della letteratura russa. Segnalazione pervenuta dal lettore Antonio Scandurra.
martedì 23 agosto 2011

Si è sollevato un incendio azzurro...

Si è sollevato un incendio azzurro,
Le lontananze natie offuscando.
Ho cantato d'amore, ho rinunciato
A far scandali: per la prima volta.

Non ero che un giardino abbandonato,
Ero avido d'alcool e di donne.
Non amo più bere, ballare e perdere,
Senza voltarmi indietro, la mia vita.

Vorrei solo guardarti, contemplando
L'oro-castano abisso dei tuoi occhi
E, rinnegando il passato, far sì
Che con un altro tu non te ne vada.

Dolce andatura ed elegante vita:
Tu, dal cuore inflessibile, sapessi
Come è capace un teppista d'amare,
Come è capace d'esser sottomesso.

Le bettole per sempre scorderei,
Smettendo anche di scrivere versi:
Soltanto per sfiorare la tua mano
E come un fiore autunnale i capelli.

E vorrei sempre seguirti da presso,
Sia in patria che in paesi forestieri...
Ho cantato d'amore e ho rinunziato
A far scandali: per la prima volta.

Sergej Aleksandrovič Esenin (traslitterato anche come Yesenin o Jesenin), in russo, Сергей Александрович Есенин, (Konstantinovo, 3 ottobre 1895 – San Pietroburgo, 28 dicembre 1925) è stato un poeta russo.

Sebbene fosse uno dei poeti più famosi della Russia e gli fosse stato dato dallo Stato un funerale elaborato, la maggior parte dei suoi scritti furono messi all'indice dal Cremlino durante la dittatura di Josif Stalin e il governo di Nikita Chruščëv. A ciò contribuì in modo significativo la critica di Nikolaj Bucharin. Solo nel 1966 la maggior parte delle sue opere fu ripubblicata. Al giorno di oggi, le poesie di Sergej Esenin vengono ancora imparate a memoria dai bambini a scuola, e molte sono state musicate, registrate come canzoni popolari. La morte prematura, i freddi giudizi da parte di alcuni dell'élite letteraria, l'adorazione da parte delle persone comuni, il comportamento che destava scalpore, tutto ciò contribuì all'immagine popolare duratura e mitica del poeta russo.

Mohsen Lihidheb

 Abbiamo voluto prendere a prestito dal mensile "E", curato da Emergency, la poesia di questa settimana.

martedì 30 agosto 2011

Entre Zarzis et Lampedusa

De l'autre côté de la mer
Tu enterres les corps de mes frères,
Je sais, je sais ce que tu ressens,
A force de l'avoir fait souvent.
C'est dur, très dur, mon ami,
D'être témoin de cette infamie,
Avec un sentiment d'impuissance,
Devant cette cynique violence.
Moi aussi sur le littoral sud,
Ce sont Mamadou, Ali et Oualid,
Que j'ai humblement accompagnés,
Avec des prières au ciel criées,
Pour faire parvenir leur calvaire,
A Dieu l'immense de l'univers.
Tu n'as pas seulement enterré les corps,
Mais l'âme de toute l'humanité.
Tu étais seul devant chaque naufragé.
Il était seul quand tu l'as enterré.
Chacun était seul sur les vagues del la mer.
Chacun a quelque part un père et une mère.
J'étais seul à led mettre sous terre,
Ils étaient seuls arrosés par mes sueurs.
Un oiseau seul survolait la scène,
De deux hommes qui s'enterrent sans haine.

Mohsen Lihidheb è il postino di Zarzis. Dal 1993, ogni giorno dopo il suo turno alle poste, percorre 150 chilometri di spiagge tra Ras Jdir e Djerba e raccoglie tutto quello che il mare porta a riva. Ha improvvisato il Museo della Memoria del mare che raccoglie oggetti che raccontano storie: scarpe, giubbotti, libri. Nell'estate del 2002, sulla spiaggia di Zarzis, Mohsen ha trovato il cadavere di un uomo che aveva tentato la traversata verso l'Europa, e gli ha dato il nome di Mamadou.

Gonzalo Millan

Questa settimana torniamo a visitare la tradizione poetica sudamericana, nello specifico quella cilena. La poesia ci è stata segnalata dal nostro collaboratore Orazio Leotta.

martedì 6 settembre 2011

El río invierte el curso de su corriente

El agua de las cascadas sube
La gente empieza a caminar retrocediendo
Los caballos caminan hacia atrás
Los militares deshacen lo desfilado
Las balas salen de las carnes
Las balas entran en los cañones
Los oficiales enfundan sus pistolas
La corriente penetra por los enchufes
Los torturados dejan de agitarse
Los torturados cierran sus bocas
Los campos de concentración se vacían
Aparecen los desaparecidos
Los muertos salen de sus tumbas
Los aviones vuelan hacia atrás
Los rockets suben hacia los aviones
Allende dispara
Las llamas se apagan
Se saca el casco
La Moneda se reconstituye íntegra
Su cráneo se recompone
Sale a su balcón
Allende retrocede hasta Tomás Moro
Los detenidos salen de espalda de los estadios
Once de Septiembre
Las fuerzas armadas respetan la Constitución
Los militares vuelven a sus cuarteles
Renace Neruda
Víctor Jara toca la guitarra, canta
Los obreros desfilan cantando ¡Venceremos!

Gonzalo Millan (Santiago del Cile, 1 Gen 1947, 14 Ott. 2006), è stato uno dei più importanti poeti cileni di tutti i tempi. Costretto all'esilio, dal colpo di stato di Pinochet dell'11 Settembre 1973, mentre stava completando i suoi studi all'Università Cattolica di Santiago, fu costretto a rifugiarsi dapprima in Messico, poi anche a Panama, in Costarica, in Canada ed in Olanda per fare ritorno in patria solo nel 1997. Fondò e diresse la rivista di poesia "Lo Spirito della Valle". Vincitore del Premio Pablo Neruda nel 1987. Morì di cancro all'età di 59 anni.

Laurence Binyon

Un argomento delicato, ma purtroppo sempre attuale, monopolizza la nostra rubrica questa settimana. Affacciati al terzo millennio, spolveriamo dal passato un poeta inglese.

martedì 13 settembre 2011

La fame

Io scendo tra le genti come un'ombra,
Io siedo accanto a ciascuno.

Nessuno mi vede, ma tutti si guardano in faccia,
E sanno ch'io sono lì.

Il mio silenzio è simile al silenzio della marea
Che sommerge il campo di gioco dei bimbi,

Simile all'inasprirsi del gelo nelle lente ore notturne,
Quando gli uccelli al mattino sono morti.

Gli eserciti travolgono, invadono, distruggono,
Con tuono di cannoni dalla terra e dall'aria.

Io Sono più tremenda degli eserciti,
Io sono più temuta del cannone.

Re e cancellieri dànno ordini;
Io non dò ordini a nessuno;

Ma sono più ascoltata dei re
E più che non i fervidi oratori.

Io disdico parole, disfo azioni.
Le creature ignude mi conoscono...

Io sono il primo e l'ultimo istinto dei viventi...
Sono la Fame.

Laurence Binyon was born in Lancaster in 1869. At Oxford University he won the Newdigate prize for poetry. Influenced by the work of William Wordsworth, Binyon published two major volumes of poetry: Lyric Poems (1894) and Odes (1901).

On 21st September 1914, The Times published Binyon's poem about the outbreak of the First World War, The Fallen. The poem was later to adorn war memorials throughout Britain. Binyon wrote the poem while working at the British Museum and did not go to the Western Front until 1916 when he went as a Red Cross orderly.

After the Armistice Binyon returned to the British Museum printed books department where he was in charge of Oriental prints and paintings. Binyon wrote several books on art including Painting in the Far East (1908), Japanese Art (1909), Botticelli (1913) and Drawings and Engravings of William Blake (1922).

Binyon was appointed Norton professor of poetry at Harvard in 1933. His later work included a translation of Dante's Divine Comedy. Laurence Binyon died in 1943.

József Attila

Questa settimana un poeta-operaio, che nella sua pur breve vita, troncata dal suicidio, riuscì ad essere ricordato come la figura di spicco della poesia ungherese.

martedì 20 settembre 2011

Avvincono al tormento due corde...

Avvincono al tormento due corde,
ne sono stretto da ogni parte:
il nodo non trovo che dovrei con uno strappo
disfare. E soffro, e non vi sarà grazia:
perchè se sorge a liberarmi un uomo,
uno identico a me si assumerà
per sè il dolore, tutto, senza fine.

József Attila. - Poeta (Budapest 1905 - Balatonszárszó 1937), fra i maggiori rappresentanti della moderna poesia ungherese. Studiò lettere e filosofia a Szeged, Parigi e Vienna; redasse la rivista letteraria Szép Szó ("Parola bella"); morì suicida. Il tono della sua lirica è dato dalle amare esperienze dell'infanzia e della giovinezza e dalla sua adesione al socialismo. La poesia di J. (Összes versei és műfordításai "Tutte le poesie e traduzioni", 1939) raggiunge spesso un alto livello per il finissimo gusto e per le immagini originali che hanno sempre un legame stretto con la natura e con la realtà concreta. Numerose le traduzioni straniere, anche italiane.

Dylan Thomas

Questa settimana un grande della poesia internazionale. Un poeta che ha ispirato le più svariate manifestazioni culturali: dal teatro al fumetto. Addirittura, Bob Dylan.

martedì 27 settembre 2011

Splendessero lanterne

Splendessero lanterne, il sacro volto,
Preso in un ottagono d'insolita luce,
Avvizzirebbe, e il giovane amoroso
Esiterebbe, prima di perdere la grazia.
I lineamenti, nel loro buio segreto,
Sono di carne, ma fate entrare il falso giorno
E dalle labbra le cadrà stinto pigmento,
La tela della mummia mostrerà un antico seno.

Mi fu detto: ragiona con il cuore;
Ma il cuore, come la testa, è un'inutile guida.
Mi fu detto: ragiona con il polso;
Ma, quando affretta, àltero il passo delle azioni
Finché il tetto ed i campi si livellano, uguali,
Così rapido fuggo, sfidando il tempo, calmo gentiluomo
Che dimena la barba al vento egiziano.

Ho udito molti anni di parole, e molti anni
Dovrebbero portare un mutamento.

La palla che lanciai giocando nel parco
Non è ancora scesa al suolo.

Dylan Thomas. Nasce a Swansea, Galles, il 27 ottobre 1914 e muore a New York il 9 novembre 1953. E' stato un poeta, scrittore e drammaturgo gallese: la sua prima raccolta poetica, *Diciotto poesie*, fu pubblicata nel 1934, quando Thomas aveva solo vent'anni. Nel 1940 una raccolta di racconti, *Ritratto dell'artista da cucciolo*, contenente spaccati della propria vita, che lo porteranno alla maturazione letteraria nel 1946 con l'uscita di *Death and entrances*.

Artista poliedrico dal talento innato, manifesterà nelle sue opere il disagio sociale sfociato nell'alcolismo che, inevitabilmente lo porterà alla morte durante uno dei suoi viaggi negli Stati Uniti.

Ispiratore di svariate manifestazioni culturali negli artisti di tutto il mondo, il suo nome suggerì a Robert Zimermann il nome d'arte di Bob Dylan. Il nostro Tiziano Sclavi, risentendo l'influenza del poeta gallese, darà vita al personaggio Dylan Dog, notissimo nel mondo dei fumetti.

Ana Blandiana

 Chi si ricorda della Rivoluzione del 1989 in Romania contro il regime di Ceaușescu? Proviamo a rinfrescarci la memoria con alcuni versi della poetessa Ana Blandiana.

martedì 4 ottobre 2011

Sono come un occhio di cavallo

Sono come un occhio di cavallo
riparato dal mondo.
Non chiedermi
quando sarò da te
quali alberi e quali fiori
ho incontrato.
Io vedo soltanto il sentiero
e di tanto in tanto
le ombre delle nuvole
inviarmi messaggi
che non capisco.

Otilia Valeria Coman (Timișoara, 25 marzo 1942) è il nome vero della poetessa rumena, conosciuta con il pseudonimo Ana Blandiana, che ha utilizzato questo cognome per ricordare il villaggio d'origine della sua famiglia. Rappresenta la voce lirica contro l'oppressione del dittatore Nicolae Ceaușescu, una voce femminile che con i suoi versi ha saputo lanciare un messaggio di speranza e di conforto al suo popolo, durante la rivoluzione che porterà alla caduta del regime nel 1989, anno simbolico di riconquistate libertà, come quella del popolo tedesco all'indomani del crollo del muro di Berlino. Il suo coinvolgimento diretto alla politica del suo paese, l'ha costretta per diversi anni a vivere segregata in casa, spiata e controllata dal regime. Nel 2005 ha vinto in Italia il Premio letterario Giuseppe Acerbi, premio speciale per la poesia, per la sua opera *Un tempo gli alberi avevano gli occhi*.

Ndjock Ngana

Torniamo ad occuparci della nostra rubrica con una poesia del poeta Ndjock Ngana, un poeta camerunense e presidente dell'Associazione KEL'LAM Onlus.

martedì 18 ottobre 2011

Prigione

Vivere una sola vita
in una sola città
in un solo paese
in un solo universo
vivere in un solo mondo
è prigione

Amare un solo amico
un solo padre
una sola madre
una sola famiglia
amare una sola persona
è prigione

Conoscere una sola lingua
un solo lavoro
un solo costume
una sola civiltà
conoscere una sola logica
è prigione

Avere un solo corpo
un solo pensiero
una sola conoscenza
una sola essenza
avere un solo essere
è prigione.

Ndjock Ngana è nato in Camerun nel 1952 e nel 1973 ha lasciato il suo paese per trasferirsi in Italia. Attualmente vive a Roma. Ha seguito la strada dell'impegno politico, sociale, culturale per la conservazione delle culture africane e per la diffusione delle altre culture. Infatti, nell'89 ha fondato l'associazione Baobab con intellettuali africani e latinoamericani per l'integrazione degli immigrati per la convivenza tra razze, culture, religioni e l' associazione Kel 'Lam ("un bel giorno" in lingua basaa).

E' attualmente consulente per la multietnicità del Comune di Roma e vicepresidente della consulta per l'immigrazione del VI Municipio. E' membro del gruppo direttivo del Forum Intercultura della Caritas di Roma

Paul Eluard

La Francia è la nazione simbolo della poesia europea di questa settimana. Tra i tanti esponenti, abbiamo scelto Paul Eluard, poeta della Resistenza ed antifascista.

martedì 25 ottobre 2011

Libertà

Sui miei quaderni di scolaro
Sui miei banchi e sugli alberi
Sulla sabbia e sulla neve
Io scrivo il tuo nome

Su tutte le pagine lette
Su tutte le pagine bianche
Pietra sangue carta cenere
Io scrivo il tuo nome

Sulle dorate immagini
Sulle armi dei guerrieri
Sulla corona dei re
Io scrivo il tuo nome

Sulla giungla e sul deserto
Sui nidi sulle ginestre
Sull'eco della mia infanzia
Io scrivo il tuo nome

Sui prodigi della notte
Sul pane bianco dei giorni
Sulle stagioni promesse
Io scrivo il tuo nome

Su tutti i miei squarci d'azzurro
Sullo stagno sole disfatto
Sul lago luna viva
Io scrivo il tuo nome

Sui campi sull'orizzonte
Sulle ali degli uccelli

Sul mulino delle ombre
Io scrivo il tuo nome

Su ogni soffio d'aurora
Sul mare sulle barche
Sulla montagna demente
Io scrivo il tuo nome

Sulla schiuma delle nuvole
Sui sudori dell'uragano
Sulla pioggia fitta e smorta
Io scrivo il tuo nome

Sulle forme scintillanti
Sulle campane dei colori
Sulla verità fisica
Io scrivo il tuo nome

Sui sentieri ridestati
Sulle strade aperte
Sulle piazze dilaganti
Io scrivo il tuo nome

Sul lume che s'accende
Sul lume che si spegne
Sulle mie case raccolte
Io scrivo il tuo nome

Sul frutto spaccato in due
Dello specchio e della mia stanza
Sul mio letto conchiglia vuota
Io scrivo il tuo nome

Sul mio cane goloso e tenero
Sulle sue orecchie ritte
Sulla sua zampa maldestra
Io scrivo il tuo nome

Sul trampolino della mia porta
Sugli oggetti di famiglia
Sull'onda del fuoco benedetto
Io scrivo il tuo nome

Su ogni carne consentita
Sulla fronte dei miei amici

Su ogni mano che si tende
Io scrivo il tuo nome

Sui vetri degli stupori
Sulle labbra intente
Al di sopra del silenzio
Io scrivo il tuo nome

Su ogni mio infranto rifugio
Su ogni mio crollato faro
Sui muri della mia noia
Io scrivo il tuo nome

Sull'assenza che non desidera
Sulla nuda solitudine
Sui sentieri della morte
Io scrivo il tuo nome

Sul rinnovato vigore
Sullo scomparso pericolo
Sulla speranza senza ricordo
Io scrivo il tuo nome

E per la forza di una parola
Io ricomincio la mia vita
Sono nato per conoscerti
Per nominarti
Libertà.

Paul Éluard, pseudonimo di Eugène Émile Paul Grindel (Saint-Denis, 14 dicembre 1895 – Charenton-le-Pont, 24 settembre 1952), è stato un poeta francese, tra i maggiori esponenti del movimento surrealista. Le sue prose sono raccolte in 3 volumi di scritti sull'arte e in "I sentieri e le vie della poesia" (*Les sentiers et les routes de la poésie*, 1952). L'esperienza della prima guerra mondiale gli ispirò una serie di poesia pacifiste: Il dovere e l'inquietudine (1917), Poesie per la pace (1918). Al periodo surrealista, in cui sviluppò la tematica amorosa, appartengono Morire di non morire (1924), Capitale del dolore (Capitale de la douleur, 1926) illuminata dall'amore per Gala, L'amore la poesia (*L'amour la poésie*, 1929), La rosa pubblica (*La rose publique*, 1934). La sua poesia ha come primo movente la certezza di una felicità possibile, e di un superamento dei limiti umani nella purezza del rapimento amoroso.

Alberto Caeiro

Il poeta ospite della nostra rubrica di questa settimana è considerato una sorta di maestro di Fernando Pessoa. In realtà è più semplicemente un eteronimo inventato dallo stesso Pessoa, per il quale si inventò anche una biografia.

martedì 1 novembre 2011

Così come falliscono le parole

Così come falliscono le parole
quando vogliono esprimere qualsiasi pensiero,
così falliscono i pensieri quando
vogliono esprimere qualsiasi realtà.

Ma, come la realtà non è
destinata a dettare il pensiero,
così la stessa realtà esiste,
per non essere pensata.

Così tutto ciò che esiste,
esiste semplicemente.
Il resto è una specie di sonno
di cui abbiamo bisogno,
una vecchiaia che accompagna
la malattia dall'infanzia.

Alberto Caeiro. Nato a Lisbona, avrebbe vissuto tutta la vita come contadino, quasi senza studi formali ma solo con una istruzione elementare; nonostante questo è considerato il maestro fra gli eteronimi, ma anche dall'ortonimo stesso. Essendo morti i genitori, visse con la zia di uno di loro, grazie a una modesta rendita. Morì di tubercolosi.

È noto anche come poeta-filosofo, ma rigettava questo titolo e propugnava una "non-filosofia". Credeva che gli esseri semplicemente "sono", e nulla più; era irritato dalla metafisica e da qualunque tipo di simbologia sulla vita. In altri termini non credeva che il linguaggio e il pensiero fossero mezzi adatti a conoscere la Realtà, poiché essa è altrove.

Possedeva un linguaggio estetico diretto, concreto e semplice, ma tuttavia sufficientemente complessa per il suo punto di vista riflessivo. Il suo ideale si può riassumere nel verso "C'è sufficiente metafisica nel non pensare a niente". La sua opera è raccolta nel volume "Poemas Completos de Alberto Caeiro".

Il giorno stesso in cui nacque Caeiro nella mente di Pessoa, il giorno trionfale, Pessoa lo concepì come già morto: egli fu il maestro prematuramente scomparso, di tutti gli eteronimi e dell'Ortonimo. Ciò che abbiamo di lui è un'opera postuma e il ricordo che ne avevano i suoi allievi.

Bella Achatovna Achmadulina

Ancora una donna ospite della nostra rubrica. La poetessa che osò sfidare il conservatorismo del regime comunista sovietico, sostenendo Boris Pasternak, l'autore del censurato Dottor Živago.

martedì 8 novembre 2011

I vulcani

Tacciono i vulcani spenti.
Cade cenere nella loro pancia.
Lì riposano i giganti, stanchi
dopo i misfatti compiuti.

È sempre più freddo il loro regno,
sempre più greve alle loro spalle,
ma di notte li visitano ancora
peccaminose visioni.

Sognano la città condannata,
ignara del proprio destino,
il basalto, che in arabescate colonne
incornicia i giardini.

Lì bambine raccolgono a bracciate
fiori sbocciati da tempo,
lì baccanti fanno cenni agli uomini
che sorseggiano il vino.

Lì impazza sempre più stupido
un festino, lì volano ingiurie.
Oh, Pompei, bambina mia,
figlia di una regina e di uno schiavo!

Prigioniera della tua buona sorte,
a chi pensavi, a cosa,
quando, intrepida, al Vesuvio
ti appoggiavi col piccolo gomito?

Non ti stancavi di ascoltarne i racconti,
sgranavi gli occhi stupiti

*per non sentire i boati
del suo incontenibile amore.*

*E lui, con la sua fronte perspicace,
proprio allora, sul finire del giorno,
cadde ai tuoi piedi senza vita
e urlò: "Perdonami!".*

Bella Achmadulina, una delle voci più interessanti della poetica sovietica post-staliniana, nacque a Mosca da padre tartaro e madre italiana – il suo nome completo era infatti Isabella – il 10 aprile 1937. Le sue prime poesie le pubblicò da studentessa sulla rivista Mestrostroevets. Nel 1959 venne espulsa dall'Istituto di Letteratura Maksim Gorkij per aver sostenuto Boris Pasternak. Riammessa, si laureò nel 1960. Nel 1954 aveva sposato in prime nozze Evgenij Evtusenko, un altro dei grandi esponenti di quella generazione brillante e polemica uscita dal disgelo dell'URSS dopo la fine del dittatore georgiano.

Sposò poi lo scrittore Yuri Nagibin, il regista Eldar Kuliev e infine l'architetto Boris Messerer. Bella Achmadulina si rivelò nel 1962 con la raccolta "La corda", cui seguirono "Lezioni di musica" (1969), "Tenerezza", (1971), "Tormenta" (1977) e "Mistero" (1983). Le sue liriche e i suoi poemi, espressi con virtuosismo stilistico e impianto metrico tradizionale, si incentrano in particolare sul problema dell'integrazione dell'artista nella società contemporanea, al quale si intrecciano volentieri temi personali. È morta a 73 anni nella sua casa di Peredelkino, a Mosca, il 29 novembre 2010.

Andrea Zanzotto

Questa settimana torniamo in Italia per ricordare la figura di uno dei più grandi poeti del '900, recentemente scomparso. La poesia ci è stata segnalata da Marisa Attanasio, che ringraziamo.

martedì 15 novembre 2011

Esistere psichicamente

Da questa artificiosa terra-carne
esili acuminati sensi
e sussulti e silenzi,
da questa bava di vicende
— soli che urtarono fili di ciglia
ariste appena sfrangiate pei colli -
da questo lungo attimo
inghiottito da nevi, inghiottito dal vento,
da tutto questo che non fu
primavera non luglio non autunno
ma solo egro spiraglio
ma solo psiche,
da tutto questo che non è nulla
ed è tutto ciò ch'io sono:
tale la verità geme a se stessa,
si vuole pomo che gonfia ed infradicia.
Chiarore acido che tessi
i bruciori d'inferno
degli atomi e il conato
torbido d'alghe e vermi,
chiarore-uovo
che nel morente muco fai parole
e amori.

Andrea Zanzotto. Nacque a Pieve di Soligo nel 1921 ed è considerato uno dei più importanti poeti del secondo Novecento, un riconoscimento confermato dai numerosi premi che lo hanno visto protagonista (Premio Viareggio 1979, Premio Librex-Montale 1983, Premio "Feltrinelli" dell'Accademia dei Lincei 1987 per la poesia). Le sue prime opere, *Dietro il paesaggio* (1951), *Elegia ed altri versi* (1954), *Vocativo* (1957), esternano una scrupolosa e metaforica descrizione della sua amata terra, attraverso i suoi versi ispirati dalle bellezze della natura, quali i fiumi, i boschi, i cieli, ricordando sotto certi aspetti l'opera leopardiana. Considerato lo storico lirico della Resistenza, curando la stesura dei documenti di propaganda del movimento, nel 1950 ottenne il Premio San Babila che gli fu riconosciuto da una giuria composta che poteva vantare i nomi di Ungaretti, Montale e Quasimodo, per la raccolta *Dietro il paesaggio*. Tra le sue numerose collaborazioni, merita di essere ricordata quella con Federico Fellini con il quale scrisse alcuni dialoghi de *La Città delle donne*. E' morto a Conegliano Veneto il 18 ottobre 2011.

James Douglas Morrison

 Segnalato da moltissimi lettori, a poche settimane da quello che sarebbe stato il suo 68° compleanno, ci è sembrato doveroso ricordare uno dei poeti del rock, amato anche dalle nuove generazioni.

martedì 22 novembre 2011

Canto di dolore e libertà

Ecco, ho potuto assaggiare
Il boccone in equilibrio
Sull'incerto crinale
Tra saviezza e demenza.

Bene, la forma ha preso
Il suo etereo profilo indiano,
Lo sciamano del rock
E' sprofondato nei meandri
Della scena pericolante.

Bene, poeta, benissimo
I tratti della celebrità
E il profilo della gloria
Varcano l'orizzonte.

Tutto comincia da capo,
Uguali la fronte e il petto,
Così ritorno a gridare
Il mio canto di dolore
Libero, un canto di libertà.

James Douglas Morrison. Nato l'8 dicembre 1943 a Melbourne in Florida, ha lasciato nella musica internazionale la sua indelebile scia carismatica, tanto da lasciare alla creatività dei suoi biografi varie congetture, mai del tutto confermate o smentite, sulle cause della sua morte. O addirittura, mettendo in dubbio che sia mai avvenuta. Leader del gruppo musicale The Doors, si è trascinato nella sua vena poetica su tutti i palchi che lo hanno visto protagonista durante i concerti, famose le sue esternazioni in versi improvvisate anche nel corso dell'esecuzione di una qualsiasi canzone. Vena poetica che lo porterà alla auto-produzione di due volumi di poesie nel 1969, *The Lords / Notes on Vision* e *The New Creatures*. Influenzato nell'adolescenza dagli studi su Friedrich Nietzsche, fu affascinato dalla poesia di William Blake, Charles Baudelaire e Arthur Rimbaud. Altra figura letteraria che catturò Morrison fu lo scrittore Jack Kerouac e il suo stile di vita raccontato nel celeberrimo *Sulla strada*. Ma il ritorno alle origini e alle culture degli americani nativi, le loro tradizioni, la loro religione e i loro miti accompagneranno tutta la sua carriera musicale e poetica. I riferimenti ai luoghi, quali deserti e laghi antichi e ad un certo tipo di animali, quali lucertole e serpenti, presenti nelle sue canzoni e poesie, sono arricchiti dallo stile delle sue interpretazioni che si rifà alle movenze degli sciamani. Morì (?) a Parigi il 3 luglio 1971.

Robert Walser

Un poeta non molto conosciuto occupa la nostra rubrica questa settimana. Un autore che, come in molti casi, impersona il destino dell'artista la cui arte viene riconosciuta solo dopo la morte.

martedì 29 novembre 2011

Da quando mi sono arreso al tempo

Da quando mi sono arreso al tempo
sento in me una pace
calda e meravigliosa.
Da quando scherzo apertamente
coi giorni e con le ore
sono finiti i miei lamenti.

Con una semplice parola
mi sento sgravato dalle colpe
che mi recano danno:
il tempo è il tempo, può anche assopirsi,
sempre troverà me, brav'uomo,
allo stesso posto.

Robert Walser (Bienne, 15 aprile 1878 – Herisau, 25 dicembre 1956) è stato un poeta e scrittore svizzero di lingua tedesca. Ancora bambino era entusiasta spettatore di teatro. La sua opera preferita era I masnadieri, di Friedrich Schiller. Un acquarello lo raffigura nelle vesti di Karl Moor, il protagonista del dramma. Il suo sogno era quello di diventare un attore. Morì nel pomeriggio di Natale del 1956 dopo una solitaria passeggiata in un campo di neve. Il suo valore di letterato gli fu riconosciuto solo post-mortem e in Italia le sue opere furono pubblicate solo a partire dagli anni sessanta.

Vai alla scheda su Robert Walser su Antenati.

Maria Luisa Spaziani

 I fortunati iscritti alla Facoltà di Magistero di Messina, negli anni Ottanta hanno potuto pregiarsi dell'onore di affrontare l'esame di francese al cospetto di una poetessa.

martedì 6 dicembre 2011

Nulla di nulla

Strappami dal sospetto
di essere nulla, più nulla di nulla.
Non esiste nemmeno la memoria.
Non esistono cieli.

Davanti agli occhi un pianoro di neve,
giorni non numerabili, cristalli
di una neve che sfuma all'orizzonte -
e non c'è l'orizzonte -

Maria Luisa Spaziani nasce a Torino nel 1924. La città di Torino compare pochissimo nella sua poesia; più presenti sono invece i paesaggi tra il Piemonte e la Liguria, e le campagne dell'astigiano, dove vive gli anni dello sfollamento. Fondamentale è l'incontro con Eugenio Montale. Pur conoscendo a memoria Ossi di seppia, al principio non ha desiderio di incontrarlo: «Ne avevo sentito parlare male: dicevano che fosse misantropo, misogino, scostante, che non sorridesse mai. Ma poi l'angelo tessitore me l'ha spedito a Torino, e per curiosità sono andata a una sua conferenza al teatro Carignano il 14 gennaio del 1949. Mentre stavo per uscire, la direttrice mi dice: Si fermi, ché vogliamo presentare i giovani poeti torinesi a Montale. Io non mi sentivo poeta, perché non avevo pubblicato niente, e poi ero molto intimidita. Allora si è verificata una cosa molto strana, che né io né Montale stesso siamo riusciti a capire negli anni seguenti. Eravamo sei persone in fila; lui passava, dava la mano con gli occhi bassi senza guardare in faccia nessuno e diceva: Piacere, piacere. Stavo per scappare quando lui arriva davanti a me e appena sente il mio nome alza gli occhi e mi dice: Ah, è lei. Rimango senza fiato, e dico la prima banalità che mi viene in mente per vincere l'imbarazzo: Viene a pranzo da me, domani? E lui: Sì».

Gli studenti messinesi la ricorderanno durante le sue gentili e suadenti interrogazioni affrontando gli esami di francese presso la Facoltà di Magistero di Messina. La sua capacità di trasmettere agli allievi l'amore, più che il dovere, dello studio di una lingua così antica come l'italiano, affascinando con il suo savoir-faire e il fascino di un classicismo d'altri tempi.

http://www.girodivite.it/antenati/xx3sec/_spaziani.htm

Lev Rubinstein

Un poeta fuori dai canoni. Un artista che ha fatto il percorso inverso rispetto a tutti gli altri: ha iniziato dalle pagine dei libri di una biblioteca per finire per farne parte. Una segnalazione della nostra lettrice Marisa Attanasio.
martedì 13 dicembre 2011

Nato nel 1947 a Mosca, Lev Rubinstein ha lavorato come bibliotecario nel periodo quando prese parte della letteratura clandestina, un lavoro che alla fine e in parte, ha ispirato il suo stile caratterizzato da raccolte di pensieri catalogati. La principale importanza dell'opera di Rubinstein nella Russa dell'avanguardia e le sue affinità artistiche con la poesia sperimentale, fanno di lui una figura determinante della poesia russa e mondiale, tanto da essere tradotto in tedesco, francese, svedese, polacco e inglese. I componimenti poetici di Rubinstein, che furono inizialmente pubblicati in occidente nel 1970, e solo dieci anni dopo in Russia, sono scritti come una sorta di indici bibliotecari, spesso rispecchiando o distorcendo i vari temi del linguaggio. Conseguì il prestigioso premio Andrei Bely Prize, Rubinstein è un poeta completo con uno sguardo attento per dettagli fuori dal comune. Il suo stile innovativo della "poesia ritrovata" e delle "poesie scritte sulle schede" rappresentano un'ondata di novità, unica nella rinascita della nuova letteratura russa dopo la caduta del comunismo.

Ovunque la vita

1. – COSI'. COMINCIAMO... 2. – La vita è data all'uomo una sola volta. Tu guardala, amico mio, non fartela scappare... – COSI'. AVANTI... 3. – La vita è data all'uomo non per niente. Occorre esserne degni, caro mio... – BENE. AVANTI... 4. – La vita è data all'uomo non per niente. Occorre avere un buon atteggiamento verso la vita... – STOP! 5. "Non sento! C'è un crepitio continuo. Provaci tu adesso – forse ci riuscirai..." 6. – SUVVIA! 7. – La vita è data all'uomo solo per un attimo. Affrettatevi a compiere opere di bene... – AVANTI... 8. – La vita è data all'uomo, dicono, Affinché egli la porti, senza versarla... – COSI'... 9. – La vita è data all'uomo senza premura. Lui non se ne accorge, ma vive... – COSI'... 10. – La vita è data all'uomo, senza respirare. Tutto dipende da com'è il suo animo... – STOP! 11. "Signori, d'altronde, il tè si raffredda..." 12. – TRE-QUATTRO... 13. – La vita è data all'uomo per tutta la vita. Per tutta la vita dobbiamo tenerlo a mente... – BENE. AVANTI... 14. – La vita è data all'uomo per vivere, Per pensare, soffrire e vincere... – ECCEZIONALE! 15. – La vita è data all'uomo – ecco, lui 10 Si affretta a vivere, si affretta a percepire... – STUPENDO! 16. "Ma quale materiale sintetico? Sei tu sintetico! Non capisci, taci!" – SUVVIA! 17. – La vita è data all'uomo affinché possa Vivere senza rimpiangere nulla... – COSI'... 18. – La vita è data all'uomo, alla formica, Alla spiga di frumento, all'uccello, alla rosa, al cane... – COSI'... 19. – La vita è data all'uomo come un sogno. Noi dormiamo, finché non ci toccheranno una spalla... – OTTIMO! 20. "Chi è simpatico? Quel macaco baffuto è simpatico? Ma dai!" – ANDIAMO! 21. – La vita è data all'uomo, ma essa, Purtroppo, non sempre riesce... – AVANTI... 22. – La vita è data all'uomo non sempre. E accade che non venga data mai... – COSI'... 23. – La vita è data all'uomo, poi Gli viene tolta – ecco proprio... – STOP! 24. "Fammi vedere. Bhagavadgita... Ma che cazzata è?" – TRE-QUATTRO... 25. – La nostra vita assomiglia al sole tra le nubi – Ecco luccica e si nasconde alla vista... – STUPENDO! 26. "Ma non dite sciocchezze! Che cosa c'entra qui Che disgrazia l'ingegno, quando abbiamo Le anime morte..." – TRE-QUATTRO... 27. – In questa vita non calpesterai la vita. Anche se non ci capirai nulla... – Bene! 28. "Penso con orrore che presto verrà l'estate..." – TRE-QUATTRO... 29. – La nostra vita non che sia apparente, ma 11 Non è a noi visibile da tutti i punti dell'Universo... – ECCEZIONALE! 30. "Un praticante così da solo – be', fa lo stesso, del resto. Ti guarda così – ohi, ohi, ohi... " – TRE-QUATTRO... 31. – Nella nostra vita non è tutto come vogliamo, – Cosicché è meglio se ci nascondiamo e tacciamo... – STOP! 32. "'È tutto un gioco' – chi l'ha detto?" 33. "Di motivi ce ne sono diversi. In primo luogo, il sistema stesso..." 34. "Ecco tu sei un umanista. Spiegami perché 'cagare' si scrive con la 'G'..." 35. "Signore! Ma sono tutti fatti della stessa farina. Si prenda quel..." 36. "Sapete che cosa mi è venuto in mente? Al fine di rianimare un morto – estetico, ovvio, – occorre ucciderlo nuovamente. L'importante è trovare un modo... Non è chiaro? Va bene, dopo... " – TRE-QUATTRO... 37. – Il legame causa effetto Si è disgregato poco alla volta, E, con audacia, senza nascondersi, Ci si può mettere in viaggio... – STOP! 38. "Effettivamente, è strano. Un'ora e mezzo fa ha telefonato, ha detto: sto uscendo..." – TRE-QUATTRO... 39. – A guardia del margine del monte Una stella non dorme... – STOP! 40. "Varos Vartanovi?! Ohi, perdonate, per amor di Dio! Varos Varosovi?! Che pensate, è una cosa seria?" – TRE-QUATTRO... 41. – Perché volare là dove gli occhi Guardano impetuosi... – STOP! 42. "Che incubo! Semplicemente mi hai sconvolto... Solo due settimane fa lui e io... Era così allegro... Solo scherzi, arguzie... " – TRE-QUATTRO... 43. – Invano, cogliendo con l'udito Una notizia inquietante... – STOP! 44. "Sì, sì, so già tutto... Be', certo, verrò – che domanda..." – TRE-QUATTRO... 45. – È inutile borbottare attraverso le lacrime Parole avvizzite... – STOP! 46. "Smettila! Smettila subito! Non puoi fare così. Devi trattenerti... Il fazzoletto ce l'hai? Be', ecco, va bene..." – TRE-QUATTRO... 47. – Non conviene costruire i ponti Dal per sempre all'ora. Non è forse meglio, calmandoci un po'... – STOP! 48. "Ricordo, discutevamo ancora su dove andare in estate... Si... Ecco, ecco... Noi pensiamo, facciamo progetti..." – TRE-QUATTRO... 49. – In inverno siamo tutti Apostoli del nuovissimo testamento. Tra di noi ci sono gli uomini della luce, Ma ci sono anche gli uomini delle tenebre... – AVANTI... 50. – Invano un grillo da un angolo Canta del suo crudele destino – È qui per sua stessa volontà, E non è terminato il gioco... – AVANTI... 51. – Non è semplice salvarsi di corsa Lungo un fiume veloce – Non solo nelle bufere c'è la quiete, Ma anche sulla riva... – ANCORA... 52. – Invano nell'ora ventosa Ci dimeniamo con tutte le forze – Già pregustando la tomba, L'eroe appena nato... – ANCORA... 53. – Ma dove andremo, se la memoria coglie A viva forza la giornata dell'altro ieri, E la giornata ventura ci prepara L'ennesima... – STOP! 54. – INSIEME: 13 55. – La nostra vita da sola Sfreccia sulle onde. Lasciando scoperta – STOP! ANCORA UNA VOLTA... 56. – La nostra vita da sola Sfreccia sulle onde. Avendola testa indocile. – STOP! ANCORA UNA VOLTA... 57. – La nostra vita da sola Sfreccia sulle onde. Con incomprensibile – STOP! DALL'INIZIO... 58. – La nostra vita da sola Sfreccia sulle onde. Con impossibile – STOP! DALL'INIZIO... 59. – La nostra vita da sola Sfreccia sulle onde. Con infinita malinconia – STOP! VA BENE. E' TUTTO. BASTA. GRAZIE.

Raymond Carver

Questa settimana una poesia di un autore che è entrato di diritto nella storia della letteratura americana, più per i suoi racconti che per le poesie.
martedì 20 dicembre 2011

Le ragazze

Scordati ogni esperienza che provoca sussulti.
E qualsiasi cosa abbia a che fare con la musica da camera.
Musei in piovosi pomeriggi domenicali, eccetera.
I vecchi maestri. Tutta quella roba.
Scordati le ragazze. Cerca di scordartele.
Le ragazze. E tutta quella roba là.

Raymond Carver Clatskanie, 25 maggio 1938 – Port Angeles, 2 agosto 1988, Carver ottenne il suo primo lavoro da impiegato presso la casa editrice di Palo Alto, la Science Research Associates come redattore dei libri di carattere scientifico. Trasferitosi a Palo Alto nell'agosto di quell'anno, Carver conobbe Gordon Lish, editor della rivista Esquire, che diventerà il suo editor negli anni futuri. Nel 1973 apparvero sulla rivista Voices in American Poetry cinque sue poesie e nell'antologia del Prize Stories, che raccoglieva i racconti migliori dell'anno premiati con l'O. Henry Short Story Prize, venne inserito il racconto *E questo cos'è?* che prenderà in seguito il titolo de *I chilometri sono effettivi?*

Nel febbraio del 1976 venne pubblicata da Capra Press la terza raccolta di poesie intitolata *At Night the Salmon Move* e a cura della McGraw-Hill. Improvvisamente, nel settembre del 1987, Carver venne colto da un'emorragia al polmone sinistro e il 1° ottobre, a Syracuse, sarà operato d'urgenza. In occasione del suo cinquantesimo compleanno la Atlantic Montly Press pubblicò l'attesa auto-antologia *Where I'm Calling From* (Da dove sto chiamando). Pur in cattive condizioni fisiche e cosciente del suo male, Carver non smise di lavorare, lasciando scritto in un appunto:

« *Vorrei avere ancora un po' di tempo. Non cinque anni, e nemmeno tre, non potrei sperare così tanto — ma se avessi anche solo un anno. Se sapessi di avere un anno.* »

Nella poesia di Carver c'è la radice profonda della sua ispirazione letteraria, una poesia fortemente concentrata sulla vita quotidiana, di cui, attraverso l'uso di un linguaggio ordinario, riesce a esprimere efficacemente le tensioni fondamentali: un certo spaesamento esistenziale, la paura della morte, il bisogno di essere amato, di essere salvato, di comunicare in modo sincero.

Augusto Blotto

Poeta molto prolifico, capace di scrivere oltre quattromila pagine poetiche in poco più di due anni, a soli diciotto anni, è conosciuto anche per aver abbandonato la carriera universitaria a Torino per andare a fare il metalmeccanico. Segnalazione di Marisa Attanasio.

martedì 27 dicembre 2011

Erano come noi, quelli che sono morti.

        Questo
accorgimento tocca nulle e cartacee
le crisi, e forse i forni. Senza scultoreo.
Senza lattice, pulpito, màmmeo
degli oscurissimi da piramidi, deltoidi;
nulla di tutto ciò. Sciocchi e odiantini,
come il panorama all'ingiro, in una canapa
di fiacchezze che a officine pareva perfino smontare il predellino,
contorni di montaggi e magazzinieri,
sono stati vittime dello sconvolgimento.

        Per spicce
ragioni, per la stufata di stare in piedi,
l'affanno a crepitino.

        E' sempre stato così.
I volti che noto degni di partigiano
forse sono proprio quelli di allora, non esperimento
or floscio, ma tutto cosa sul piano di messi
comunali che han preso un po' le armi,
piccole esigenze, esilaranti trovar climi
qui. Tutte economie locali, enti
e forse il prestigio da caffè degli sconci
riparatori di macchine da ufficio, o stupide
spese di chi non si è trasformato, dopo, sceso
da allora, ma sono ben questi qua,
come sempre, vanno per modo di dire, così era allora.

Augusto Blotto nasce a Torino nel 1933. In mezzo secolo di scrittura ha composto circa diciassettemila pagine di poesie, snocciolate in cinquantasette volumi editi ed inediti. Fra di essi si ricordano: Terribile transizione (1951), Autorevole e tanto disperso (1960), Svenevole a intelligenza (1961), La forza grossa e varia (1962), Nell'insieme, nel pacco d'aria (1952-1956, tre vol.), La popolazione (1964),

Davanti a una cosa (1967), Basso come umido o Attraversamento ancora contemporaneo (1973), Lucido, poco doloroso, troppo (1980-1981), Utile fortuna brutale, ricordo (1998-1999). Il suo caso "fuori scala" ritorna al centro della scena nel 2003 con La vivente uniformità dell'animale, cospicua raccolta edita da Manni e prefata da Stefano Agosti. Blotto è un grande camminatore.

Manuel Carpio

Il poeta di questa settimana appartiene al movimento del Romanticismo, che giunse anche in Sud America, dopo essere nato nella vecchia Europa. La bellezza dei versi scelti meritano la lingua originale.

martedì 3 gennaio 2012

El río de Cosamaloapán

Arrebatado y caudaloso río
que riegas de mi pueblo las praderas
¡quién pudiera llorar en tus riberas
de la redonda luna al rayo frío!

De noche en mi agitado desvarío
me parece estar viendo tus palmeras,
tus naranjos en flor y enredaderas,
y tus lirios cubiertos de rocío.

¡Quién le diera tan sólo una mirada
a la dulce y modesta casa mía,
donde nací, como ave en la enramada!

Pero tus olas ruedan en el día
sobre las ruinas ¡ay! de esa morada,
donde feliz en mi niñez vivía.

Manuel Carpio Hernández, un uomo che fu insegnante, medico, poeta, e sempre pronto ad aiutare i suoi simili. Manuel Carpio è stato uno degli otto figli di José Antonio Carpio e Atanasio Josefa Hernandez, nacque il 1° Marzo 1791 a Cosamaloapan del Carpio. A causa della scarsità di opportunità di lavoro, fu costretto con i suoi genitori a trasferirsi in un'altra città, Puebla, quando era ancora un bambino molto piccolo. Un'epidemia contagiosa lasciò Manuel orfano a quattro anni, ma ricevette una buona formazione dalla famiglia e completò gli studi più avanti nel seminario Palafoxiano della città di Puebla, dove studiò teologia umanistica, arte e letteratura, greca e latina. In seguito, studiò medicina, nonostante una grande povertà e con molti sforzi. Con l'aiuto di alcuni amici, fondò la prima Accademia messicana di Medicina. Educato secondo i dettami della religione cristiana, manifestò questa sua inclinazione nelle sua poesia nella quale prevale una raffinata ricerca stilistica e la chiarezza nell'espressione. Testimone della rivoluzione messicana per l'indipendenza dagli Stato Uniti, vide la nascita della Costituzione messicana nel 1857. Morì a Città del Messico l'11 febbraio 1860.

Nazim Hikmet

Un altro poeta esule occupa la nostra rubrica questa settimana. Turco di nascita ma cittadino moscovita per necessità, sarà amico di Majakovskij. Poeta segnalato da Orazio Leotta.

martedì 10 gennaio 2012

L'uomo

Le piante, da quelle di seta fino alle più arruffate
gli animali, da quelli a pelo fino a quelli a scaglie
le case, dalle tende di crine fino al cemento armato
le macchine, dagli aeroplani al rasoio elettrico

e poi gli oceani e poi l'acqua nel bicchiere
e poi le stelle
e poi il sonno delle montagne
e poi dappertutto mescolato a tutto l'uomo

ossia il sudore della fronte
ossia la luce nei libri
ossia la verità e la menzogna
ossia l'amico e il nemico
ossia la nostalgia la gioia il dolore

sono passato attraverso la folla
insieme alla folla che passa.

Nazim Hikmet, nato a Salonicco (appartenente all'Impero ottomano fino al 1912) nel 1902, divenne il cantore della Turchia popolare, delle sue lotte, e in particolare del proletariato turco. Per questo fu costretto a vivere in esilio, specialmente in URSS. Cominciò a pubblicare versi nel 1919. Non conosceva la realtà dell'Anatolia: era nato a Salonicco, dove suo nonno era stato governatore e suo padre console, e la terra della sua gente la conosceva solo attraverso le letture. Divenuto seguace di Kemal, il viaggio in Anatolia gli ispirò un poemetto in cui esprime la sua angoscia di fronte alla scoperta di una dura realtà umana e sociale, con i contadini relegati nella miseria e nell'analfabetismo.

Nel 1921 Hikmet andò a Mosca, dove divenne amico di Majakovskij. In questo periodo scrisse poesie-manifesto contro l'arte pura, per una poesia di impegno rivoluzionario. Nella poesia di Hikmet si sente lo stile di Majakovskij, specialmente nelle poesie degli anni Venti, nel taglio del verso, nelle immagini.

Tornato in patria nel 1924 dovette scappare appena un anno dopo, quando fu arrestato e accusato di collaborare con una rivista di sinistra. Tornò in Turchia solo nel 1928, senza visto, scrisse articoli, scenari ed altri scritti. Fu condannato alla prigione per il suo ritorno irregolare ma gli fù concessa l'amistia nel 1935.

Nel 1938 fu condannato dal governo turco, fortemente anticomunista, a 28 anni e 4 mesi di prigione per le sue attività antinaziste e antifranchiste. Nel 1949 si creò una commissione che si battè per la liberazione di Hikmet, di questa facevano parte, tra gli altri, Pablo Picasso, Paul Robeson, Jean Paul Sartre, un anno dopo venne liberato.

Peppino Impastato

Sulla figura dell'autore di questa settimana, poco c'è da aggiungere. Figura simbolica della lotta culturale contro la mafia, ci ha lasciato le sue liriche ricche di sensibilità umana.

martedì 17 gennaio 2012

Amore Non Ne Avremo

Nubi di fiato rappreso
s'addensano sugli occhi
in uno stanco scorrere
di ombre e di ricordi:
una festa,
un frusciare di gonne,
uno sguardo,
due occhi di rugiada,
un sorriso,
un nome di donna:
Amore
Non
Ne
Avremo.

Peppino Impastato. Nasce a Cinisi il 5 gennaio 1948 da Felicia Bartolotta e Luigi Impastato. La famiglia Impastato è bene inserita negli ambienti mafiosi locali: si noti che una sorella di Luigi ha sposato il capomafia Cesare Manzella, considerato uno dei boss che individuarono nei traffici di droga il nuovo terreno di accumulazione di denaro. Nel 1975 organizza il Circolo "Musica e Cultura", un'associazione che promuove attività culturali e musicali e che diventa il principale punto di riferimento per i giovani di Cinisi. All'interno del Circolo trovano particolare spazio il "Collettivo Femminista" e il "Collettivo Antinucleare" Il tentativo di superare la crisi complessiva dei gruppi che si ispiravano alle idee della sinistra "rivoluzionaria" , verificatasi intorno al 1977 porta Giuseppe Impastato e il suo gruppo alla realizzazione di Radio Aut, un'emittente autofinanziata che indirizza i suoi sforzi e la sua scelta nel campo della controinformazione e soprattutto in quello della satira nei confronti della mafia e degli esponenti della politica locale. Nel 1978 partecipa con una lista che ha il simbolo di Democrazia Proletaria, alle elezioni comunali a Cinisi. Viene assassinato il 9 maggio 1978, qualche giorno prima delle elezioni e qualche giorno dopo l'esposizione di una documentata mostra fotografica sulla devastazione del territorio operata da speculatori e gruppi mafiosi: il suo corpo è dilaniato da una carica di tritolo posta sui binari della linea ferrata Palermo-Trapani. Le indagini sono, in un primo tempo orientate sull'ipotesi di un attentato terroristico consumato dallo stesso Impastato, o, in subordine, di un suicidio "eclatante".

Robert Lee Frost

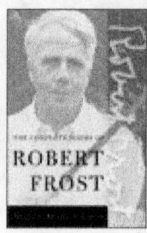

Questa poesia fu citata da Roberto Benigni nel film "Daunbailò", durante un dialogo con Tom Waits. La profondità dei versi contenuti giustifica la segnalazione del nostro lettore Mauro Maiorca.

martedì 24 gennaio 2012

The Road Not Taken

Two roads diverged in a yellow wood,
And sorry I could not travel both
And be one traveler, long I stood
And looked down one as far as I could
To where it bent in the undergrowth;

Then took the other, as just as fair,
And having perhaps the better claim,
Because it was grassy and wanted wear;
Though as for that the passing there
Had worn them really about the same,

And both that morning equally lay
In leaves no step had trodden black.
Oh, I kept the first for another day!
Yet knowing how way leads on to way,
I doubted if I should ever come back.

I shall be telling this with a sigh
Somewhere ages and ages hence:
Two roads diverged in a wood, and I—
I took the one less traveled by,
And that has made all the difference.

Robert Lee Frost. Nato a San Francisco il 26 marzo 1874, si trasferì in New England all'età di undici anni e manifestò già giovanissimo un forte interesse per la poesia, scrivendo le sue prime liriche. Finite le scuole, intraprese diverse attività lavorative: fu professore, calzolaio e editore della Lawrence Sentinel. La sua prima poesia fu pubblicata l'8 novembre 1894 da un giornale di New York, The Indipendent, e si intitolava *My Butterfly*. Trasferito in Inghilterra nel 1912 con la moglie Elinor Miriam White, sua musa ispiratrice, subì l'influenza dai poeti contemporanei inglesi, quali Edward Thomas e Robert Graves. Ma fu l'amicizia con Ezra Pound che segnò la svolta alla sua carriera di poeta, promuovendo ed aiutandolo a pubblicare le sue opere. Tornò negli Stati Uniti nel 1915, quando era già affermato e aveva alle sue spalle già due raccolte di poesie famosissime, *A Boy's Will* e *North of Boston*. La sua notorietà di completò con le successive pubblicazioni *New Hampshire (1923)*, *A Further Range (1936)*, *Steeple Bush (1947)* e *In the Clearing (1962)*, che gli fecero riconoscere ben quattro Premi Pulitzer. La sua poesia è caratterizzata dalla ricerca e dalla più profonda meditazione dei temi universali del suo tempo, ma la modernità del suo linguaggio fa di lui un poeta attuale. La psicologia riscontrata nelle sue composizioni si accosta alla sottile ed ambigua ironia utilizzata per descrivere il mondo e le sue contraddizioni. Morì a Boston il 29 gennaio 1963.

Siegfried Sassoon

Poeta inglese, simbolo dell'atroce testimonianza della Grande Guerra, della quale fu definito un eroe "per caso".

martedì 31 gennaio 2012

Gloria alle donne

Ci amate quando diventiamo eroi, a casa in licenza
O feriti in un luogo menzionabile.
Voi decorazione di culto; voi credete
Che la cavalleria redima le atrocità della guerra.
Ci trasformate in granate. Ascoltate con delizia,
Di racconti di sporcizia e pericolo con affetto entusiasta.
Esaltate i nostri lontani fervori mentre combattiamo,
E piangete il nostro ricordo di eroi, quando veniamo uccisi.
Non potete credere che le truppe inglesi possano 'ritirarsi'
Quando l'ultimo orrore infernale le abbatte, e corrono,
Calpestando quei corpi sfigurati - sporcati di sangue.
O madre tedesca che sogni accanto al fuoco,
Mentre lavori a maglia le calze che invierai a tuo figlio,
Il suo volto è calpestato sempre più in fondo nel fango.

Siegfried Loraine Sassoon (Matfield, 8 settembre 1886 – Heytesbury, 1° settembre 1967) è stato un poeta inglese. La sua fama è principalmente legata alla sua produzione poetica dai toni satirici contro la Prima guerra mondiale. Essendo un ingenuo, la reazione di Sassoon alle atrocità della guerra fu amara e violenta, sentimenti che manifesterà anche nelle sue poesie. La sua reazione alla morte del fratello Hamo a Gallipoli, gli fece riconoscere il soprannome di "Jack il matto" per i suoi tentativi di suicidio contro le linee tedesche, durante le sue prime manifestazioni di dolore, quando ancora credeva che i tedeschi ammettessero le loro responsabilità per lo scoppio della guerra. Sassoon mostrò anche la sua ingenuità, quando protestò pubblicamente contro la guerra, dichiarando che l'insensibilità dei leader politici rappresentasse un crudeltà maggiore di quella dimostrata dagli stessi tedeschi. Fortunatamente, il suo amico e poeta Robert Graves convinse l'ispezione militare che Sassoon soffrisse di shock causato dallo scoppio delle bombe, tanto che fu ricoverato in un ospedale militare a Craiglockhart, dove conobbe l'altro poeta inglese Wilfred Owen.

Sassoon rappresenta una figura chiave nello studio della poesia della Grande Guerra: portò in guerra l'ambiente idilliaco pastorale, mischiò la sua poesia con altri poeti di guerra, trascorse trenta anni della sua vita analizzando il conflitto con le sue memorie e infine, riuscì a trovare conforto nella fede.

Carlo Alberto Salustri

Questa settimana, particolarmente fredda e nevosa, inficiata di polemiche e smentite, merita uno spazio sdrammatizzante uno dei più folcloristici poeti italiani.

martedì 7 febbraio 2012

Er ministro novo

Guardelo quant'è bello! Dar saluto
pare che sia una vittima e che dica:
Io veramente nun ciambivo mica;
è stato proprio el Re che l'ha voluto! -

Che faccia tosta, Dio lo benedica!
Mó dà la corpa ar Re, ma s'è saputo
quanto ha intrigato, quanto ha combattuto...
Je n'è costata poca de fatica!

Mó va gonfio, impettito, a panza avanti:
nun pare più, dar modo che cammina,
ch'ha dovuto inchinasse a tanti e tanti...

Inchini e inchini: ha fatto sempre un'arte!
Che novità sarà pe' quela schina1
de sentisse piegà dall'antra parte!

Carlo Alberto Salustri in arte Trilussa, nacque a Roma il 26 ottobre del 1871 e qui morì nel 1950. Divenne popolare in tutta Italia quale interprete dellla poesia dialettale romanesca attraverso numerose raccolte poetiche. Notevoli sono le sue argutissime favole, mezzo espressivo che si fece anche portavoce di un'avversione al regime fascista.

Tra il 1913 e il 1920 andò ad abitare a Campo Marzio, dove trovò il grande amore con una ragazza trasteverina. L'Italia è in guerra e Trilussa ne registra i dolori in *Lupi e agnelli* pubblicato nel 1919. Non frequenta il caffè Aragno, ritrovo degli intellettuali romani: preferisce l'osteria, anche se indossa abiti eleganti.

La fama di Trilussa è tale che le sue opere arrivano all'editore italiano più importante, Mondadori che gli pubblica i suoi libri. Scrive testi per Fregoli e Petrolini.

Eppure ha problemi economici; le entrate che gli vengono da pubblicazioni e collaborazioni giornalistiche, sono appena sufficienti. Nel dopoguerra, le sue condizioni economiche sono sempre modeste e si fa anche cagionevole lo stato di salute.

Rinuncia all'osteria ed alle passeggiate, soffre di asma. Esce nel 1944, l'ultima raccolta di poesie, "Acqua e vino" e poi sarà il silenzio. Il 1° dicembre 1950 Luigi Einaudi lo nomina senatore a vita "per aver illustrato la Patria con altissimi meriti nel campo letterario ed artistico". Sommerso dai telegrammi, lettere di congratulazioni che gli giunsero da tutte le parti del mondo, disse agli amici che erano con lui: "Hanno trovato la maniera di seppellirmi prima del tempo". Venti giorni dopo Trilussa muore: è il 21 dicembre del 1950.

Antonio De Curtis

Come non ricordare questa settimana il più completo attore italiano di tutti i tempi. Approfittando della coincidenza con il suo giorno di nascita, gli rendiamo omaggio, come la sua arte pretende.

martedì 14 febbraio 2012

Chi ò ll'ommo?

*Nun songo nu grand'ommo
nun songo nu scienziato.
'A scola nun sò gghiuto
nisciuno m'ha mannato.
S' i' songo intelliggente?
e m' 'o spiate a mme?
I' songo nato a Napule,
che ne pozzo sapé?
Appartengo alla massa...
a chella folla 'e ggente
ca nun capisce proprio 'o riesto 'e niente.
Però ve pozzo dicere na cosa:
campanno notte e juorno a stu paese
pur i' me sò 'mparato quacche cosa,
quaccosa ca se chiamma umanità.
Senza sapé né leggere e né scrivere,
da onesto cittadino anarfabbeta,
ve pozzo parlà 'ncopp' a n'argomento
ca certamente ve pò interessà: chi è ll'ommo.
Ll'ommo è: nu pupazzo 'e carne
cu sango e cu cervello
ca primma 'e venì al mondo
(cioè 'ncopp' a sta terra)
madre natura, ca è sempre priviggente,
l'ha miso 'nfunno 'a ll'anema,
cusuto dint'o core, na vurzella
cu dinto tante e tante pupazzielle
che saccio: 'o mariuncello,
na strega 'e Beneviento,
nu scienziatiello atomico
cu a faccia indisponente,
nu bello Capo 'e Stato*

vestuto 'a Pulcinella;
curtielle, accette, strummolo
e quacche sciabbulella.
Penzanno ca 'o pupazzo
nu jurno se fa ommo,
si se vò divertì ,
chesto 'o ppò fà. E comme?
Sceglienno 'a dint' 'o mazzo
ca tene dint' 'a vurzella,
chello ca cchiù lle piace
fra tutte 'e pazzielle.
Si po' sentite 'e dicere:
"'o tale hanno arrestato!
Era uno senza scrupolo:
pazziava al peculato.
E trene nun camminano?
'A posta s'he fermata?"
Chi tene 'mmano 'o strummolo,
pazzianno s'he spassato.
'o scienziatiello atomico
ch' 'a bomba 'a tena stretta
"Madonna! - tremma 'o popolo-
E si mo chisto 'a jetta?"
Guardate che disgrazia
si 'a sciabbulella afferra
nu capo ca è lunatico:
te fa scuppià 'na guerra.
Senza penzà ca 'o popolo:
mamme, mugliere e figlie,
chiagneno a tante 'e lacreme.
Distrutte sò 'e famiglie!
A sti pupazze 'e carne affocaggente
l'avessame educà cu 'o manganiello,
oppure, la natura priviggente,
avess' 'a fa turnà 'nu Masaniello.
Ma 'e ccose no... nun cagnano
e v' 'o dich'i' 'o pecché:
nuie simme tanta pecure...
facimmo sempe "mbee".

Totò nasce il 15 febbraio 1898 nel rione Sanità come Antonio Clemente, sua madre nel 1921 sposa Giuseppe de Curtis dalla cui relazione era nato Antonio. Nel 1928 il de Curtis riconosce Antonio come suo figlio, nel 1933 il marchese Antonio de Curtis viene adottato dal marchese Francesco Gagliardi Foccas e nel 1946 il tribunale di Napoli gli riconosce il diritto a fregiarsi dei nomi e dei titoli di:

Antonio Griffo Focas Flavio Dicas Commeno Porfirogenito Gagliardi De Curtis di Bisanzio, Altezza Imperiale, Conte Palatino, Cavaliere del Sacro Romano Impero, Esarca di Ravenna, Duca di Macedonia e di Illiria, Principe di Costantinopoli, di Cicilia, di Tessaglia, di Ponte di Moldavia, di Dardania, del Peloponneso, Conte di Cipro e di Epiro, Conte e Duca di Drivasto e Durazzo.

César Abraham Vallejo Mendoza

Un poeta peruviano, cresciuto tra la miseria del suo popolo, conobbe la durezza del carcere peruviano, dove rimase rinchiuso per 105 giorni. (Poeta segnalato dal sito http://natakarla.blogspot.com/)

martedì 21 febbraio 2012

Piedra negra sobre una piedra blanca

Me moriré en París con aguacero,
un día del cual tengo ya el recuerdo.
Me moriré en París - y no me corro -
tal vez un jueves, como es hoy, de otoño.
Jueves será, porque hoy, jueves, que proso
estos versos, los húmeros me he puesto
a la mala y, jamás como hoy, me he vuelto,
con todo mi camino, a verme solo.
César Vallejo ha muerto, le pegaban
todos sin que él les haga nada;
le daban duro con un palo y duro
también con una soga; son testigos
los días jueves y los huesos húmeros,
la soledad, la lluvia y los caminos...

César Abraham Vallejo Mendoza. Nacque a Santiago de Chuco, un villaggio andino del Perù. Si laureò in lettere all'Università di Truillo e, nel 1915 si trasfererì a Lima, dove lavorò come insegnante e si avvicinò ai membri della sinistra intellettuale. Nel 1920 tornò a Santiago de Chuco e rimase coinvolto nei tumulti verificati nella città ed imprigionato per 105 giorni con l'accusa di essere un incendiario, prima di aver dimostrata la propria innocenza. E' in questo periodo che maturano le poesie contenute in "Trilce" (1922), la sua opera più famosa, considerata un momento fondamentale nel rinnovamento del linguaggio poetico ispano-americano. Qui César si allontana dagli schemi tradizionali di scrittura, incorporandovi alcune novità delle avanguardie letterarie e realizzando una angosciosa e sconcertante immersione in abissi della condizione umana che mai prima di allora erano stati esplorati.

L'anno seguente, il 1923, perso il posto di insegnante a Lima, parte per l'Europa, stabilendosi a Parigi, dove rimarrà (a parte alcuni viaggi in Unione Sovietica, Spagna e altri paesi europei), fino alla fine dei suoi giorni. Quegli anni furono caratterizzati da un'estrema povertà e intensa sofferenza fisica e morale. Con amici come Huidobro, Gerardo Diego, Juan Larrea e Juan Gris, partecipa ad attività dell'avanguardia, ma presto giunge a rinnegare il suo stesso "Trilce".

Muore a Parigi, nel 1938, in un giorno di pioggia, come aveva profetizzato in "Pietra bianca su una pietra nera".

Pier Paolo Pasolini

Poeta, giornalista, regista, sceneggiatore e scrittore italiano. Il massimo interprete della comunicazione del Novecento. Dal 2 novembre 1975, data della sua scomparsa, l'Italia sta ancora provando a ricostruirsi un'immagine di cultura.

martedì 28 febbraio 2012

Canto civile

Le loro guance erano fresche e tenere
e forse erano baciate per la prima volta.
Visti di spalle, quando le voltavano
per tornaree nel tenero gruppo, erano più adulti,
coi cappotti sopra i calzoni leggeri. La loro povertà
dimentica che è il freddo inverno. Le gambe un po' arcuate
e i colletti consunti, come i fratelli maggiori,
già screditati cittadini. Essi sono ancora per qualche anno
senza prezzo: e non ci può essere niente che umilia
in chi non si può giudicare. Per quanto lo facciano
con tanta, incredibile naturalezza, essi si offrono alla vita;
e la vita a sua volta li richiede. Ne sono così pronti!
Restituiscono i baci, saggiando la novità.
Poi se ne vanno impertubati come sono venuti.
Ma poiché sono ancora pieni di fiducia in quella vita che li ama,
fanno sincere promesse, progettano un promettente futuro
di abbracci e anche di baci. Chi farebbe la rivoluzione -
se mai la si dovesse fare - se non loro? Diteglielo: sono pronti,
tutti allo stesso modo, così come abbracciano e baciano
e con lo stesso odore nelle guance.
Ma non sarà la loro fiducia nel mondo a trionfare.
Essa deve essere trascurata dal mondo.

Pier Paolo Pasolini nasce a Bologna il 5 marzo 1922, lo stesso anno dell'avvento di Mussolini nella politica italiana e mondiale, con la marcia di Roma. Fu uno dei maggiori osservatori e critici del suo tempo, negli anni delle contestazioni giovanili che sfociarono nelle violenze di piazza e degenerarono nel terrorismo. Precoce intellettuale, a soli diciasette anni si iscrisse alla Facoltà di Lettere di Bologna per meriti scolastici, riconosciuti al Liceo Galvani.

Appassionato di letteratura e di qualsiasi manifestazione artistica, fu anche un appassionato di politica, una passione che esercitò subito dopo la guerra, iscrivendosi al Partito comunista nel 1948. La svolta della sua carriera artistica è l'incontro con Sergio Citti nel 1951 e poi nel 1953 con Giorgio Bassani, che lo coinvolge nella stesura della sceneggiatura del film *La donna del fiume*, di Mario Soldati.

Nel 1955 pubblica il libro rivelazione *Ragazzi di vita*, ambientato nelle borgate romane, con il quale sarà incriminato per contenuti pornografici, ma verrà assolto, vantando la testimonianza a favore di Carlo Bo e di Giuseppe Ungaretti. Dopo la collaborazione con Moravia e Fellini, nel 1961 gira il suo primo film da regista, *Accattone*. Faranno seguito *Mamma Roma*, *Uccellacci e uccellini* con Totò e Ninetto Davoli, *Medea* con Maria Callas, *Il Decameron*, *I racconti di Canterbury*, *Il fiore delle Mille e una notte*, *Salò o le 120 giornate di Sodoma*.

Notevole anche la sua produzione letteraria. Tra i tanti titoli, *Alì dagli occhi azzurri*, *Teorema*; tra le opere teatrali *Calderòn*, *Orgia* e *Bestia da stile*. Anche la morte, per Pasolini, sarà motivo di discussione e mistero non ancora risolto. La mattina del 2 novembre 1975, il suo corpo verrà ritrovato all'Idroscalo di Ostia. Per questo omicidio si autoaccuserà Pino Pelosi, che sconterà sette anni di carcere. Recentemente, alla fine del 2011, lo stesso Pelosi confesserà che l'omicidio dell'artista era stato commissionato per screditare la sua figura di intellettuale, ma in modo particolare di giornalista.

Wole Soyinka

Torniamo in Africa, precisamente in Nigeria, uno dei tanti stati africani, perennemente interessato da sanguinose guerre civili.

martedì 6 marzo 2012

Civilian and Soldier

My apparition rose from the fall of lead,
Declared, 'I am a civilian.' It only served
To aggravate your fright. For how could I
Have risen, a being of this world, in that hour
Of impartial death! And I thought also: nor is
Your quarrel of this world.

You stood still
For both eternities, and oh I heard the lesson
Of your traing sessions, cautioning -
Scorch earth behind you, do not leave
A dubious neutral to the rear. Reiteration
Of my civilian quandary, burrowing earth
From the lead festival of your more eager friends
Worked the worse on your confusion, and when
You brought the gun to bear on me, and death
Twitched me gently in the eye, your plight
And all of you came clear to me.

I hope some day
Intent upon my trade of living, to be checked
In stride by your apparition in a trench,
Signalling, I am a soldier. No hesitation then
But I shall shoot you clean and fair
With meat and bread, a gourd of wine
A bunch of breasts from either arm, and that
Lone question - do you friend, even now, know
What it is all about?

Wole Soyinka E' nato il 13 Luglio 1934 a Abeokuta, vicino Ibadan nella Nigeria occidentale. Dopo gli studi universitari, nel 1954 al Government College in Ibadan, proseguì gli studi all'Università di Leeds, dove, nel 1973, si laureò. Durante i sei anni trascorsi in Inghilterra, svolse l'iattività di drammaturgo al Royal Court Theatre a London negli anni 1958-1959. Nel 1960, vinse una borsa di studio e ritornò in Nigeria per studiare dramma Africano. Nello stesso tempo, insegnò letteratura presso diverse università a Ibadan, Lagos e Ife, dove, sin dal 1975, fu docente di litteratura comparata. Nel 1960, fondò un gruppo di teatro, "The 1960 Masks" e nel 1964, l' "Orisun Theatre Company", attraverso il quale produsse le sue opere e recitò come attore.

Durante la guerra civile in Nigeria, Soyinka chiese con un articolo la cessazione delle ostilità. Per questo motivo fu arrestato nel 1967, accusato di cospirare con i ribelli del Biafra, e fu tenuto come prigioniero politico per 22 mesi fino al 1969. Autore di una ventina di titoli, tra drammi, romanzi e silloge di poesia, le sue liriche sono raccolte in Idanre, and Other Poems (1967), Poems from Prison (1969), A Shuttle in the Crypt (1972) the long poem Ogun Abibiman (1976) and Mandela's Earth and Other Poems (1988).

Domenico Tempio

L'ipocrisia è uno dei malanni del genere umano dal quale non si guarisce mai. Micio Tempio lo comprese già due secoli fa e ci ha lasciato i suoi versi per dimostrarlo.

martedì 13 marzo 2012

La futtuta all'inglisa

Nici, mi vinni un nolitu
di futtiri all'inglisa;
già sugno infucatissimu:
guarda chi minchia tisa!

Lu gustu è insuppurtabili,
li tasti non discordi:
in chistu modu futtinu
li nobili milordi.

La sorti è già propizia
semu suli suliddi;
stanotti avemu a futtiri
li gigghia e li capiddi.

A manu a manu curcati;
lu lettu è già cunzatu,
non cci haju chiù pacenzia,
pri mia sugnu spugghiatu.

Veni ccà, figghia! Curcati!
Spinciti tanticchiedda;
li to labbruzza dunami,
dammi nna vasatedda.

Nici, fa prestu; dunami
sta duci to linguzza;
ntra la mia vucca trasila,
facemu la sirpuzza.

Sti cosci toi, sti natichi
sunnu nna vera tuma;

li minni su' dui provuli,
chiù bianchi di la scuma.

Ma senza tanti chiacchiari,
futtemu allegramenti;
non servi accussì perdiri
st'amabili momenti.

Mettiti a facci all'aria,
chista è la forma arcana;
li bianchi cosci gnuttica
a modu di nna rana.

Supra li mei claviculi
posa li toi manuzzi,
e a li mei cianchi strinciti,
ed iu a li to spadduzzi.

Chi vera matematica!
Chi calculu profunnu!
Oh, comu si combacianu
lu cazzu ccu lu cunnu!

Ma già serruli serruli
la virga s'introduci,
e mentri trasi s'eccita
lu gustu lu chiù duci.

Comu s'abbassa l'utero
sinu all'imboccatura,
chi brama di sucarisi
l'umana rennitura!

Dunca futtemu nsemula,
iu fricu e tu cazzii;
fammi sautari all'aria
finu ca ti nichii.

Va, veni, Nici; baciami,
cazzia... mi veni... è lestu;
già mi currumpu, strincimi,
abbrazza, futti prestu!

Eccu chi cadi sazia
la minchia a passuluni;

la testa posa languida
pri supra li cugghiuni.

Sacciu chi è to lu geniu
quannu la minchia è muscia!
Forsi pirchì rallentasi
a guisa d'una truscia?

Te', ccu dui jita pigghiala
e fanni chi nni voi;
a lu to sticchiu adattala, f
ricala quantu poi.

Ma già rinviguriscinu
li musculi e rutturi;
lu cazzu arreri fulmina
di futtiri a fururi.

Senza chiù tempu perdiri,
mettiti arreri a lenza;
te', st'autra vota pigghiati
stu restu di simenza.

Cazzu! Chi beddu futtiri,
chi gustu prelibatu!
Chistu è lu veru futtiri:
l'Inglisi sia lodatu!

Domenico Tempio (Catania, 22 agosto 1750 – Catania, 4 febbraio 1821) fu nu poeta italianu. Nun si canusciunu tanti cosi da so vita, si facìva chiamari Miciu Tempiu. Figghiu d'un mercanti i ligna, Tempiu fu mannatu a studiari n'te parrini e appoi fici studi i leggi, ma nì l'uno nì l'autru argumentu ci n'tirissaru e accussì si misi a studiari a litteratura. Ci piacivanu gli autori classici ma puri chiddi do' so tempu. Tempiu accuminciàu prestu a scriviri versi e fici furtuna comu poeta. U ficiru trasiri n'ta Accademia i Palladii e n'to salottu litterariu du nobili e amanti i cultura 'Gnaziu Paternò, principi i Biscari.

Si maritàu Francisca Longu, ca murì i partu. A figghia fu crisciuta da na balia, a gnura Catirina, ca divintò a so cumpagna fedele e ci desi n'autru figghiu. Divintàu nutaru do casali i Valcorrente (vicinu o paisi i Belpassu), e campava cu na pensioni do Monti i pietà, manciava a Mensa vescovile e ci pagaunu u sussidiu do Comuni i Catania finu a so morti.

Tempiu fu nu poeta liberu ca pigghiava pò culu i fausi e li ipocrita da società. I so operi cantanu u travagghiu di l'omini, i malaffari da chiesa, l'amuri pa' natura e l'ignuranza mucciata ca superbia.

Tra i so opiri putemmu ricurdari:
- Operi di Duminicu Tempiu catanisi (1814-1815)
- La Caristia (1848)
- Poesie di Domenico Tempio (1874)

I so poesie erotiche furunu pubblicati n'to Millinovicentuventisei da Raffaeli Corsu e n'to Minovicentusittanta da Vincenzu Di Maria e Santu Calì.

Gregory Corso

Fu lo "Yuri Gligoric" nel romanzo I Sotterranei di Jack Kerouac, ma sopratutto, fu il poeta della Beat Generation, sulle strade d'America.

martedì 20 marzo 2012

Paris

Childcity, Aprilcity,
Spirits of angels crouched in doorways,
Poets, worms in hair, beatiful Baudelaire,
Artaud, Rimbaud, Apollinaire,
Look to the nightcity -
Informers and concierges,
Montparnassian woe, deathical Notre Dame,
To the nightcircle look, dome heirloomed,
Hugo and Zola together entombed,
Harlequin deathtrap,
Seine generates ominous mud,
Eiffel looks down - sees the Apocalyptical and crawl,
New Yorkless city,
City of Germans dead and gone,
Dollhouse of Mama War.

Gregory Corso. Nacque a New York il 26 marzo del 1930 da una famiglia di immigrati italiani. Visse un'infanzia difficile e turbolenta, dopo che la madre abbandonò la famiglia e fece ritorno in Italia. L'incapacità e i problemi di alcolismo del padre, lo costrinsero a quattro diverse adozioni fino all'età di undici anni, quando il padre, che nel frattempo si era risposato, lo riprese con sé. Una convivenza che durò solo due anni, seguita dalla fuga di Gregory, dal riformatorio e dall'esperienza in manicomio. Il culmine di questa sua avventurosa adolescenza verrà raggiunto con il carcere, dove rimase rinchiuso per tre anni, dopo avere messo in pratica una rapina.

Tre anni drammatici, durante i quali, Corso troverà il modo di impiegarli leggendo i classici della letteratura russa e francese. Nel 1950 l'incontro con Allen Ginsberg che lo instrada sulla via della poesia. Quella musicale, dei versi jazzati e pioneristici. I versi di una nuova frontiera da raggiungere: quella della letteratura del vissuto. Dei reading nelle aule universitarie, del girovagare tra le capitali della cultura americana, come Los Angeles, ma anche degli sconfinamenti in Messico, in compagnia di Jack Kerouac e di quel vivere beat, spesso erroneamente accostato al fenomeno hippy.

Ma mentre Kerouac sarà l'interprete della prosa poetica americana, Corso canterà nelle sue liriche l'America che uscita dalla guerra, ripiomberà in un'altra, sempre più crudele. Epica la sua poesia *Bomb*, con la quale evidenziò la contraddizione di alcuni dimostranti, che per manifestare la propria contrarietà contro le bombe, esternano violenze, spesso nascoste dietro un messaggio "pacifista", ma accomunate dallo stesso odio che origina la guerra, vero flagello della condizione umana. La poesia fu composta scrivendo i versi a formare un fungo atomico.

La ceneri di Gregory Corso sono nel cimitero acattolico del Testaccio a Roma, nonostante sia morto a Minneapolis il 17 gennaio 2001, a causa di un cancro al colon. Accanto alle sue spoglie, quelle di Shelley e Keats.

Opere:

The Vestal Lady on Brattle and other poems (1955)
Gasoline (1958)
The Happy Birthday of Death (1960)
The American Express (1961) (il suo unico romanzo)
Long Live Man (1962)
Elegiac Feelings American (1970)
Herald of the Autochthonic Spirit (1981)
Mindfield (1989)

Yiannis Ritsos

Il poeta greco delle persecuzioni fasciste e del regime greco degli anni Sessanta.

martedì 27 marzo 2012

Addii

Grandi stanze di vecchie case avite di provincia
piene di fischi di navi lontane, piene
di spenti rintocchi di campane e di battiti profondi
d'orologi antichissimi, Nessuno abita più qui dentro
eccetto le ombre, e un violino appeso al muro,
e le banconote fuori corso sparse sulle poltrone
e sul letto largo con la coperta gialla. Di notte
scende la luna, passa davanti agli specchi esanimi
e coi gesti più lenti rassetta dietro i vetri
i fischi d'addio delle navi affondate.

Yiannis Ritsos. Nacque a Monemvasia nel 1909. Tormentato dalla tubercolosi, dalle ristrettezze familiari e perseguitato per le sue idee politiche, trascorse molti anni tra prigioni, sanatori o in esilio politico producendo, nel frattempo, decine di raccolte di poesia, drammi e traduzioni. Divenuto un seguace dell'ammodernamento delle tradizioni popolare, attraversò una fase di ispirazione poetica militante e dottrinata, come nella raccolta *Trakter* (1934) e in *O Epitaphios* (1936), delle opere simbolicamente bruciate dal governo fascista di Metaxas ai piedi dell'Acropoli.

Durante l'occupazione nazista in Grecia (1941-1944) e la successiva Guerra Civile (1946-1949), Ritsos combattè a fianco dei guerriglieri comunisti, fu arrestato e trascorse quattro anni nei campi di prigionia. Nel 1950 *O Epitaphios*, musicata da Mikis Theodorakis, divenne l'inno della sinistra greca.

Nonostante le disavventure, Ritsos maturò un personale ed umanitario senso di ribellione e spirito libero. In molte poesie, come la celebre *Romiosyni* (1947) o in *Moonlight Sonata* (1956) e in molte raccolte successive, Ritsos scrive con compassione e speranza, celebrando la vita, la fatica e la dignità dell'uomo comune con un linguaggio diretto e semplice. Nel 1967 fu arrestato dai militari greci ed esiliato, ma cosa più grave, gli fu proibito di pubblicare fino al 1972. Ciò non gli impedì di poter annoverare una produzione di 117 volumi. Morì ad Atene nel 1990.

Adrienne Rich

Questa settimana dedichiamo la rubrica alla poetessa del femminismo per eccellenza, scomparsa il 27 marzo scorso.

martedì 3 aprile 2012

Prospective Immigrants Please Note

Either you will
go through this door
or you will not go through.
If you go through
there is always the risk
of remembering your name.
Things look at you doubly
and you must look back
and let them happen.
If you do not go through
it is possible
to live worthily
to maintain your attitudes
to hold your position
to die bravely
but much will blind you,
much will evade you,
at what cost who knows?
The door itself
makes no promises.
It is only a door.

Adrienne Rich Nata a Baltimora il 16 maggio del 1929, è stata la poetessa che ha saputo, meglio di altri poeti, mettere in pratica la teoria, mai scritta, che vuole la poesia come mezzo di trasferimento della propria esperienza personale nella sfera pubblica. La poesia di Adrienne Rich abbraccia la sua vicenda personale di vita e il suo punto di vista sul femminismo, sulle scelte sessuali, sul sogno di un mondo anticapitalista, multirazziale e multiculturale.

Particolare la tecnica di scrittura, che rifiutando i dogmi rigidi della poesia classica, si rivolge ad uno stile di composizione più sperimentale: versi lunghi, spazi tra un verso e l'altro, troncature improvvise. Ma Adrienne Rich è sopratutto la poetessa che ha cantato nelle sue liriche la trasformazione della società americana del ventesimo secolo.

Talento naturale, la sua prima raccolta *A Change of world* del 1951 fu selezionata allo Yale Younger Poets Prize, ma al di là dei riconoscimenti, si nota già dalle prime poesie, la tematica che caratterizzerà la sua produzione letteraria, toccando temi quali l'alienazione e le condizioni di vita della gente che vive ai bordi della società. Emblematica la sua *Storm Warnings*, contenuta nella raccolta.

Saranno sempre temi molto forti, trattati con durezza ma anche grazia poetica. La disullusione delle donne nella vita coniugale e il rapporto con gli uomini. Un argomento che ritroveremo nella raccolta *Snapshots of a Daugher-in-Law*, dove la sua ribellione nei confronti del tradizionalismo poetico imposto dai colleghi uomini, rifletterà la voglia di rivendicazione sociale di un intero mondo femminile.

Svolta della sua carriera, sarà rappresentata dalle pubblicazioni degli anni Sessanta, quali *Necessities of Life* (1966), *Leaflets* (1969) e *Will to change* (1971), che racconteranno il fermento politico e la voglia di cambiamento della società di quei tempi. Significativo l'episodio del Premio Letterario del National Book Award for Poetry, che le fu riconosciuto nel 1974 per la raccolta *Diving into the wreck*, che inizialmente la poetessa rifiutò per poi ritirarlo con altre due poetesse per dare voce alle altre donne, costrette al silenzio culturale.

Nel 1976 sorprenderà il mondo, dichiarandosi ufficialmente lesbica, nonostante i suoi tre figli. Provocatrice fino all'estremo, pubblicò il saggio *Compulsory Heterosexuality and Lesbian Existence*. Nel 1997 rifiutò la National Medal of Arts, dichiarando che non poteva accettare un riconoscimento da parte dell'amministrazione Clinton che, a sua detta, aveva poco da spartire con la cultura. Nel 2003 respinse l'invito della Casa Bianca per partecipare ad una conferenza sulla poesia americana, motivando la scelta con la sua contrarietà all'intervento militale statunitense in Iraq.

Adrienne Rich è morta il 27 marzo 2012.

Giovanni Pascoli

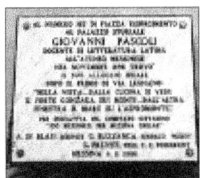 Pochi giorni fa si è celebrato il centenario dalla sua morte. Vogliamo ricordare il poeta più amato dagli studenti italiani di sempre. Lo facciamo con una delle sue poesie più belle.

martedì 10 aprile 2012

L'aquilone

C'è qualcosa di nuovo oggi nel sole,
anzi d'antico: io vivo altrove, e sento
che sono intorno nate le viole.

Son nate nella selva del convento
dei cappuccini, tra le morte foglie
che al ceppo delle quercie agita il vento.

Si respira una dolce aria che scioglie
le dure zolle, e visita le chiese
di campagna, ch'erbose hanno le soglie:

un'aria d'altro luogo e d'altro mese
e d'altra vita: un'aria celestina
che regga molte bianche ali sospese...

sì, gli aquiloni! È questa una mattina
che non c'è scuola. Siamo usciti a schiera
tra le siepi di rovo e d'albaspina.

Le siepi erano brulle, irte; ma c'era
d'autunno ancora qualche mazzo rosso
di bacche, e qualche fior di primavera

bianco; e sui rami nudi il pettirosso
saltava, e la lucertola il capino
mostrava tra le foglie aspre del fosso.

Or siamo fermi: abbiamo in faccia Urbino
ventoso: ognuno manda da una balza
la sua cometa per il ciel turchino.

Ed ecco ondeggia, pencola, urta, sbalza,
risale, prende il vento; ecco pian piano
tra un lungo dei fanciulli urlo s'inalza.

S'inalza; e ruba il filo dalla mano,
come un fiore che fugga su lo stelo
esile, e vada a rifiorir lontano.

S'inalza; e i piedi trepidi e l'anelo
petto del bimbo e l'avida pupilla
e il viso e il cuore, porta tutto in cielo.

Più su, più su: già come un punto brilla
lassù lassù... Ma ecco una ventata
di sbieco, ecco uno strillo alto... - Chi strilla?

Sono le voci della camerata
mia: le conosco tutte all'improvviso,
una dolce, una acuta, una velata...

A uno a uno tutti vi ravviso,
o miei compagni! e te, sì, che abbandoni
su l'omero il pallor muto del viso.

Sì: dissi sopra te l'orazïoni,
e piansi: eppur, felice te che al vento
non vedesti cader che gli aquiloni!

Tu eri tutto bianco, io mi rammento.
solo avevi del rosso nei ginocchi,
per quel nostro pregar sul pavimento.

Oh! te felice che chiudesti gli occhi
persuaso, stringendoti sul cuore
il più caro dei tuoi cari balocchi!

Oh! dolcemente, so ben io, si muore
la sua stringendo fanciullezza al petto,
come i candidi suoi pètali un fiore

ancora in boccia! O morto giovinetto,
anch'io presto verrò sotto le zolle
là dove dormi placido e soletto...

Meglio venirci ansante, roseo, molle
di sudor, come dopo una gioconda
corsa di gara per salire un colle!

Meglio venirci con la testa bionda,
che poi che fredda giacque sul guanciale,
ti pettinò co' bei capelli a onda

tua madre... adagio, per non farti male.

Giovanni Pascoli Nato a San Mauro di Romagna il 31 dicembre 1855, tralasciando le sue note biografiche, fin troppo note, vogliamo ricordare il poeta per il periodo che soggiornò a Messina, per insegnare Letteratura Latina presso l'Università. Dopo aver abitato in via Legnano, quando arrivò nella città dello stretto a gennaio del 1898 con la sorella Maria, si trasferì in un appartamento del Palazzo Sturiale, in Piazza Risorgimento. Il poeta restò molto soddisfatto di questa dimora, tanto da considerarla "comoda e molto resistente ai terremoti". Un giudizio che divenne profetico, se si pensa che il Palazzo è rimasto indenne al terremoto del 1908. Particolare, a parte l'entusiasmo di Pascoli per la città, che definì *"bella falce adunca, che taglia nell'azzurro il più bel porto del mondo"*, fu la sua amicizia con il portinaio dello stabile, un certo Giovanni Sgroi, che si pregiò di un consistente aiuto economico, quando la città fu rasa al suolo da terremoto. Dal 2008, una lapide commemorativa, posta accanto al portone del Palazzo Sturiale, ricorda i cinque anni trascorsi da Pascoli a Messina, che lasciò nel 1902.

Martha Medeiros

Finalmente la poesia, forse più cercata su web, e sempre erroneamente attribuita a Pablo Neruda. Restituiamo a Martha quel che è di Medeiros.

martedì 17 aprile 2012

A morte devagar

Morre lentamente quem não troca de idéias, não troca de discurso, evita as próprias contradições.

Morre lentamente quem vira escravo do hábito, repetindo todos os dias o mesmo trajeto e as mesmas compras no supermercado. Quem não troca de marca, não arrisca vestir uma cor nova, não dá papo para quem não conhece.

Morre lentamente quem faz da televisão o seu guru e seu parceiro diário. Muitos não podem comprar um livro ou uma entrada de cinema, mas muitos podem, e ainda assim alienam-se diante de um tubo de imagens que traz informação e entretenimento, mas que não deveria, mesmo com apenas 14 polegadas, ocupar tanto espaço em uma vida.

Morre lentamente quem evita uma paixão, quem prefere o preto no branco e os pingos nos is a um turbilhão de emoções indomáveis, justamente as que resgatam brilho nos olhos, sorrisos e soluços, coração aos tropeços, sentimentos.

Morre lentamente quem não vira a mesa quando está infeliz no trabalho, quem não arrisca o certo pelo incerto atrás de um sonho, quem não se permite, uma vez na vida, fugir dos conselhos sensatos.

Morre lentamente quem não viaja, quem não lê, quem não ouve música, quem não acha graça de si mesmo.

Morre lentamente quem destrói seu amor-próprio. Pode ser depressão, que é doença séria e requer ajuda profissional. Então fenece a cada dia quem não se deixa ajudar.

Morre lentamente quem não trabalha e quem não estuda, e na maioria das vezes isso não é opção e, sim, destino: então um governo omisso pode matar lentamente uma boa parcela da população.

Morre lentamente quem passa os dias queixando-se da má sorte ou da chuva incessante, desistindo de um projeto antes de iniciá-lo, não perguntando sobre um assunto que desconhece e não respondendo quando lhe indagam o que sabe. Morre muita gente lentamente, e esta é a morte mais ingrata e traiçoeira, pois quando ela se aproxima de verdade, aí já estamos muito destreinados para percorrer o pouco tempo restante. Que amanhã, portanto, demore muito para ser o nosso dia. Já que não podemos evitar um final repentino, que ao menos evitemos a morte em suaves prestações, lembrando sempre que estar vivo exige um esforço bem maior do que simplesmente respirar.

Martha Medeiros, giornalista e scrittrice brasiliana, nasce a Porto Alegre il 20 agosto 1961.

Sin da ragazzina, Martha, mostra un interesse particolare per la letteratura ed i suoi preferiti sono i poeti e scrittori Mario Quintana e Carlos Drummonde de Andrade.

Si laurea nel 1982 presso la Pontificia Università Cattolica di Rio Grande do Sul (PUCRS) a Porto Alegre e, dopo aver lavorato nel campo della pubblicità, come copywriter e direttore creativo in diverse agenzie della sua città, senza sentirsi però realizzata, si trasferisce per nove mesi in Cile dove comincia a scrivere poesie.

La letteratura è la sua grande passione con la musica popolare brasiliana, che, ammette la poetessa, ha avuto una grande influenza sulla sua vita, come ogni tipo di arte di cui si è nutrita durante la sua formazione.

Lo scoprire in se una ricca vena poetica, stupisce Martha Madeiros, che confessa non essere stata la poesia il suo genere letterario preferito: "Strip-Tease" (1985) è stati il primo dei suoi libri di poesie pubblicati, seguito da Meia noite e um quarto (1987) e Persona non grata (1991).

Nel 1994, tornata a Porto Alegre, Martha Madeiros inizia a lavorare come giornalista senza trascurare la carriera letteraria, di cui ama la libertà nel creare personaggi, lo sperimentare attraverso la scrittura emozioni mai vissute.

In seguito accanto ai libri di poesia, la giornalista poetessa, pubblica libri di Cronaca ed alcuni romanzi che hanno tanto successo che vengono adattati con successo per il teatro, il romanzo "Divã " del 2002 si è trasformata addirittura in una serie di film TV.

Raoul Follereau

Questa settimana dedichiamo la nostra rubrica a un filantropo e difensore dei deboli. La poesia proposta fu scritta dal poeta dedicandola al 25 aprile.

martedì 24 aprile 2012

E ora tocca a voi battervi

E ora tocca a voi battervi

gioventù del mondo;
siate intransigenti,
sul dovere di amare.

Ridete di coloro
che vi parleranno di prudenza,
di convenienza, che
vi consiglieranno
di mantenere
il giusto equilibrio.

La più grande
disgrazia che vi
possa capitare
è di non essere
utili a nessuno.

E che la vostra
vita non serva
a niente.

Raoul Follereau. Nato il 17 agosto del 1903 a Nevers, in Francia, Raoul Follereau nasce inizialmente come letterato e in particolare come poeta, inclinazione che non ha comunque mai abbandonato nel corso della sua vita. Numerose sono le pubblicazioni a suo nome, così come moltissime sono le toccanti poesie che portano la sua firma.

Ad ogni modo, fin dalla sua più giovane età, tutte le sue opere sono consacrate allo scopo di combattere la miseria, l'ingiustizia sociale, il fanatismo sotto qualsiasi forma. Le più conosciute sono: "L'Ora dei Poveri" e "La Battaglia contro la lebbra". Per tutta la vita Follereau denuncerà l'egoismo di chi possiede e di chi è potente, la vigliaccheria di "coloro che mangiano tre volte al giorno e s'immaginano che il resto del mondo faccia altrettanto".

A servizio di quelli che egli chiama "la sofferente minoranza oppressa del mondo", Raoul Follereau ha percorso 32 volte il giro del mondo, visitando 95 Paesi. E' senza dubbio l'uomo che ha avvicinato, toccato, baciato il maggior numero di lebbrosi. Nel 1952, egli indirizzò all'ONU una richiesta in cui domandava che si elaborasse uno Statuto internazionale per i malati di lebbra e che i lebbrosari-prigione esistenti ancora in troppi Paesi venissero rimpiazzati con centri di cura e sanatori. Il 25 maggio 1954, l'Assemblea Nazionale francese approvava, con voto unanime, questa richiesta e ne domandava l'iscrizione all'ordine del giorno dell'ONU.

Fu così che in quell'anno Raoul Follereau fondò la Giornata Mondiale dei Malati di lebbra. I suoi scopi dichiarati erano due: da un lato ottenere che i malati di quel genere siano curati come tutti gli altri malati, nel rispetto della loro libertà e dignità di uomini; dall'altro "guarire" i sani dall'assurda paura, a suo dire, che essi hanno di questa malattia.

Celebrata oggi in altri 150 Paesi questa Giornata è diventata, secondo il desiderio espresso dal fondatore, "un immenso appuntamento d'amore" che reca agli ammalati, più ancora dei considerevoli aiuti materiali, la gioia e la fierezza di essere trattati da uomini. Dopo una vita intera spesa a rendere giustizia ai malati di lebbra, Raoul Follereau si spense il 6 dicembre 1977 a Parigi.

Vladimir Vladimirovič Majakovskij

Il poeta della Rivoluzione Socialista d'Ottobre è il protagonista della nostra rubrica questa settimana. Poesia segnalata dall'associazione Scintilla Onlus.

martedì 1 maggio 2012

Il mio Maggio

A tutti,
a quanti, spossati dalle macchine,
si sono riversati per le strade,
a tutti,
alle schiene sfinite dalla terra
e che invocano una festa,

il primo maggio!
Al primo fra tutti i maggi
andiamo incontro, compagni,

con la voce affratellata nel canto.
E' mio il mondo con le sue primavere.
Sciogliti in sole, neve!
Io sono operaio,
è mio questo maggio!
Io sono contadino,
questo maggio è mio!

A tutti
A quelli che, scatenata l'ira delle trincee,
si sono appostati in agguati omicidi,
a tutti,
a quelli che dalle corazzate
sui fratelli
hanno puntato le torri coi cannoni,
il primo maggio!
Al primo fra tutti i maggi
andiamo incontro,
allacciando le mani disgiunte dalla guerra.
Taci, ululato del fucile!
Chètati, abbaiare della mitragliatrice!
Sono marinaio,

è mio questo maggio!
Sono soldato,
questo maggio è mio!

A tutte

le case,
le piazze
le strade,
strette dall'inverno di ghiaccio,
a tutte
le fameliche
steppe,
alle foreste,
alle messi,
il primo maggio!
Salutate
il primo fra tutti i maggi
con una piena
di fertilità, di primavere,
di uomini!
Verde dei campi, canta!
Urlo delle sirene, innalzati!
Sono il ferro,
è mio questo maggio!
Sono la terra,
questo maggio è mio!

Vladimir Vladimirovič Majakovskij. Poeta, autore drammatico e pittore russo (Bagdadi, od. Majakovskij, presso Kutais, 1893 - Mosca 1930). Grande innovatore, esercitò enorme influenza sui movimenti artistici russi d'avanguardia. Militante nel partito bolscevico, fu inizialmente pittore e fece parte del gruppo dei cubofuturisti; nel 1923 organizzò il LEF (Leuyj Front iskusstv "Fronte di sinistra delle arti"). Tra le opere: i poemi Oblako v štanach ("La nuvola in calzoni") e Flejta-pozvonočnik ("Il flauto di vertebre"), entrambi del 1915; la commedia Misterija-Buff ("Mistero buffo", 1917), sulle vicende della Rivoluzione russa; il poema Vladimir Il´ič Lenin (1924).

Ancora adolescente, svolse intensa attività politica nel partito bolscevico e fu arrestato tre volte. Dedicatosi poi allo studio delle arti figurative, fu espulso (1914) dall'Istituto di pittura, scultura e architettura di Mosca per la sua appartenenza al gruppo dei cubofuturisti. Nel 1913 apparve il suo primo libro, Ja! ("Io!"). Nel dic. 1913 interpretò a Pietroburgo, al teatro Luna Park, la propria tragedia Vladimir Majakovskij. Accolse la rivoluzione con entusiasmo e nel 1923 organizzò il LEF (Levyj Front iskusstv "Fronte di sinistra delle arti"), che raggruppò artisti, poeti, scenografi, registi, filologi vicini al futurismo, e pubblicò la rivista omonima. In quegli anni fu il simbolo di tutto ciò che v'era di moderno e di audace nell'arte sovietica. La campagna condotta contro di lui dalla critica di partito, le delusioni politiche e motivi amorosi lo spinsero al suicidio.

Salvo Basso

Abbiamo celebrato il suo ricordo lo scorso 26 aprile 2012 presso il Circolo Città Futura di Catania. Manteniamo viva la memoria con questa poesia.

martedì 8 maggio 2012

Nun sacciu scriviri poesii bboni ppe concorsi

Nun sacciu scriviri poesii bboni ppe concorsi.
Iu scrivu di chiddu ca scrivissi unni fussi fussi.
Quannu scrivu nunn'aiu pubblicu né ggiurii.
Sulu occhi, ciatu, na penna, na para di
fogghi e quasi sempri fami.

No sacciu e nun m'anteressa
a ccu putissi piaciri, dannumi
na coppa, na targa, mpremiu.

Iu scrivu di chiddu ca scrivissi unni fussi fussi.
Picchi scriviri è campari senza iucari
a mmiscari paroli comu n'ansalata.
Iu scrivu comu sugnu.
Nirvusu e ntrucciunatu di fora.
Tranquillu e bbabbuliddu intra.
E scrivu chiddu ca sacciu e ppensu.
E scrivu i paroli ca su i mia.
Chiddu ca pensu e chiddu ca m'ammuccu.

E scrivu ca mi staiu mutu e ca fazzu finta
di parrari e di starriarimi no fogghiu.
Nveci: scriviri è na manu ca stanca e
ncirveddu ca brucia.

Un cori ca muzzia e ll'aria malandrina.
Scrivu comu nparrinu dici missa.
Facennumi iu e ppi primu a comunioni.
Iu cunfissannumi piccati e ppiccateddi.
Iu ca aiu ddesideratu i poesii di l'autri,
ddumannu scusa, ma nun mi sappi tratteniri.

Ccia fidu a ffaricilla?
Speriamu, priamu, scrivemu.

Salvo Basso. Salvo Basso nacque a Giarre, in provincia di Catania, il 23 ottobre 1963. Crebbe a Scordia, centro agricolo della Pianura di Catania, dove compì studi regolari conseguendo la maturità scientifica. Successivamente si laureò in Filosofia nell'Università di Catania col massimo dei voti e la lode. Manifestò giovanissimo una precoce vocazione letteraria, iniziando presto a collaborare a fogli locali con poesie, aforismi, riflessioni, e divenendo uno dei principali animatori dell'associazione culturale Nadir.

Nel 1994 divenne Assessore alla Pubblica Istruzione del Comune di Scordia, dal 1998 anche con le funzioni di vice sindaco, svolgendo un appassionato programma politico teso alla crescita culturale delle popolazioni della Sicilia sud-orientale, e coinvolgendo nel suo entusiasmo altri giovani politici della sua terra. Organizza in quegli anni conferenze, laboratori di poesia e di filosofia, fiere del libro, e grazie alla sua attività Scordia, "paese dove non c'è neppure un albergo" come spesso ripeteva, diviene il crocevia dove artisti e scrittori di tutta Italia si incontrano.

Le sue poesie intanto venivano pubblicate sulle riviste Il battello ebbro, Molloy, Via Lattea. Negli anni novanta scriverà poesie soprattutto in dialetto siciliano, utilizzando un linguaggio fulminante e corrosivo. Mentre cresce l'attenzione sulla sua poesia, e mentre si prepara alla competizione politica per la carica di Sindaco a Scordia, nei primi giorni di agosto del 2001 si manifestano i primi sintomi di una grave malattia. Il 14 agosto viene sottoposto a Milano a un intervento chirurgico per tentare di asportare un tumore al cervello. Seguono mesi di sofferenze durante i quali continua a scrivere. Muore a Scordia il 26 aprile 2002, pochi giorni dopo l'uscita del libro Ccamaffari. Non era sposato e non aveva figli.

(Biografia a cura del Centro Studi e Ricerche Letterarie Salvo Basso di Scordia)

Fernando del Paso Morante

 Considerato dalla critica uno dei più grandi interpreti della letteratura messicana, ha spaziato tra la poesia e la narrativa, riscontrando anche un grosso successo di pubblico.

martedì 15 maggio 2012

Es tan blanca, tu piel, como la nieve

Es tan blanca, tu piel, como la nieve.
La nieve quiere al sol por lo brillante.
Y el sol, que se enamora en un instante,
se acuesta con la nieve y se la bebe.

El sol, aunque es muy grande, no se atreve
a hacerse olvidadizo y arrogante:
se acuerda de su novia fulgurante
y se pone a llorar, y entonces llueve.

Y llueve y llueve y llueve y de repente
la lluvia se hace nieve: esta mañana
que nieva tanto en Londres, y ha nevado

luminosa y nupcial y blancamente
en jirones, tu piel, por mi ventana,
ningún sol, como yo, tan desolado.

Fernando del Paso Morante (Città del Messico, 1 aprile 1935) è uno scrittore, saggista e poeta messicano. Il suo primo romanzo, *José Trigo*, fu pubblicato nel 1966 e gli fece riconoscere il Premio Xavier Villaurrutia. Il suo successo letterario si incrociò con la sua attività lavorativa svolta a Londra pressso la BBC. Una collaborazione che gli consentì anche di prestare la propria esperienza a Radio France. Il suo soggiorno in Europa gli permise di affermarsi come scrittore, pubblicando quattro romanzi ed alcune opere per il teatro. Grazie al romanzo *Palinuro de México*, in Francia ottenne il riconoscimento di Miglior romanzo pubblicato nel 1985. Accostato ai grandi scrittori, quali Carlos Fuentes e Carmen Boullosa, è considerato uno dei più grandi scrittori viventi messicani.

Friedrich Wilhelm Nietzsche

Il poeta di questa settimana è sicuramente passato alla gloria dei posteri per i ruoli culturali rivestiti nel campo della filosofia, ma questi versi meritano la nostra attenzione.

martedì 22 maggio 2012

Figlio mio

Figlio mio,
vivi in modo
da non doverti
vergognare di te stesso,
dì la tua parola
in modo che ciascuno
debba dire di te che ci si può fidare;
e non dimenticare
che dare gioia ci dà anche gioia.

Impara a tempo
che la fame dà sapore ai cibi
e rifuggi la comodità
perché rende insipida la vita.

Un giorno dovrai fare
qualcosa di grande:
a tale scopo devi diventare
tu stesso qualcosa di grande.

Friedrich Nietzsche. Nato a Röcken il 15 ottobre 1844 è stato un filosofo, aforista, saggista, poeta, compositore, accademico e filologo tedesco.

Tra i massimi filosofi di ogni tempo, Nietzsche ebbe un'influenza controversa e indiscutibile sul pensiero filosofico, letterario e politico del Novecento. La sua filosofia è considerata da alcuni uno spartiacque fra la filosofia tradizionale e un nuovo modello di riflessione, informale e provocatoria. In ogni caso si tratta di un pensatore unico nel suo genere, sì da giustificare l'enorme influenza da lui esercitata sul pensiero posteriore e la considerazione che alcuni nutrono verso di lui come antesignano dell'esistenzialismo, della filosofia continentale, del postmodernismo e del post-strutturalismo.

Coerentemente con i suoi assunti, diede grande rilievo al mito, alla poesia e alla musica, cimentandosi in gioventù anche come poeta e compositore (vale ricordare Hymnus an das Leben), attività in cui, peraltro, a parere della critica, non attinse risultati paragonabili agli esiti della sua speculazione filosofica.

Nietzsche scrisse vari saggi sulla morale, la religione (in particolare quella cristiana), la società moderna, la scienza, rivelando la sua passione per la filosofia, la critica letteraria e musicale, per la metafora, l'aforisma e l'ironia.

Morì a Weimar il 25 agosto 1900.

Gabriel Aresti

Nire aitaren etxea *(vers. basca)*

*Nire aitaren etxea
defendituko dut.
Otsoen kontra,
sikatearen kontra,
lukurreiaren kontra,
justiziaren kontra,
defenditu
eginen dut
nire aitaren etxea.
Galduko ditut
aziendak,
soloak,
pinudiak;
galduko ditut
korrituak,
errenteak,
interesak,
baina nire aitaren etxea defendituko dut.
Harmak kenduko dizkidate,
eta eskuarekin defendituko dut
nire aitaren etxea;
eskuak ebakiko dizkidate,
eta besoarekin defendituko dut
nire aitaren etxea;
besorik gabe,
sorbaldik gabe,
bularrik gabe
utziko naute,
eta arimarekin defendituko dut
nire aitaren etxea.
Ni hilen naiz,
nire arima galduko da,
nire askazia galduko da,*

baina nire aitaren etxeak
iraunen du
zutik.

La casa de mi padre *(vers. spagnola)*

Defenderé
la casa de mi padre.
Contra los lobos,
contra la sequía,
contra la usura,
contra la justicia,
defenderé
la casa
de mi padre.
Perderé
los ganados,
los huertos,
los pinares;
perderé
los intereses,
las rentas,
los dividendos,
pero defenderé la casa de mi padre.
Me quitarán las armas
y con las manos defenderé
la casa de mi padre;
me cortarán las manos
y con los brazos defenderé
la casa de mi padre;
me dejarán
sin brazos,
sin hombros
y sin pechos,
y con el alma defenderé
la casa de mi padre.
Me moriré,
se perderá mi alma,
se perderá mi prole,
pero la casa de mi padre
seguirá
en pie.

Gabriel Aresti. Nato a Segurola il 14 ottobre 1933. E' stato uno dei più importanti scrittori e poeti in lingua basca. Cresciuto a Bilbao, trascorse la sua infanzia comunicando in spagnolo e solo ad uno studio autodidatta, imparò la lingua madre, studio che gli consentì di collaborare già a 21 anni con alcune riviste letterarie. Tra le sue opere più significative, possiamo ricordare *Herri eta Herri* (1964), *Euskal Harria* (1968) e *Harrizko Herri Hau* (1971). Si dedicò anche alla stesura di racconti, brevi romanzi e testi teatrali. Ma la sua opera in campo letterario diede ottimi risultati anche nelle traduzioni in basco dei più grandi scrittori, quali Federico Garcia Lorca, T.S. Eliot e il nostro Boccaccio.

Portò avanti anche una fiorente attività giornalistica, scrivendo articoli contro il regime franchista, ma anche sulla questione nazionalista basca. Fu riconosciuto come una delle figure più importanti della diffusione della cultura basca ed entrò di diritto, nell'Accademia della Lingua Basca, attraverso la quale difese l'autonomia delle tradizioni basche, a cominciare dalla lingua, ma anche riguardo la politica. Fondò anche una casa editrice indipendente, a sostegno degli scrittori emergenti in lingua basca, quali Ramon Saizarbitoria, Arantxa Urretabizkaia e Xabier Lete. Morì a Bilbao il 5 giugno del 1975.

Massimo Troisi

Pochi comici riescono a farti ridere, riflettere e a volte, piangere. Massimo Troisi era uno di questi.

martedì 5 giugno 2012

Quanta brava gente

Quanta brava gente
Parla...e nun dice niente

Quanta brava gente
Te sta 'a senti'
e nun sente.

Tanto so' cuntente
basta nun guarda' attuorno
pure 'a notta nera
pe' loro e' sempre juorno...

Simme brava gente
quann' avutammo 'a faccia
'nfaccia 'a nu' lamient

E 'a Morte 'un dice niente...

Massimo Troisi (San Giorgio a Cremano, 19 febbraio 1953 – Roma, 4 giugno 1994) è stato un attore, regista e sceneggiatore italiano, ricordato soprattutto per essere stato l'esponente della nuova comicità napoletana (portata alla ribalta dal gruppo teatrale La Smorfia nella seconda metà degli anni settanta), assieme a Lello Arena ed Enzo Decaro.

Nel 1996 fu candidato ai premi Oscar come miglior attore e miglior sceneggiatura non originale per il film Il postino. Scomparve prematuramente, a quarantuno anni, per un fatale attacco cardiaco, conseguente a febbri reumatiche di cui soffriva sin dall'età di dodici anni.

Non crediamo ci sia molto da aggiungere a queste brevi note biografiche. La sua personalità, la sua arte, il suo genio creativo e quel tocco di umanità, celato nel suo napoletano ironico, è contenuto in tutto quanto ha prodotto nella sua breve vita. Non resta che andarsi a rivedere la sua produzione cinematografica, teatrale e televisiva. Ci permettiamo di aggiungere quanto da noi affermato in altre occasioni, tra le pagine di Girodivite: Massimo Troisi era Massimo Troisi! Qualsiasi comparazione con i grandi attori napoletani di sempre è forzata ed inutile ad ingrandire la sua immagine artistica.

Rabindranath Tagore

Una delle figure più significative della letteratura asiatica, provò con la sua poesia a trovare una strada comune che unisse il mondo occidentale e quello orientale.

martedì 12 giugno 2012

Chi sei tu lettore

Chi sei tu, lettore che leggi
le mie parole tra un centinaio d'anni?
Non posso inviarti un solo fiore
della ricchezza di questa primavera,
una sola striatura d'oro
delle nubi lontane.
Apri le porte e guardati intorno.
Dal tuo giardino in fiore cogli
i ricordi fragranti dei fiori svaniti
un centinaio d'anno fa.
Nella gioia del tuo cuore possa tu sentire
la gioia vivente che cantò
in un mattino di primavera,
mandando la sua voce lieta
attraverso un centinaio d'anni.

Rabindranath Tagore (1861 - 1941) è stato un poeta, scrittore e filosofo indiano. Nel 1913 ha ricevuto il Nobel per la letteratura. Nel corso della sua vita Tagore si dedicò praticamente ad ogni forma d'arte: romanzi, novelle e saggi, ma anche liriche per il canto e lavori teatrali. Nelle sue poesie Rabindranath Tagore esprime amore per Dio e per la natura, desiderio di fratellanza umana e la mereviglia della fanciullezza, ma non nasconde anche la propria passione (compresa quella erotica).

Mentre Gandhi, con la disobbedienza civile, organizzò il nazionalismo indiano sino a ricacciare in mare gli inglesi, Tagore si propose di conciliare e integrare Oriente ed Occidente. Opera difficile, cui egli era preparato dall'esempio di suo nonno che nel 1928, fondando il Sodalizio dei credenti in Dio, integrò il monoteismo cristiano ed il politeismo induista.

Figlio di un ricco bramino, studiò nel Regno Unito ove anglicizzò il proprio cognome (Thakhur). Tornato con la convinzione che gli inglesi san ben proteggere un'India bisognosa di protezione, egli si dedicò all'amministrazione delle sue terre e ad ogni forma d'arte.

In liriche destinate al canto, che egli stesso musicò e tradusse in inglese (Offerta di canto, 1913), in lavori teatrali ricchi d'intermezzi lirici (La vendetta della natura, 1884), in romanzi (Il naufragio, 1906), in novelle, memorie, saggi e conferenze Tagore affermò il proprio amore per la natura e per Dio, le proprie aspirazioni di fratellanza umana, la propria passione (anche erotica), l'attrattiva della fanciullezza.

Dalla sua canzone Amar Shonar Bangla è stato tratto l'inno nazionale del Bangladesh.

Fu il primo nobel letterario non occidentale nella storia del premio. Creò una scuola d'arte e di vita, La Visva Bharati University, che portò avanti fino alla fine della sua vita. Tagore è stato tradotto praticamente in tutte le lingue europee risultando forse l'autore di origini bengalesi più noto in Occidente. Le sue opere sono state pure, quasi tutte, tradotte in italiano. Inoltre fece costruire strade, ospedali e anche una scuola, la quale è a tutt'oggi un'università.

Hayyim Nahman Bialik

Questa settimana ricordiamo il poeta nazionale di Israele, nonostante i suoi natali russi.

martedì 19 giugno 2012

Dopo la mia morte (in memoria di N)

...dopo la mia morte,
commemoratemi così:
'C'era un uomo - e guardate: non c'è più...
Prima del suo tempo quest'uomo è morto
e a metà si è interrotto il canto della sua vita...
Che dolore! Aveva ancora una canzone -
ed ora ecco, questa si è perduta per sempre,
perduta per sempre !
E' molto triste ! Egli aveva un
violino -
un'anima vivente e parlante,
e quando il poeta vi parlava
gli narrava tutti i segreti del suo cuore,
la sua mano suggeriva tutti i suoi suoni.

*E tuttavia, un solo segreto dentro di sé egli ha
nascosto,
mentre attorno attorno le sue dita ricamavano,
una sola melodia era rimasta muta,
e muta è rimasta fino ad oggi !...
E' molto, molto triste !
Per tutta la sua vita questa melodia,
si era mossa silente, aveva tremato silente,
al suono della sua musica, al suo fedele
redentore
essa aspirava, bramava, desiderava, si sentiva
trasportata,
così come ogni cuore anela al cuore che gli è
destinato;
e anche se esso si attardava - quotidianamente
lo attendeva
e con un sospiro occulto lo invocava -
ma egli ritardava, e infine non giunse,*

*addirittura non
giunse !...*

*E' molto grande, molto grande il dolore !
C'era un uomo - e, guardate, non è più,
il canto della sua vita a metà si è interrotto.
Aveva ancora un canto
ed ora quel canto è andato perduto per sempre,
perduto per sempre!'*

Hayyim Nahman Bialik Nacque in un villaggio di Radi, vicino Zhitomir nell'attuale Ucraina, il 9 gennaio 1873. Figlio di uomo d'affari, le sue poesie sono però caratterizzate dalla descrizione di momenti di disincanto che il poeta visse da bambino, rifugiandosi negli angoli segreti dei boschi vicino casa. Rimasto orfano all'età di sette anni, andò a vivere con il nonno, e nei primi anni fu avviato agli studi da un tradizionale precettore. Adolescente, fu convinto da un giornalista che l'istituto didattico di Volozhin in Lituania gli avrebbe offerto la possibilità di introdursi negli studi umanistici, Hayyim convinse il nonno a permettergli di iscriversi a quella scuola. Cominciò a leggere i poeti russi e ad interessarsi alla letteratura europea. Nel frattempo entrò a far parte di una società segreta di Sionisti Ortodossi, Nezah Israel, che professavano il nazionalismo ebraico e il rispetto delle tradizioni.

Nel 1891 si trasferì ad Odessa, il centro della cultura moderna ebraica. Seguace della guida spirituale sionista Ahad Ha'am, coltivò il sogno di poter accedere al seminario di Berlino per diventare rabbino. Nel 1892 venne a conoscenza della chiusura dell'Istituto ebraico di Volozhin, aderì alla compagnia degli scrittori di Odessa e fu costretto a tornare in fretta a casa per comunicare al nonno morente la sua decisione di abbandonare gli studi religiosi. Il suo ritorno a casa lo mise al corrente della morte del fratello maggiore.

Nel 1893 sposò Manya Averbuch e provò a seguire le orme del padre dedicandosi agli affari. Strada che dovette abbandonare qualche anno dopo a causa di un fallimento. Nel 1897 trovò un impiego di insegnante a Sosnowiec, vicino al confine prussiano, ma la vita provinciale lo fece cadere in uno stato depressivo. Solo nel 1900 conseguì la cattedra ad Odessa, dove visse fino al 1921, fatta esclusione per l'anno 1904, quando lavorò per un editore di un giornale ebraico. Insieme ad altri tre scrittori, fondò la Casa Editrice Moriah, con la quale pubblicò dei testi sulla scuola moderna ebraica. Nel frattempo la sua fama di poeta raggiunse i livelli più alti di riconoscimento e venne considerato il poeta della rinascita nazionale.

Tra le sue opere più significative, ricordiamo: Al ha- Shehitah (1903), Be-Ir ha-Haregah (1904). Nel 1924 si trasferì a Tel Aviv, dove trascorse gli ultimi anni della sua vita. Morì a Vienna il 4 luglio 1934.

Mario Melendez

Il Cile terra di tradizioni e di poeti. Il poeta di questa settimana rappresenta la continuazione naturale della scuola cilena.

martedì 26 giugno 2012

Llévame

Llévame hacia el sur
de tus caderas
donde la humedad
envuelve los árboles
que brotan de tu cuerpo
Llévame a la tierra profunda
que asoma entre tus piernas
a ese pequeño norte de tus senos
Llévame al desierto frío
que amenaza tu boca
al desterrado oasis de tu ombligo
Llévame al oeste de aquellos pies
que fueron míos
de aquellas manos que encerraron
el mar y las montañas
Llévame a otros pueblos
con el primer beso
a la región interminable
de lengua y flores
a ese camino genital
a ese río de ceniza que derramas
Llévame a todas partes, amor
y a todas partes conduce mis dedos
como si tú fueras la patria
y yo, tu único habitante

Mario Melendez. Nato a Linares nel 1971, ha studiato giornalismo all'Università La República di Santiago. Ha dimostrato appena ventenne le sue doti artistiche, pubblicando opere quali *Autocultura y juicio* (con prologo curato da Roque Esteban Scarpa), *Apuntes para una leyenda* e *Vuelo subterráneo*. Nel 1993 ottiene il Premio Municipale della Letteratura, in occasione del Bicentenario di Linares. Entrato di diritto nella storia della letteratura ispano-americana, figlio della tradizione poetica cilena, che annovera oltre a Neruda, Juan Capra e Gabriela Mistral, per citare qualche nome, Melendez può vantare la presenza dei suoi componimenti in svariate riviste letterarie nazionali e internazionali. Diversi volte invitato al Primer y Segundo Encuentro de Escritores Latinoamericanos, organizzato dalla Sociedad de Escritores de Chile, è stato ospite anche a Roma al Primer Encuentro Internacional de Amnistía y Solidaridad con el Pueblo, dove ha ricevuto la nomina come membro dell'Accademia della Cultura Europea. Nel 2005 viene insignito del premio Harvest International, per la miglior poesia in lingua spagnola, presso l'Università della California. Tradotto in portoghese, francese, italiano ed inglese, lavora da anni al Progetto Festa del Libro Itinerante.

Woody Guthrie

 Cantautore, poeta, chitarrista folk, vagabondo, ispiratore dei più grandi cantastorie contestatori americani.

venerdì 13 luglio 2012

Un bambino

Un bambino è una creatura che sa tutto
un bambino è una creatura che vuole tutto
un bambino è qualcuno che non vuole assolutamente stare fermo,
che corre appresso a ogni genere di cose.

Le sue tasche sono depositi di rifiuti.
Un bambino è capace di buttare via un giocattolo da dieci dollari per giocare con un vecchio pezzo di niente.
I bambini sono qualcosa di pazzesco.
Fanno cose assurde.

Ma i nostri uomini e le nostre donne più sagge sono proprio quelli che restano bambini.
I veri geni non invecchiano mai, magari crescono un po', ma non invecchiano.
Ieri ho pagato due dollari per andare a cavallo lungo la spiaggia per un'ora.

Erano dieci anni che non montavo su un cavallo.
Oggi mi sento i muscoli della schiena come se fossi un vecchio rattrappito;
a parte questo sono come un bambino,
quassù nella mia soffitta.

Woody Guthrie Il 14 luglio rappresenta una data che sin dalla rivoluzione francese ha rappresentato il diffondersi di un'alea di libertà, di idee innovative, di voglia di cambiare il mondo, di anticonformismo da rigide regole sociali, spesso ipocrite e antiquate. E' anche la data di nascita di uno dei rappresentanti di questo modo di vivere, delle prese al volo dei treni merci in corsa, verso destinazioni sconosciute, a condividere ore di umiltà e clandestinità, bottiglie di vino riciclate, qualche tozzo di pane, mentre l'America si sfaldava sotto i colpi del crisi del '29, le campagne abbandonate e i magnati che si lanciavano dalle finestre di uno dei tanti trentesimi piani dei grattacieli americani, simbolo di potenza e fallimento di un sogno americano. Il sogno americano di Woody Guthrie, nato cento anni fa di quel profetico 1912, in Oklahoma, terra di frontiera degli indiani nativi, in un altro sud del mondo, ha rappresentato l'America anti-conformista, quella che si opponeva agli stereotipi dell'americano medio, fedele alla patria, alla famiglia e all'onore, con la valigia sempre pronta, come uno dei tanti personaggi di Stephen Crane, verso una nuova guerra, e le lacrime a suggellare le prime note del "The Star-Spangled Banner".

Già la sua storia e la sua vita sono state le ispirazioni di una sceneggiatura o di un romanzo, se ci fosse stato il bisogno di arricchire quanto da Guthrie scritto, cantato, ballato per le polverose strade americane: la casa di famiglia distrutta da un ciclone, una sorella morta in un incidente domestico, la madre impazzita, il padre in bancarotta. Basterebbe questo per spiegare un ragazzo di sedici anni che salta su un treno merci in cerca di un lavoro improvvisato e a termine, in attesa di una nuova fuga, una nuova città, nuovi volti da condividere e una notte di stelle da ammirare tra le fessure di un convoglio. E poi, tra un'evasione e l'altra dalla realtà, strimpellare una chitarra, raccontando la propria, ma sopratutto, la vita degli altri, che in quelle canzoni improvvisate, riuscivano ancora a riconoscerci.

Ed eccolo, cantore dei disperati, dei disillusi del boom economico spruzzato in cielo con il petrolio, delle corse verso la terra promessa americana, la California terra di conquista e futuro, mai del tutto mantenuto. La sua chitarra folk a spaccargli i polpastrelli con quelle corde di metallo, dure più della sua vita, addolcite da un'armonica a bocca che solo in parte smussava la verità dei suoi versi. E' il periodo delle sue *Dust Bowl Ballads* (1935), che cantavano i disoccupati, la natura avversa che manifestava la crudeltà della siccità, le baracche-ritrovo di una notte, i soprusi degli industriali a sfruttare maree di disperati e la polizia che arrestava ad ogni pretesto, con la scusa dell'ordine pubblico.

E poi, le sue idee (oggi impropriamente, si direbbe di sinistra) vomitate sui giornali dell'epoca, i suoi messaggi provocatori, *this machine kills fascists* si poteva leggere sulla cassa armonica della sua chitarra. Nel 1940 cominciò ad incidere le sue ballate, grazie all'appoggio del musicologo Alan Lomax: *Pretty Boy Floyd* (1939), *Ludlow Massacre*(1944), *1913 Massacre* (1944), *Deportee* (1948). La mitica ballata *This Land Is Your Land* (1940), la sua amicizia con Pete Seeger, i concerti nei raduni sindacali e i comizi. Trovò il tempo anche per arruolarsi e partire per la Sicilia, durante l'intervento armato degli Stati Uniti nella Seconda Guerra.

Dedicò un ciclo di ballate anche ai miti storici americani, quali *Ballads Of Sacco & Vanzetti*, ma non disdegnò il mondo dei bambini ai quali dedicò canzoni ispirate dalla letteratura di Mark Twain. Ma rappresentò sicuramente il folk-singer contestatore per eccellenza, colui che ispirerà la produzione letteraria di altri vagabondi americani, quali Jack Kerouac, o il menestrello Bob Dylan.

Nel 1952 si ammalò gravemente di corea, una malattia ereditaria, degenerativa del sistema nervoso che lo costrinse a vivere gli ultimi anni della sua vita in ospedale fino alla morte, il 3 ottobre 1967.

Carmen Yanez

La poetessa di questa settimana è la prova vivente del falso storico che vede la donna abbinata alla definizione "sesso debole".

martedì 17 luglio 2012

Piccola Storia

Uccelli senza nome
nascevano dalla sua bocca,
in alberi senza nome inciampava,
ma l'uomo non era cieco
né sordo
e sentì il gracchiare,
la nota primigenia.
Il vento produsse la tempesta
e cominciò la danza dei rami.
Da lì le stagioni
e tutto fu colore,
la festa fino all'alba
il suo cuore colmo
l'ebbrezza infinita.

Così cominciò la scrittura
il muto.

Pioveva a catinelle.
Dalla terra sorsero gli esseri
e parlavano per lui.

Carmen Yáñez è nata nel 1952 a Santiago del Cile. Nel 1975 scompare nelle mani della poliza politica di Pinochet. Scampata all'inferno di Villa Grimaldi (luogo di tortura della DINA), rimane in clandestinità fino a quando, nel 1981, riesce a raggiungere la Svezia. Nel 1982 pubblica la sua prima raccolta poetica Cantos del camino. Dal 1997 vive in Spagna, nelle Asturie, dove si trasferì con il marito Luis Sepúlveda : la terra delle mele da cui prende il titolo la sua ultima raccolta.

Salvatore Di Giacomo

 Di Giacomo pe' fa cuntento 'o pate e 'a mamma jette a' scola e, quanno se facette gruosso, jette all'università e se screvette a' facultà 'e medicina.

'E cecate 'e Caravaggio

Dimme na cosa. T'allicuorde tu
e quacche faccia ca p"o munno e' vista,
mo ca pe' sempe nun ce vide cchiù?

Sì, m' allicordo; e tu?-No, frato mio;
io so' nato cecato. Accussì ncielo,
pe mme murtificà, vulette Dio...

Lassa sta' Dio!...Quant' io ll' aggio priato,
frato, nun t"o puo' manco mmaggenà,
e dio m' ha fatto addeventà cecato.

E' overo ca fa luce pe la via
'o sole?...E comm' è 'o sole?-'O sole è d' oro,
comme 'e capille 'e Serrafina mia...

Serrafina?...E chi è? Nun vene maie?
Nun te vene a truvà?-Sì...quacche vota...
E comm' è? Bella assaie?-Sì...bella assaie...

Chillo ch' era cecato 'a che nascette
Suspiraie. Suspiraie pure chill'ato,
e 'a faccia mmiezz' 'e mmane annascunnette.

Dicette 'o primmo, doppo a nu mumente:
— Nun te lagnà, ca 'e mammema carnale
io saccio 'a voce...'a voce sulamente...

— E se stettero zitte. E attuorno a lloro
addurava 'o ciardino, e ncielo 'o sole
luceva, 'o sole bello, 'o sole d' oro...

Salvatore di Giacomo (Sabbatore e' Jacuvo) (Napule, 12 'e màrzo 1860 – Napule, 4 'e abbrile 1934), è stato 'nu grande pueta napulitano, sicuramente 'o cchiù grande, scrittore 'e rumanze drammatiche, d'opere tragiche p' 'o tiatre e articule 'e cultura 'ncopp' 'e giurnale.

E' stato pure ll'autore 'e 'nu sacco 'e poesie napulitane, assaje famose, (paricchie 'e chesti ccà, fujeno pure musicate e addeventajeno canzone), ca rappresentano 'na parte assaje 'mpurtante d'a storia d'a cultura napulitana. 'O pate era 'nu miedeco d'e criature e 'a mamma era 'na musecista. Di Giacomo pe' fa cuntento 'o pate e 'a mamma jette a' scola e, quanno se facette gruosso, jette all'università e se screvette a' facultà 'e medicina, ma 'o 1886 lassaje 'a scola e 'e studie, p'addeventà giurnalista d'a paggena d'a letteratura d'o " Curriere d''o Matino ". Doppo 'nu poco 'e tiempo, lassaje 'o Curriere e passaje ô "Pro Patria" primma e po' doppo a' "Gazzetta".

D'o 1893 pigliaje ll'incarico 'e responsabile 'e biblioteca, dint'e cchiù importante biblioteche d'a città, ('a Biblioteca d''o Conservatorio a San Pietro a Maiella, 'a Biblioteca 'e l'Università e 'a Biblioteca Naziunale). 'O 1902 addeventaje 'o direttore d'a sezione indipendente "Lucchesi-Palli", d' 'a Biblioteca Naziunale e d' 'o 1925 fine ô 1932 avette 'a qualifica 'e direttore generale. 'O 1929 ce detteno 'o titulo d' "Accademico d'Italia"

Cierti vierze suoje d'o 1885, ca a isso nun le piacevene manco tante assaje, (tante ca nun 'e mettette dint''e raccolte ca curava isso stesso perzunalmente), fujene musicate da Francisco Paolo Tosti e avettene 'o destino furtunato d'addeventà una d'e cchiù famose canzone napulitane 'e tutte 'e tiempe, e canusciute pe' tutto 'o munno : "A Marechiare".

Ignazio Buttitta

Una delle espressioni più alte della sicilianità manifestata in versi, figlia della tradizionale Scuola Siciliana che contribuì alla nascita della letteratura italiana.

martedì 31 luglio 2012

Cumpagni di viaggiu

Stasira li cimi di l'arbuli
chi mòvinu la testa e li vrazza
parranu d'amuri a la terra
e io li sentu

Sunnu li paroli di sempri
chi vui scurdastivu,
cumpagni di viaggiu
nudi e pilusi,
in transitu dintra gaggi di ferru.

Unn'è chi ghiti a càdiri
si nuddu v'accumpagna
e la scienza è in guerra contru l'omu?

Cu vi jetta li riti
mentri u marusu munta;
siddu i nostromi da puisia
un tempu piscatura di baleni,
ora piscanu a lenza
nni l'acqua marcia di li paludi?

Cumpagni di viaggiu,
si pirdistivu u cori pa strata;
turnati nnarreri a circallu
si non siti già orbi.

Si u suttirrastuvu chi morti
nte campi di battagghia;
jiti a svrudicallu
si non feti nto sangu.

Si ristò a bruciari
nte càmmiri a gas;

*curriti a cogghiri a cìnniri
e mittitila a cuvari nto pettu.*

*Lu me straziu è pi vui stasira,
e li paroli d'amuri
càdinu nterra
comu stiddi astutati.*

*Non vurria chi mai turnassi
una sira la stissa.*

Ignazio Buttitta. Bagheria (Palermo) 19/09/1899 - 05/04/1997

Autodidatta, fece molti mestieri: garzone di macellaio, salumiere, grossista in alimentari, rappresentante di commercio. Il 15 ottobre 1922, alla vigilia della "marcia su Roma" capeggiò nel suo paese una sommossa popolare. Nello stesso anno fondò il circolo di cultura "Filippo Turati", che settimanalmente pubblicava il foglio "La povera gente". Fino al 1928 fu condirettore del mensile palermitano di letteratura dialettale "La Trazzera", soppresso dal fascismo. Dopo aver pubblicato Sintimintali (1923) (molte liriche con prefazione di Giuseppe Pipitone Federico, scrittore, letterato e critico letterario morto quando Buttitta aveva 41 anni. Insegnò storia e geografia nella Scuola normale maschile e successivamente letteratura italiana presso la R. Università di Palermo) e il poemetto in lingua siciliana Marabedda (1928) il poeta ufficialmente tacque, ma le sue poesie continuarono a circolare clandestinamente. La sua prima poesia antifascista fu pubblicata, nel 1944, sul secondo numero di "Rinascita". Solo nel 1954, con Lu pani si chiama pani, Buttitta ricominciò a pubblicare le sue opere, che gli diedero fama internazionale.

Nel 1943 Bagheria era stata bombardata e Buttitta, per allontanare la famiglia dai pericoli della guerra, - moglie e quattro figli, di cui uno, Antonino, insegnante di Antropologia alla Facoltà di Lettere dell'Università di Palermo, in qualità di studioso delle tradizioni popolari siciliane; e un altro, Pietro Antonio, famoso giornalista e scrittore, morto il 14 agosto 1994 a Bagheria- si trasferì a Codogno (Milano). Ritenne di poter tornare da solo in Sicilia, ma lo sbarco degli Alleati gli impedì di attraversare lo stretto di Messina. Durante la permanenza in Lombardia, Buttitta partecipò alla lotta clandestina e venne arrestato due volte dai fascisti. Quando, dopo la Liberazione, tornò in Sicilia, trovò i suoi magazzini di generi alimentari saccheggiati. Per vivere (aveva già quattro figli) fu costretto a ritornare in Lombardia e a intraprendere l'attività di rappresentante di commercio. Questo fu un importante periodo di approfondimento per il poeta, che potè incontrare e frequentare quasi ogni sera Quasimodo e Vittorini. Nel 1960 si stabilisce definitivamente a Bagheria fino al 5 aprile 1997 data della sua morte, nella casa affacciata sul mare di Aspra.

José Saramago

Un poeta passato alla storia letteraria come il più grande romanziere del secolo. Tra la sua prosa, cruda e riflessiva, le note più alte della poesia.

martedì 7 agosto 2012

Oceanografia

Volto as costas ao mar que jà entendo,
a minha humanidade me egresso,
e quanto hà no mareu surpreendo
na pequenez que sou e reconheço.

De naufràgios sei mas que sabe o mar,
dos abismos que sondo, volto exangue,
e para que de mim nada o separe,
anda um corpo afogado no meu sangue.

Giro le spalle al mare che conosco,
al mio essere umano me ne torno,
e quanto ciè nel mare lo sorprendo
nella pochezza mia di cui son conscio.

Di naufragi ne so più del mare,
dagli abissi che sondo torno esangue,
e perché da me nulla lo separi,
vive annegato un corpo nel mio sangue.

Autobiografia (a cura dell'autore)

Sono nato da una famiglia di contadini senza terra, in Azinhaga, un piccolo villaggio nella provincia di Ribatejo, sulla riva destra del fiume Almonda, a circa un centinaio di chilometri a nord-est di Lisbona. I miei genitori furono José de Sousa e Maria da Piedade. José de Sousa non avrebbe registrato il mio nome all'anagrafe, e di sua iniziativa aggiunse il soprannome con il quale la famiglia di mio padre era conosciuta nel villaggio: Saramago. Potrei aggiungere che saramago è una pianta selvatica, le cui foglie in passato servivano come nutrimento per i poveri. Fino all'età di sette anni, quando dovetti presentare un documento di identità a scuola, il mio nome completo fu José de Sousa Saramago...

Questo non è stato, comunque, l'unico problema di identità che mi fu destinato dalla nascita. Sebbene sia venuto al mondo il 16 Novembre 1922, i miei documenti ufficiali mostrano che nacqui due giorni dopo, il 18. Questo grazie a questa piccola frode alla quale la mia famiglia sfuggì al pagamento per non aver registrato la mia nascita nel giorno effettivo.

Forse perché combattè nella Prima Guerra, in Francia come artigliere, ed era conosciuto per questo dagli abitanti del villaggio, mio padre decise nel 1924 di abbandonare il lavoro alla fattoria e di spostarsi a Lisbona, dove iniziò la carriera di poliziotto, professione per la quale non erano richiesti particolari "requisiti letterari" (un'espressione comune allora...) rispetto a quelli di saper leggere, scrivere e fare di conto.

Qualche mese dopo il trasferimento nella capitale, mio fratello Francisco, più grande di due anni, morì. Sebbene le nostre condizioni di vita migliorarono dopo il nostro arrivo a Lisbona, non si stabilirono al meglio mai.

Avevo già 13 o 14 anni quando ci trasferimmo, finalmente, in una casa tutta nostra: fino ad allora avevamo vissuto condividendo la casa con altre famiglie. Durante tutto questo tempo, trascorsi molto del mio tempo nel villaggio con i miei nonni materni Jerónimo Meirinho e Josefa Caixinha.

Fui un ottimo studente alle scuole primarie: in seconda classe scrivevo senza commettere errori e frequentai il terzo e il quarto anno in un'unica classe. Poi frequentai il liceo dove rimasi per due anni, con eccellenti risultati il primo anno, non così buoni nel secondo, ma fui ben voluto dai compagni di classe e dagli insegnanti, e fui anche eletto (avevo 12 anni...) come uno dei tesori dell'Unione degli Studenti... Nel frattempo i miei genitori giunsero alla conclusione che, in assenza di risorse, non potevano permettersi di mantenermi al liceo. L'unica alternativa era quella di andare in una scuola tecnica: così per cinque anni imparai a diventare un meccanico. Ma sorprendentemente, i programmi del tempo, sebbene ovviamente di orientamento tecnico, includevano, oltre al Francese, la letteratura. Poiché non avevo libri a casa (i miei libri, comprati con i miei soldi, comunque con soldi presi a prestito da un amico, potei disporne solo all'età di 19 anni) i libri in lingua portoghese, con la caratteristica "antologica", aprirono le porte per fruire della letteratura: anche oggi posso decantare versi imparati in epoca passata. Dopo aver finito il corso di studi, lavorai per due anni come meccanico in una officina. Nello stesso tempo avevo già cominciato a frequentare, durante l'orario di apertura serale, una biblioteca pubblica a Lisbona. E fu lì, senza nessuno aiuto o guida eccetto la curiosità e la voglia di imparare, che la mia passione per la lettura si sviluppò e si raffinò.

Quando mi sposai nel 1944, avevo già cambiato lavoro. Lavoravo presso la Social Welfare Service come dipendente dell'amministrazione civile. Mia moglie, Ilda Reis, allora dattiligrafa presso la Railway Company, sarebbe diventata alcuni anni dopo, una dei più importanti incisori portoghesi. Morì nel 1998. Nel 1947, l'anno della nascita della mia unica figlia, Violante, pubblicai il mio primo libro, un romanzo da me intitolato *Il vedovo,* ma per ragioni editoriali, uscì con il titolo *Il Paese del Peccato*. Scrissi un altro libro, *Il Lucernario*, anche questo inedito, e ne cominciai un altro, ma non riuscii a proseguire se non per poche pagine: il titolo era Miele e Fiele, o forse Louis, figlio di Tadeus... La stesura era pronta quando abbandonai il progetto: avevo preso coscienza che non avevo niente di interessante da dire. Per 19 anni, fino al 1966, quando pubblicai *Le Poesie Possibili*, ero assente dalla scena della letteratura portoghese, dove pochi notarono la mia assenza.

Per motivi politici restai disoccupato nel 1949, ma grazie alla bontà di un ex insegnante della scuola tecnica, riuscii a trovare lavoro in una società metallica dove lui faceva il manager.

Verso la fine del 1950 cominciai a lavorare in una società editoriale, l'Estúdios Cor, come manager della produzione, così feci ritorno, ma non come autore, nel mondo delle lettere che avevo abbandonato qualche anno prima. Questa nuova attività mi permise di conoscere e stringere amicizia con i più importanti scrittori portoghesi del tempo. Nel 1955, per incrementare le mie risorse economiche, ma anche perché mi piaceva, cominciai a dedicarmi alle traduzioni, un'attività che continuai fino al 1981: Colette, Pär Lagerkvist, Jean Cassou, Maupassant, André Bonnard, Tolstoi, Baudelaire, Étienne Balibar, Nikos Poulantzas, Henri Focillon, Jacques Roumain, Hegel, Raymond Bayer furono alcuni degli autori tradotti. Tra il maggio 1967 e novembre 1968, mi dedicai ad un'altra occupazione parallela come critico letterario. Nel frattempo, nel 1966, pubblicai *Le Poesie Possibili*, che segnarono il mio ritorno alla letteratura. Nel 1970, un altro libro di poesie, *Probabilmente Allegria* e poco dopo, nel 1971 e 1973 rispettivamente, con i titoli *Di questo mondo e degli altri* e *Il bagaglio del viaggiatore*, due raccolte di articoli che i critici giudicarono essenziali per comprendere i miei lavori successivi. Dopo il mio divorzio nel 1970, iniziai una relazione, che finì nel 1986, con la scrittrice portoghese Isabel da Nóbrega.

Dopo aver lasciato il lavoro presso la casa editrice alla fine del 1971, lavorai per i due seguenti anni in un quotidiano serale, Diário de Lisboa, come manager di un supplemento culturale e come editore.

Pubblicato nel 1974 con il titolo *Le opinioni di DL Had*, i cui contenuti rappresentano una precisa lettura degli ultimi anni della dittatura, che fu rovesciata in aprile. Nell'aprile del 1975, diventati vice direttore del quotidiano Diário de Notícias, posto che occupai fino a novembre e dal quale fui attaccato con le conseguenze dei cambiamenti provocati dal colpo di stato militare del 25 novembre che bloccò il processo rivoluzionario. Due libri segnano questo periodo: *L'anno 1993*, un lungo poema pubblicato nel 1975, che alcuni critici considerano un araldo delle opere che due anni dopo appariranno con il *Manuale di Pittura e Calligrafia*, un romanzo, e, con il titolo di *Appunti*, gli articoli politici che avevo pubblicato quando ero direttore di giornale.

Nuovamente disoccupato e con il peso della situazione politica che stavamo vivendo, senza la minima possiblità di trovare lavoro, dedisi di dedicarmi alla letteratura: era arrivato il tempo per provare il mio valore come scrittore. All'inizio del 1976, vissi per qualche settimana a Lavre, un villaggio di campagna nella provincia di Alentejo. Fu quel periodo di studio, osservazione e di appunti presi che mi avrebbero condotto, nel 1980, al romanzo *Risorto dalla Terra*, che tracciò le caratteristiche del mio stile narrativo. Intanto, nel 1978 pubblicai una raccolta di racconti, *Oggetto Quasi*; nel 1979 l'opera teatrale *La Notte*, e dopo questa, qualche mese prima dell'uscita di *Risorto dalla Terra*, una nuova opera teatrale, *Cosa ne farò di questo libro?* Con l'eccezione di un'altra piece teatrale, intitolata *La seconda vita di Francesco D'assisi*, pubblicata nel 1987, il 1980 fu interamente dedicato alla narrativa: *Baltazar e Blimunda* (1982), *L'anno della morte di Ricardo Reis*, (1984), *La balsa di pietra* (1986), *La storia dell'assedio di Lisona* (1989). Nel 1986, incontrai la giornalista spagnola Pilar del Río. Ci sposammo nel 1988.

In conseguenza della censura del governo portoghese del mio libro *Il Vangelo secondo Gesù Cristo* (1991), che negò il veto per la sua presentazione al Premio Europeo di Letteratura, con il pretesto che il libro era offensivo per i cattolici, ci trasferimmo con mia moglie nell'isola di Lanzarote nelle Canarie. All'inizio di quell'anno pubblicai l'opera teatrale *In Nomine Dei*, che fu scritta a Lisbona, dal cui libretto fu tratta l'opera *Divara*, con musica composta dall'italiano Azio Corghi e inscenata per la prima volta a Münster in Germania nel 1993. Quella con Corghi non fu l'unica collaborazione: sue sono anche le musiche dell'opera Blimunda, tratta dal mio romanzo Baltazar e Blimunda, inscenata a Milano in Italia nel 1990. Nel 1993, cominciai a scrivere un diario, *Quaderni di Lanzarote*, con cinque volumi fino a quel momento. Nel 1995, pubblicai il romanzo *Cecità* e nel 1997 *Tutti i nomi*. Nel 1995, fui premiato con il Premio Camões e nel 1998 con il Premio Nobel per la Letteratura.

José Saramago è morto il 18 giugno 2010.

Máirtín Ó Direáin

Passato alla storia come il poeta non riconosciuto d'Irlanda, le sue poesie scritte in irlandese, ispirate alla vita condotta sulle Isole Aran, sono state tradotte in inglese per farle conoscere al mondo.

Perdonami

Solo, ieri sera,
Seduto in riva al mare,
Il cielo appena nuvolo,
Onde e terra calme,
La tua forma regale
È apparsa, come ombra,
Sul mio schermo.
L'ultimo guizzo della fiamma
Di un amore
Creduto morto
Da tempo.
Dolcemente ho chiamato
Il tuo nome, come allora
Solevo, ed un uccello
Solitario
Sulla sabbia
A stridere impaurito.
Perdonami, se neppure
La tua cara ombra,
Hai voluto
A me vicina
Ma il cielo era appena nuvolo,
Onde e terra calme.

Máirtín O Díreáin nato nel 1910 a Sruthán, Inishmore, nelle Isole Aran, figlio di un piccolo proprietario terriero, parlò esclusivamente irlandese fino all'adolescenza. Recitò dal 1928 al 1937 al Teatro Gaelico, per trasferirsi l'anno seguente a Dublino presso il Dipartimento Scolastico della città. La sua partecipazione ad un seduta di lettura nel 1938 lo ispirò a cominciare a scrivere poesie. Pubblicò a proprie spese due raccolte, *Coinnle Geala* (1942) e *Dánta Aniar* (1943), che trattano della sua vita nostalgica ad Aran. *Rogha Dánta* fu pubblicato nel 1949, aggiungendo quattordici poesie a precedenti opuscoli, ed è considerato un punto di riferimento nella poesia moderna irlandese. Il poeta incrementò il suo interesse verso il conflitto esistenziale tra il mondo rurale e quello urbano, la diaspora tra il tradizionale e il moderno. *Ó morna agus Danta Eile*(1957), il titolo del poema è l'apologia di un padrone di casa opprimente e capo ereditario nei confronti degli isolani che guidavano il suo bestiame in una scogliera durante la Guerra della Terra (come narrato in Feamainn Bhealtaine) e sembra abbia ispirato il poeta, che volle saperne di più di lui.

Con un attraente e semplice linguaggio, il suo lavoro mostra una capacità di osservazione acuta. Una caratteristica che colpisce è l'uso ripetuto di un vocabolario semplice, in cui parole come Cloch, CRE, Carraig e Tra (pietra, argilla, pietra e linea), vengono utilizzati per evocare i valori che il poeta vuole esaltare del mondo rurale rispetto alla società moderna. Ó Direáin ha ricevuto riconoscimenti, come il Premio dell'Istituto di Cultura Irlandese-Americana e dalla Freiherr Von Stein Foundation di Amburgo, nonché una laurea honoris causa da NUI. Rimase nella pubblica amministrazione fino al suo pensionamento nel 1975, e morì a Dublino nel 1988.

Elsa Morante

Cento anni fa, il 18 agosto, nasceva l'autrice de L'Isola di Arturo. La poesia riportata fu scritta all'inizio del romanzo e la dedica è rivolta a Remo Natales, anagramma di Elsa Morante.

mercoledì 22 agosto 2012

Dedica a Remo N.

Quello che tu credevi piccolo punto sulla terra,
fu tutto.
E non sarà mai rubato quest'unico tesoro
ai tuoi gelosi occhi dormienti.
Il tuo primo amore non sarà mai violato.
Virginea s'è rinchiusa nella notte
come una zingarella nel suo scialle nero.
Stella sospesa nel cielo boreale
eterna: non la tocca nessuna insidia.

Giovinetti amici, più belli d'Alessandro e d'Eurialo,
per sempre belli; difendono il sonno del mio ragazzo.
L'insegna paurosa non varcherà mai la soglia
di quella isoletta celeste.
E tu non saprai la legge
ch'io, come tanti, imparo,
— e a me ha spezzato il cuore:
fuori del limbo non v'è eliso.

Elsa Morante (Roma, 18 agosto 1912 - 25 novembre 1985) Nata da una relazione extraconiugale della madre, Irma Poggibonsi, con Francesco Lo Monaco, trascorre l'infanzia in casa di Augusto Morante, istitutore al riformatorio per minorenni e suo padre soltanto nominalmente.

Terminato il liceo, l'adolescente Elsa va via da casa: per mantenersi, dà lezioni private ed inizia a collaborare con diverse testate giornalistiche (alcuni di questi testi compaiono nel volume, edito nel 1941, "Il gioco segreto"). E' tuttavia con il suo primo romanzo, "Menzogna e sortilegio" (1948), che ella s'impone all'attenzione generale. Nel narrare i casi d'una benestante famiglia meridionale destinata alla decadenza, tramite lo sguardo febbrile e tormentato d'una giovane donna isolatasi dal mondo, la Morante s'allontana in maniera assai netta dall'imperante modello neorealistico: si precisa, da subito, la sua predilezione pel magico e la fantasticheria, in una chiave tuttavia caricata d'angoscia dal confronto coi dati della realtà.

Il medesimo tema è al centro del successivo "L'isola di Arturo" (1957), ove lancinante è lo scarto fra l'infanzia serenamente immersa nella natura del protagonista ed il dolore figliato dalla fine della mitizzazione della figura paterna: in questa dimensione edenica che inevitabilmente si dissolve nel contatto con la consapevolezza, risiede il nucleo dolente della poetica dell'autrice.

Nel decennio dei '60, provata da dispiaceri privati (la chiusura del rapporto con Moravia, che aveva sposato nel 1941) e coinvolta dalle inquietudini del periodo, licenzia un testo d'intervento diretto quale "Pro o contro la bomba atomica" (1965) ed il suggestivo "Il mondo salvato dai ragazzini" (1968): qui, sulla scorta della fiducia riposta nei "ragazzetti celesti", celebra ancora l'utopia di un'esistenza svincolata da lacci e lacciuoli, inclusi quelli imposti dalle società strutturate, nei toni di un "anarchismo metastorico" (G.Fofi). Quest'ultimo argomento - il rifiuto della "storia ufficiale", l'aperto parteggiare per gli umiliati e offesi - caratterizza pure "La storia" (1974), l'opera sua di maggior successo, in virtù d'un linguaggio piano e semplice e di una trama - le vicende d'unafamigliola romana durante la tragedia del secondo conflitto mondiale - coinvolgente, con qualche concessione al populismo.

Il commiato di "Aracoeli" (1982) è all'insegna di un pessimismo irredimibile, d'una disperazione lucida che neppure nel ricordo trova conforto: l'itinerario nella memoria di Manuele, proteso a ricostruire l'adorata immagine materna, si chiude nella constatazione che fra lui e la genitrice "si stende una sassaia deserta" (C.Garboli). La stessa, probabilmente, che divide ormai da tutto e tutti Elsa Morante, costretta per parecchi anni ad una dolorosa immobilità in clinica prima di spegnersi, nel 1985.

Antioco Casula

Il poeta che ispirò la rinascita artistica dell'attrice e cantante sarda Marisa Sannia, che a lui volle dedicare il suo ritorno nel mondo della canzone negli anni Novanta.

martedì 28 agosto 2012

A tie, cumpagna mia

Deo ispero de vivere con tue, mia cumpagna,
in d'una domo bianca in fundu a sa muntagna

Ue murmuran abbas de rios e funtanas
e creschen maestosas forestas solianas.

E inie sutta a s'umbra de una castagna antiga
m'hapo a sezzer cun tue, donosa e cara amiga,

A iscultare sas boghes potentes, solitarias
de su monte e sos cantos chi curren in sas arias.

Cust'est su meu isperu gentile, forte e mannu
chi temperat sas puntas accuzzas de s'affannu:

Cust'isperu 'e s'anima chi suffrit pro t'amare,
amiga mia, nara, si podet avverare?

Deo no isco! Intantu pensende in cussa die
de passare sas oras in paghe accanta a tie

Cumbattinde m'agatto tristu e in terr'anzena
e s'anima che rundine in die 'e maju serena

Bolat luntana, bolat a tie, mia cumpagna,
in d'una domo bianca in fundu a sa muntagna.

Antioco Casula *(Montanaru)* (Desulo 1878 - 1957) Intellettuale barbaricino e maggiore poeta lirico in lingua sarda. Scrisse quattro raccolte di canti: Boghes de Barbagia del 1904, Cantos d'Ennargentu del 1922, Sos Cantos de sa solitudine del 1933, Sa lantia del 1950. Nacque a Desulo, in Barbagia, nel 1878. Frequentate le scuole elementari, fu mandato a Cagliari e a Lanusei per la formazione superiore, esperienze che si rivelarono fallimentari, per il carattere ribelle e insofferente del giovane. Tornato a Desulo per affiancare il padre nella gestione di una modesta attività commerciale, Antioco prese ad alternare le fatiche del lavoro e le scorribande in campagna con la lettura disordinata di romanzi e poesie. Scoprendosi dotato di estro poetico, si cimentò quindi nella stesura di rime amorose, satiriche e religiose, stagliate sullo sfondo della chiusa realtà desulese.

Con la Guerra d'Africa, nel 1896, partì sotto le armi e, ispirato dalla nuova esperienza, compose inni patriottici e canti di guerra. Rientrato a Desulo, stanco dell'ozio paesano, si arruolò nell'arma dei carabinieri, senza tuttavia abbandonare la poesia. Nella minuscola stazione di Tula, paesino del Monteacuto, compose i suoi primi splendidi canti, ispirati dall'aspro e affascinante paesaggio isolano, dai poveri pastori e dai banditi che egli poteva osservare dal punto di vista privilegiato, e al tempo stesso scomodo, del tutore della legge. I canti furono pubblicati tra la fine dell'800 e gli inizi del '900 nel giornale Piccola Rivista, sotto lo pseudonimo di Montanaru, con notevole successo presso gli intellettuali sardi e della penisola.

Nel 1905, abbandonata l'arma, potè finalmente dedicarsi anima e corpo alla poesia e alla famiglia; nel contempo fu direttore dell'ufficio postale di Desulo e maestro elementare. Convinto assertore del valore della lingua sarda e dell'importanza del suo insegnamento nelle scuole, fu chiamato nel 1925 a Milano per rappresentare la Sardegna al primo congresso nazionale dei dialetti d'Italia. Non mancarono al Montanaru grandi dolori: la morte prematura dei figli e della prima moglie; nel 1928, l'umiliazione del carcere, con l'accusa di legami con i banditi barbaricini, accusa pretestuosa, orchestrata dai gerarchi fascisti che mal tolleravano questa emblematica figura di intellettuale non conformista e soprattutto impegnato nella difesa dell'isola e della sua lingua. Prosciolto e liberato, potè continuare a comporre versi fino alla morte, avvenuta nel 1957.

Candelaria Romero

Figlia della dittatura argentina, oggi vive a Bergamo dopo anni di asilo polico in Svezia.
martedì 4 settembre 2012

L'appesa

Vi saluto da qui, dove sono appesa.

Forse non mi vedete

ma giro intorno alle vostre teste

e da qui posso leggere i vostri pensieri

guardare i vostri seni

vedere il colore del latte che portate dentro

non ancora maturo

non ancora baciato , non ancora amato.

Se scendessi sarebbe una strage.

Finirei per uccidervi (Non potreste mai reggere alle vostre passioni.)

Quindi rimango qui.

La contemplazione è compito di poeti.

Candelaria Romero è nata nel 1973 in Argentina (San Miguel de Tucuman), da genitori scrittori. Nel 1976 la famiglia è stata costretta a espatriare a causa della locale dittatura, e nel 1979 i Romero hanno ricevuto asilo politico in Svezia, dove Candelaria ha seguito i laboratori T.E.A. (Taller de Esperimentación Artistica), partecipando ai corsi di scrittura ed iniziando contemporaneamente la sua formazione teatrale, e si è dipolamata nel 1991 presso il Ginnasio d'Arte Drammatica di Stoccolma. Dal 1992 risiede e lavora a Bergamo dove svolge attività teatrale e di scrittura. Lavora come attrice per il Teatro Stabile dell'Abruzzo e per la regia di Claudio Di Scanno - Dramma Teatro (Popoli), e collabora con Amnesty International rappresentando in giro per l'Italia Hijos, sulla problematica dei rifugiati, e Bambole, sulla violenza sulle donne, opere teatrali da lei scritte, dirette e interpretate. Con la collaborazione di Oliviero Biella, ha pubblicato per CTM (Cooperazione Terzo Mondo) e la Cooperativa Amandla - Bottega del Commercio equo e Solidale (Bergamo), il libro con Cd di canti e racconti da tutto il mondo dedicati ai bambini Raccontando...Cantando a mezz'aria Co-fondatrice della rivista on-line di letteratura della migrazione "El Ghibli", è finalista di premi nazionali di poesia, narrativa e di teatro.

Carlos Montemayor

 martedì 11 settembre 2012

Es tarde

Pasa un ave ciega.
El viento arde
y su húmieda pureza incendia las ventanas.
Somos las calles de la tarde
en que la lluvia avanza,
a quien las alas de la tierra perdurable besaron.
Cierra por un instante los párpados.
Escucha la lluvia.
Escucha el viento.
Escucha la sangre en las venas.
Nadie recuerda lo que fue.
Nadie pierde lo que fue.
Somos manos que sanan y lastiman,
donde nace la sangre
y se derrama, ardiendo.
Soy el viento que conoce
el perfumado aliento de la muerte,
la respiración que se cansa con mis pasos.
Soy la voz que sobre mi voz hoy llueve.
La masculina y femenina inteligencia que llueve.
Las líneas de mis manos que hoy se humedecen.
Tormenta que el viento besa para embriagarla
y dejarla a su paso, deshilando su frescura.
La angustia de la lluvia porque el viento la atraviesa:
la ceguera serena de la luz
en una tensa ceguera del cielo.
Soy mi hijo, soy mi linaje, mis abuelos.
La misma lluvia de amor que despedazó a mis abuelos.
Soy mi segundo hijo, una lluvia en silencio,
una palabra que nunca he escrito y llueve sobre mi alma.
Soy Nicandro, el velador de mi barrio,
Que embriagado platicaba de su vida conmigo.
Soy la hoja que empapa la escritura.

Una memoria excitada que llueve.
Soy este rumor de la piel
que siente el vacío de la otra piel,
este sudor que llueve y se ensordece
en la carne en llamas, desesperada
cuando el semen se ilumina
y el espasmo nos destruye
como si una luz atroz,
un rayo intratable, hiriese a una estrella.
Soy el grito que nadie escucha en la tormenta.
Viento que pasa, que se exalta,
donde lo efímero y lo eterno
son una pupila y una retina,
una tormenta que cae y se ensordece a sí misma,
un hombre mismo, un instante solo,
una memoria que no siente la lluvia ni el fuego,
no, pero que es más poderosa que el silencio
y que llueve poderosa sobre la muerte.

Muchos hombres he sido.
Otros con mis ojos miran
lo que ahora mi mano escribe.
Durante meses y años otros lo hicieron.
Éste es el viento.
Desearon todos lo suyo.
Buscaron, amaron, rechazaron.
Cada uno amó a la mujer
que desde siempre se destinó para él
y cada uno la ha perdido.
Soy el testigo que los mira.
Éste es el viento.
Soy lo que no he vivido
y lo que no he de vivir.
Pero soy lo que en cada momento vivo.
Me sumerjo en el centro de una luz
que gira en muchas direcciones.
Soy el qua sale de la casa
y permanece dentro.
El que está, el que es.

Carlos Montemayor è nato a Parral, nel nord del Messico, nel 1947, ed è morto prematuramente a Città del Messico nel 2010. È uno degli autori latino-americani più conosciuti e letti anche in Europa: in Italia sono stati pubblicati Guerra nel paradiso, Tropea 1999 (romanzo); La donna serpente, Manni 2003 (romanzo); Chiapas: la rivoluzione indigena, Tropea 1999 (saggio); In un altro tempo io ero qui, Circolo culturale Menocchio – Olmis, Montereale Valcellina 2006 (poesie).

È stato membro dell'Accademia Messicana della Lingua e Corrispondente della Reale Accademia Spagnola, e ha ricevuto numerosi riconoscimenti: fra gli altri, il Premio Internazionale Juan Rulfo, il Xavier Villaurutia e il Premio di narrativa Colima.

Per molti anni si è dedicato allo studio e alla promozione delle letterature messicane nelle diverse lingue indigene, tanto che nel 1997 la "Asociación de Escritores en Lenguas Indígenas de México" lo ha premiato nominandolo Membro Onorario. Il suo lavoro, preziosissimo, ha fruttato più di cinquanta volumi (di poesia, narrativa, teatro, saggistica) in varie lingue indigene, pubblicati grazie al patrocinio dell'Istituto Nazionale Indigenista del Messico e della Fondazione Rockefeller di New York. Parallelamente, ha pubblicato i lavori critici Arte y trama en el cuento indígena (1998), Arte y plegaria en las lenguas indígenas de México (1999) e La literatura actual en las lenguas indígenas de México (2001), oltre a molte altre monografie su singoli aspetti della culture tradizionali del Messico e dei suoi popoli autoctoni. Il suo saggio Los pueblos indios de México (2001), insieme alle antologie La voz profunda. Antología de la literatura mexicana en lenguas indígenas (2004) e Palabras de los seres verdaderos (2005-6) sono strumenti indispensabili per capire qualcosa del cosiddetto Messico profondo, ovvero di quella vasta parte del Messico di oggi che vive utilizzando le molte lingue indigene, sotto la cappa storica dello spagnolo: ma, specie le antologie, rivelano anche una ricchezza poetica e culturale di cui in Italia non si sa quasi nulla.

Tra gli altri libri di Carlos Montemayor segnaliamo: Los cuentos gnósticos de M. O. Mortenay (1985); il saggio Rehacer la historia (2000); le traduzioni dei Carmina Burana, di Saffo, della poesia portoghese.

Guido Ceronetti

Una poesia già proposta da Girodivite, ma che ci piace inserire in questa rubrica, visto l'argomento trattato e di recente tornato di moda.

martedì 18 settembre 2012

La ballata dell'angelo ferito

Urlate urlate urlate urlate.
Non voglio lacrime. Urlate.
Idolo e vittima di opachi riti
Nutrita a forza in corpo che giace
Io Eluana grido per non darvi pace

Diciassette di coma che m'impietra
Gli anni di stupro mio che non ha fine.
Una marea di sangue repentina
Angelica mi venne e fu menzogna
Resto attaccata alla loro vergogna

Ero troppo felice? Mi ha ghermita
Triste fato una notte e non finita.
Gloria a te Medicina che mi hai rinata
Da naso a stomaco una sonda ficcata
Priva di morte e orfana di vita

Ho bussato alla porta del Gran Prete
Benedetto: Santità fammi morire!
Il papa è immerso in teologica fumata
Mi ha detto da una finestra un Cardinale
Bevi il tuo calice finché sia secco
Ti saluta Sua Santità con tanto affetto

Ho bussato alla porta del Dalai Lama.
Tu il Riverito dai gioghi tibetani
Tu che il male conosci e l'oppressura
Accendimi Nirvana e i tubi oscura
Ma gli occhi abbassa muto il Dalai Lama

Ho bussato alla porta del Tribunale
E il Giudice mi ha detto sei prosciolta

La legge oggi ti libera ma tu domani
Andrai tra di altri giudici le mani.
Iniquità che predichi io gemo senza gola
Bandiera persa qui nel gelo sola

Ho bussato alla porta del Signore
Se tu ci sei e vedi non mi abbandonare
Chiamami in cielo o dove mai ti pare
Soffia questa candela d'innocente
Ma il Signore non dice e non fa niente

Ho bussato alla porta del padre mio
Lui sì risponde! Figlia ti so capire
Dolcissimo io vorrei darti morire
Ma c'è una bieca Italia di congiura
Che mi sentenzia che non è natura

E il mio papà piangeva da fontana
Me tra ganasce di sorte puttana.
Cittadini, di tanta inferta offesa
Venga alla vostra bocca il sale amaro.
Pensate a me Eluana Englaro

Guido Ceronetti nasce a Torino nel 1927, lo stesso anno in cui Heidegger pubblica Essere e tempo. Silenzio, corpo, essere, tempo, viaggio: sono coordinate in cui si muove la sua poetica, perché è essenzialmente poeta. In quel suo corpo magro, negli occhi azzurri dove abita l'infinito. Impossibile stendere una biografia senza averlo visto, senza conoscere la timidezza che lo accompagna come un bastone da passeggio, la ritrosia ad ogni forma di scavo che non sia d'anima, la purezza delle sue rare, pubbliche apparizioni. Si nasconde dietro una marionetta o una fotografia, come un bimbo dietro il grembiule della madre.

Le opere più significative: *Viaggio in Italia* (1983), *Il silenzio dei corpi* (1994), *Tutte le poesie*. Il *Viaggio in Italia* è la cifra degli scrittori romantici di ogni epoca, un bagaglio di natura e cultura cui affidare gli odori acri del mezzogiorno, le "nebbie di anice" del nord, l'essenzialità della Toscana, la convivialità generosa della Romagna, la Roma barocca. Quasi un rito iniziatico per i cultori del bello. Guido Ceronetti ne compone un paesaggio differente, intimo, interiore, dove la «pioggia s'invena», tanto fa parte della psiche. È un viaggio sentimentale e lucido dove le brutture del moderno si sposano con lampi improvvisi di poesia inconsapevole, spesso scritta da chi poeta non è.

Il silenzio dei corpi è l'opera filosofica, in cui il pensiero si fa altro da sé e spazia all'interno e all'esterno alla ricerca del senso delle cose. Senso che è scavo, ruga, scoperta, luce, malattia, dolore, dialogo, assolo, carne che si decompone o esulta, corpo.

Tutte le poesie. È quasi impossibile parlare di poesia senza essere poeti. Quella di Ceronetti permea tutta la sua scrittura, poeti in qualche modo si nasce. Il poeta è colui che invece di masticare la realtà la tranghiottisce senza denti, fa del cibo un simbolo, una nuvola, un dolore, un ricordo.

All'inizio o alla fine dei suoi lavori poetici ci sono pagine in cui egli spiega il tempo, lo spazio, il modo in cui opera, ed è bello immaginarlo scrivere in piedi davanti a una finestra, mentre sorseggia il tè verde, all'alba come un soldato in guerra. Perché la sua è una vera e propria battaglia contro il brutto, contro il volgare, contro gli "operati d'anima" e il verso poetico è medicamento alla bruttura e all'insignificanza.

(Tratta da: *A cura della Redazione Virtuale de «La Libreria di Dora»*)

Titina De Filippo

Una delle attrice del teatro italiano più apprezzate di sempre. Il cognome, dopotutto, è sintomo di garanzia artistica. Vi proponiamo l'omaggio di Fiorella Mannoia nel suo ultimo album "Sud".

martedì 25 settembre 2012

Quanne vuo' bene

Nun se po' dì sì mia
senza suffrì pe' n'ora 'e gelusia
che quanno cchiù vuo' bene
e ammore è forte
vulisse 'a vita
e piense pure 'a morte

Ma 'a morte nun arriva
se soffre sulamente 'e gelusia
che comme 'o ffoco quanno ammore è forte
vulisse 'a vita ma
nun campe cchiù
e piense pure 'a morte
nun campe cchiù
e piense pure 'a morte

Ammore fa suffrì
ma spisso 'o core soffre assai 'e cchiù
turmiente e cchiù torture
quanne nun soffre cchiù
è pecchè è fernuto ammore
ammore ammore ammore ammore
ammore ammore fa suffrì

Titina De Filippo. Nasce a Napoli, il 27 marzo 1898, prima dei tre figli nati dalla relazione tra Eduardo Scarpetta e Luisa De Filippo; nel 1900 nascerà Eduardo, nel 1903 Peppino. Titina, Annunziata all'anagrafe, è figlia d'arte ed esordisce al Teatro Valle di Roma nel 1905, nel ruolo di Peppeniello in Miseria e nobiltà di Scarpetta. L'anno dopo comparirà con i fratelli nell'operetta La Gheisha e rimarrà per qualche anno nella Compagnia Scarpetta, passata nel 1910, dopo il ritiro dalle scene di Eduardo, al figlio Vincenzo, che, dopo traversie, la erediterà nel 1925, alla morte del padre.

Titina, compiuto l'apprendistato di attrice giovane e fattasi apprezzare da pubblico e critica, lascerà la compagnia nel 1921 per entrare nella Compagnia d'arte napoletana, poi Città di Napoli, allora diretta da Francesco Corbinci; tra gli attori c'è anche Pietro Carloni, che sposerà il 29 luglio 1922. Comincerà allora il sodalizio tra Titina e Eduardo De Filippo, subentrato nel 1922 a Corbinci. Importante è l'incontro con Eugenio Aulicino, genero dell'impresario Pasquale Molinari; nella Stabile Molinari Titina e Pietro iniziarono a recitare nel 1924. È un rapporto tormentato, tra rotture, incomprensioni, nuove esperienze; fu quando Totò, scritturato nel frattempo, lasciò la compagnia e Napoli, che Aulicino accettò la proposta di Titina di scritturare Eduardo e Peppino, allora impegnati con Vincenzo Scarpetta.

Debuttarono al teatro Nuovo di Napoli il 26 maggio 1930 con Pulcinella principe in sogno. L'anno successivo i tre fecero compagnia, costituendo Il Teatro Umoristico: i De Filippo. Significativi furono, negli anni Trenta, le tournèes attraverso l'Italia e la collaborazione con Pirandello, con la messa in scena di Liolà, Il berretto a sonagli, L'abito nuovo, ma la convivenza era difficile e l'attrice sentiva il peso della statura dei fratelli. Nel 1937 Titina iniziò, con Sono stato io! di Raffaello Matarazzo, una carriera cinematografica che continuerà per anni. Fu Renato Simoni, critico del "Corriere della Sera", a creare per i tre De Filippo la definizione di "blocco". Nelle memorie Titina rileva quanto esso sia pesante, soffocante nel suo significato di "rete fatale" e quanto forte sia la volontà di romperlo (A. Carloni, Titina De Filippo. Vita di una donna di teatro, Milano, Rusconi, 1984, p. 82). Lo fece, pur dolorosamente, nel 1939. Recitò con Nino Taranto, fece compagnia con Agostino Salvietti, recitò, nel cinema, con Totò, ma alla fine il "blocco" si ricostituì e nel 1942 tornò a recitare, a Genova, in La fortuna con la effe maiuscola.

Nel 1945, Peppino aveva lasciato la compagnia l'anno prima, nasce la nuova compagnia Teatro di Eduardo con Titina De Filippo. Esordirono al San Carlo, l'unico teatro di Napoli non requisito dagli alleati, il 25 marzo 1945 con Napoli milionaria!: Titina interpreta la parte di Donn'Amalia. Il ruolo è nuovo per lei, impegnativo, ma l'attrice è ormai matura; sobria nella recitazione, si trova a proprio agio tanto nelle parti comiche che in quelle drammatiche, in generi leggeri, come la farsa e la rivista e in commedie a tinte forti, quali Napoli milionaria, appunto, e Filumena Marturano, scritta nello stesso anno per lei da Eduardo. Tanto l'autore-regista che l'attrice contavano su tale personaggio e questo si traduceva in una forte intransigenza e invadenza del primo; ma Titina s'impose, il fratello capì e la lasciò recitare a modo suo. Scriverà l'attrice, dopo la prima all'Eliseo di Roma nel 1947:

Eccolo il mio personaggio [...] ecco, così ti volevo: violenta, fredda, calma, tragica, comica. Ah! Filumena, ti tengo, ti tengo. Non mi scappi più! Ti porterò con me tutta la vita. [...] Dal canto suo Filumena sentì in me una vera amica e con il suo cuore grosso, di popolana fedele, non volle disgiungersi, diventando una persona sola (A. Carloni, Titina De Filippo. Vita di una donna di teatro, cit., pp. 121-122).

Riassumeva in poche parole tutti i registri della propria recitazione e anticipava il fenomeno singolare che sarebbe seguito: la vera e propria identificazione tra Titina e Filumena. Titina De Filippo fu anche autrice di poesie, di un libro di memorie, Io, uno dei tre, originariamente destinato alla stampa e, soprattutto, di commedie. Gli ambienti e i tipi sono quelli quotidiani della Napoli borghese e piccolo-borghese del tempo, la scrittura è marcata nei toni dalla convinzione dell'importanza dell'amore e dei legami familiari; un mondo che può ricordare quello di Cechov. Alcune opere sono perdute, altre sono state pubblicate e messe in scena; ricordiamo Quaranta ma non li dimostra, al Sannazzaro di Napoli il 20 ottobre 1932, con lei nella parte di Sesella.

Titina collaborò alla stesura di sceneggiature cinematografiche, anche quella di Due soldi di speranza, di Renato Castellani, e visse una fugace esperienza politica, candidandosi nel 1953 alla Camera come indipendente nelle liste della DC. Ritiratasi dalle scene nel 1954, causa la grave malattia della quale morì il 26 dicembre 1963, si dedicò alla pittura, con la tecnica del collage. Aveva cominciato per passatempo durante una convalescenza dopo le prime avvisaglie della malattia, ottenendo però risultati lusinghieri, tanto da tenere più di una mostra in Italia e all'estero.

Takamura Kōtarō

Famoso per la raccolta di poesie Chieko-sho (智恵子抄,, Chieko-sho? 1941), dedicata alla moglie Chieko Naganuma, morta nel 1938, dalla quale nel 1967 fu tratto il film Ritratto di Chieko, nominato per il Premio Oscar come miglior film straniero ed edito anche in Italia.

martedì 2 ottobre 2012

Coppia di notte

«Fine d'inedia sarà la nostra» –
Così una sera predicevamo
pioggia gelida, minuta cadeva sulla neve.
Più del consueto Chieko è donna concreta
eppure serba ancora un sogno medievale –
sul rogo morirebbe, piuttosto che di fame.
Ma le abbiamo già smesse, le parole,
cercando di ascoltare ancora il suono della pioggia.
Si vede il vento s'è levato
ché un tralcio di rosa raspa
il vetro della finestra.

Biografia a cura di Fujimoto Yukō

Figlio di uno scultore e scultore egli stesso, Takamura Kōtarō (1883–1956) viaggiò a lungo in America e in Europa – dimorando successivamente in Gran Bretagna e in Francia, ove frequentò, tra l'altro, l'atélier di Auguste Rodin –, dedicandosi pure, secondo le consuetudini, alla composizione di garbati non meno che convenzionali tanka (le liriche consertate nel classico metro breve della tradizione letteraria nipponica). Folgorato dalla lettura di Whitman, ammiratore dei grandi decadenti francesi, al suo ritorno in patria divenne ben presto un convinto assertore della dignità poetica di una lingua meno aulica, e più prossima alle inflessioni della parlata quotidiana, oltre che uno tra i principali fautori del vers libre, di cui Dōtei («Il cammino», Tōkyō 1914), silloge di componimenti modulati secondo il 'nuovo stile' poetico, rappresentò il manifesto. Nello stesso anno di Dōtei sposò la pittrice Naganuma Chieko, bella e colta femminista militante, condividendo con lei aspirazioni progressiste e anticonformistiche tanto in fatto di estetica quanto nell'ambito del costume, fino alla morte prematura di lei, affetta da tubercolosi polmonare, ma già ricoverata da tempo in una casa di cura per malati di mente in seguito al manifestarsi di gravi sintomi di schizofrenia. Del poeta, pressoché inedito in Europa, ma presente con uno dei suoi più celebri componimenti, Dōtei ("In cammino") nell'antologia di poesia giapponese Il muschio e la rugiada allestita da Mario Riccò e Paolo Lagazzi, BUR, Milano, 1996, sono apparse fino a oggi in lingua italiana soltanto poche liriche su «A Oriente! Rivista italiana di lingue e culture orientali», III, 8 (2002). pp. 26-29, tradotte per cura di chi scrive.

Andrej Andreevich Voznesenskij

Nel cinquantenario dalla morte di Marylin Monroe, vogliamo ricordare un poeta amatissimo dall'attrice e famoso per la sua querelle con Kruscev.

martedì 9 ottobre 2012

Mai

Mai smetterò di amarti
E ti dimenticherò
quando venerdì sarà mercoledì,
quando le rose cresceranno dappertutto,
azzurre, come uova di tordo.
Quando il topo griderà "chicchiricchì".
Quando la casa si reggerà sul comignolo,
quando il salame mangerà l'uomo.
E quando ti sposerò.

Andrej Andreevich Voznesenskij nato a Mosca nel 1933, e' laureato in architettura. I suoi primi versi furono apprezzati da Pasternak e negli Anni Sessanta egli divenne uno dei piu' apprezzati poeti della generazione poststaliniana, insieme ad Evtusenko e Achmadulina. Le sue raccolte *Mosaici* (1960), *Parabola* (1961), *La pera triangolare* (1962), *Antimondi* (1963), *L'ombra del suono* (1970), *Sguardo* (1972) e la commedia *Giunone e il pavone* (1981) rivelano il suo impegno per la forma, in continuita con Majakovskij, Pasternak, Cvetaeva. La sua ispirazione, dichiaratamente anticonformista, mescola lirismo e ironia, in un contesto denso di metafore. Nel 1978 ricevette l'ambito Premio Lenin.

Memorabile la sua querelle con il leader sovietico Kruscev, ai tempi della Guerra Fredda, quando il politico dovette cedere alle richieste del poeta e al suo desiderio di poter lasciare il paese e viaggiare per il mondo. Le sue mete furono l'Europa, l'Italia la sua preferita, e gli Stati Uniti che, all'epoca più di oggi, erano l'emblema della libertà. Qui entrò in contatto con i personaggi che negli anni Sessanta tracciarono con le loro variegate espressioni, l'immagine artistica dell'America: Allen Ginsberg, Arthur Miller e Marylin Monroe.

E' morto il 1° giugno 2010, a Mosca.

Alfonsina Storni

Donna per eccellenza. Poetessa per vocazione. Ancora l'Argentina, le rivendicazioni sociali delle donne e la ribellione tagliente dei suoi versi.

martedì 16 ottobre 2012

Io sono come la lupa

Io sono come la lupa.
Me ne vado sola e rido
del branco.
Mi guadagno il cibo ed è mio
dovunque sia, poiché ho una mano
che sa lavorare e cervello sano.
Chi mi può seguire venga con me,
ma io me ne sto ritta, di fronte al nemico,
la vita, e non temo il suo impeto fatale
perché ho sempre un pugnale pronto in mano.
Il figlio e dopo io e dopo... quel che sia!
Quel che prima mi chiami alla lotta.
Talvolta l'illusione di un bocciolo d'amore
che so sciupare prima ancora che diventi fiore.

Alfonsina Storni nata a Capriasca, in Svizzera da genitori italo-svizzeri. Paulina, la madre di Alfonsina era un'insegnante che studiò musica e voce soprano. Alfonso, il padre si mise in affari nel 1880, producendo soda, ghiaccio e birra con i suoi tre fratelli a San Juan, Argentina. Nel 1885 i suoi genitori si sposarono ed ebbero due figli, un maschio e una femmina nel 1888. La famiglia occupò un ruolo prestigioso in società per molto tempo, fino a quando il padre divenne un alcoolista e il dottore di famiglia consigliò di lasciare la Svizzera.

Trasferiti a Sala Capriasca, Alfonsina Storni nacque nell'aprile del 1892. All'età di quattro anni, la famiglia si trasferì a San Juan e successivamente a Rosario, Argentina. Sette anni dopo nacque un altro figlio, Hildo, al quale Alfonsina dedicò un affetto materno. Seguì un periodo di ristrettezze causato da una bancarotta. Sua madre provò a lavorare in una scuola, ma il marito aprì un caffé, pensando che l'attività fosse più vantaggiosa. Il caffé fallì e le loro condizioni peggiorarono. Il padre morì nel 1906.

Dopo aver conseguito il diploma di insegnante, cominciò a lavorare a Rosario, dove conobbe un giornalista con il quale ebbe una relazione, dalla quale nacque un figlio nel 1912. Cambiò impiego andando a lavorare per un'importante società petrolifera e continuò la sua attività di scrittrice, che aveva iniziato qualche anno prima. Pubblicò il suo primo libro nel 1916, in un periodo di ristrettezze economiche, senza particolari contatti con il mondo letterario. Cinquecento copie furono pubblicate per 500 pesos. Seguirono *El dulce dano* (1918), *Irremediableminte* (1919) e *Languedez* (1920), con i quali espresse le sue frustazioni e la condizione di donna. Nell'opera *In Tu Me Quieres Blanca*, mise in evidenza la pretesa degli uomini ispano-americani di una sorta di purezza delle donne. In *Hombre pequenito* parla della sensazione di prigionia delle donne provata nelle loro relazioni sentimentali. Storni chiese al governo argentino la parità dei due sessi nei ruoli sociali, il diritto al voto e scrisse diversi articoli che trattavano i diritti delle donne. "La Nacion de Buenos Aires" pubblicò diversi articoli che la scrittrice scrisse con il pseudonimo di Tao-Lao.

Entrò a far parte di un gruppo di scrittori, poeti, artisti e musicisti del tempo che frequentavano il ristorante "La Pena," dove Alfonsina decantava le sue poesie. Nel 1920, si aggiudicò il First Municipal Prize of Poetry e il Second National Prize of Literature.

Nella raccolta *Ocre* (1925) e *Poemas de Amor* (1926) esprime il risentimento femminile per il ruolo marginale delle donne nei rapporti di coppia. Amplierà la condizione sofferta delle donne in *Las grandes mujeres*, e in *Las Mujeres Mentale* allargando il discorso all'individuo in genere e il mondo circostante. Rispetto alle sue più recenti composizioni, si nota un maggior cinismo ed ironia nei confronti degli uomini.

Nell'estate del 1935, scoprì di avere un tumore la seno. Fu operata, ma non guarì, cosa che la fece cadere in depressione. Da quel momento le sue poesie decantarono il mare e la sua voglia di farsi avvolgere dalle onde. Nel 1938, confessò al figlio la sua malattia e il suo rifiuto a continuare a curarsi. Il 18 ottobre, prese un treno per Mar del Plata e si sistemò in un piccolo hotel. Scrisse *Voy a Dormir* (il 20 ottobre). Il 22, spedì la poesia all'ufficio editoriale de "La Nacion". Mentre l'editore leggeva la poesia, la poetessa si suicidò gettandosi nell'oceano, come preannunciato diverse volte nei suoi ultimi versi.

Joumana Haddad

Essere donna in un paese arabo può sembrare molto diverso dall'esserlo in Italia. La realtà è ben diversa, perché essere donna è difficile ovunque.

mercoledì 24 ottobre 2012

Donna

Nessuno può immaginare
Quel che dico quando me ne sto in silenzio
Chi vedo quando chiudo gli occhi
Come vengo sospinta quando vengo sospinta
Cosa cerco quando lascio libere le mie mani.
Nessuno, nessuno sa
Quando ho fame quando parto
Quando cammino e quando mi perdo,
nessuno sa che per me andare è ritornare,
e ritornare è indietreggiare
che la mia debolezza è una maschera
la mia forza è una maschera
e quel che seguirà è una tempesta.

Credono di sapere
Ed io glielo lascio credere
E creo.
Hanno costruito per me una gabbia
affinché la mia libertà fosse una loro concessione
E ringraziassi e obbedissi
Ma io sono libera prima e dopo di loro, con e senza di loro
Sono libera nella vittoria e nella sconfitta
La mia prigione è la mia volontà!
La chiave della prigione è la loro lingua
Tuttavia la loro lingua si avvinghia intorno alle dita del mio desiderio
E al mio desiderio non impartiscono ordini.

Sono una donna.
Credono che la mia libertà sia loro proprietà
Ed io glielo lascio credere
E creo.

Joumana Haddad Ha 40 anni, è responsabile delle pagine culturali del quotidiano libanese An Nahar. È l'amministratrice dell'IPAF, un premio letterario che ricompensa ogni anno un romanzo arabo, e da due anni dirige Jasad (http://jasadmag.com) una rivista in lingua araba specializzata nelle arti e nella letteratura del corpo. Ha già pubblicato varie raccolte di poesia e racconti, tradotti e pubblicati in molti paesi del mondo. Parla sette lingue e ha realizzato traduzioni in arabo, ma anche in francese e spagnolo, tra cui un'antologia della poesia libanese moderna, e un'antologia di 150 poeti che si sono suicidati nel ventesimo secolo.

Ingeborg Bachmann

La poetessa tedesca amica di Paul Celan, Ilse Aichinger e Klaus Demus

martedì 30 ottobre 2012

Nella penombra

*Ancora mettiamo entrambi le mani nel fuoco:
tu per il vino del lungo fermento notturno,
io per la mattinale acqua sorgiva, che non conosce i torchi.
il mantice attende il maestro, in cui confidiamo.*

*Non appena l'ansia lo scalda, il soffiatore giunge.
Va via prima di giorno, arriva prima del tuo richiamo:
è antico, come la penombra sopra le nostre ciglia rade.*

*Di nuovo egli fonde il piombo nella caldaia di lagrime:
per una coppa a te - occorre solennizzare il tempo perduto -
a me per il coccio pieno di fumo - che sarà versato nel fuoco.
Mi scontro così con te, facendo tintinnare le ombre.*

*Scoperto è chi esita, adesso,
chi ha scordato la formula magica.
Tu non puoi e non vuoi conoscerla,
bevi sfiorando l'orlo, dove è fresco:
come un tempo, tu bevi e resti sobrio,
le ciglia ti crescono ancora, tu ancora ti lasci guardare!*

*Io con amore all'attimo protesa sono già, invece:
il coccio mi cade nel fuoco, piombo mi ridiventa
qual era. E dietro al proiettile sto,
monocola, risoluta, defilata,
e incontro al mattino lo invio.*

Ingeborg Bachmann, nota anche come Ruth Keller (Klagenfurt, 25 giugno 1926 – Roma, 17 ottobre 1973), è stata una poetessa, scrittrice e giornalista austriaca. Figlia di Olga Haas e Mathias Bachmann, Ingeborg nacque nel 1926 in Carinzia, nel cui capoluogo, Klagenfurt, trascorse l'infanzia e l'adolescenza. Dopo i primi studi, negli anni del dopoguerra frequentò le università di Innsbruck, Graz e Vienna dedicandosi agli studi di giurisprudenza e successivamente in germanistica, che concluse discutendo una tesi su - propriamente, contro - Martin Heidegger, dal titolo "La ricezione critica della filosofia esistenziale di Martin Heidegger". Il suo maestro fu il filosofo e teoretico della scienza Victor Kraft (1890-1975), ultimo superstite del Circolo di Vienna, già represso dalla capitale.

Nell'epoca dello studio ebbe modo di intrattenere contatti diretti con Paul Celan, Ilse Aichinger e Klaus Demus.

Presto Bachmann divenne redattrice radiofonica presso l'emittente viennese "Rot-Weiss-Rot" (Rosso-Bianco-Rosso), per la quale compose la sua prima opera radiofonica, Un negozio di sogni (Ein Geschäft mit Träumen, 1952). Fu tuttavia in occasione di una lettura presso il Gruppo 47 che si ebbe il debutto letterario. Da allora in poi Ingeborg Bachmann fu una stella luminosa della letteratura in lingua tedesca. Già nel 1953 ricevette il premio letterario del Gruppo 47 per la raccolta di poesie Il tempo dilazionato (Die gestundete Zeit).

In collaborazione con il compositore Hans Werner Henze produsse il radiodramma Le cicale (Die Zikaden, 1955), il libretto per la pantomima danzata L'idiota (Der Idiot, 1955) e nel 1960 il libretto per l'opera Il Principe di Homburg (Der Prinz von Homburg). Nel 1956 vide la pubblicazione invece la raccolta di poesie Invocazione all'Orsa Maggiore (Anrufung des Großen Bären), conseguendo il Premio Letterario della Città di Brema (Bremer Literaturpreis) e iniziando un percorso di drammaturgia per la televisione bavarese.

Dal 1958 al 1963 Ingeborg Bachmann intrattenne una relazione con l'autore Max Frisch. Nel 1958 apparve Il Buon Dio di Manhattan (Der Gute Gott von Manhattan), insignito l'anno successivo del Premio Audio dei Ciechi di Guerra (Hörspielpreis der Kriegsblinden).

Nel 1961 vede la luce la raccolta di racconti Il trentesimo anno (Das dreißigste Jahr), contenente numerosi elementi autobiografici e a sua volta insignito dal Premio per la Critica della Città di Berlino (Berliner Kritikerpreis). Nel 1964 le fu consegnato invece il Premio Georg Büchner (Georg-Büchner-Preis), un anno prima della pubblicazione del saggio La città divisa (Die geteilte Stadt, 1964), e fu la stessa repubblica austriaca a onorarne il valore intellettuale e creativo conferendole nel 1968 il Premio nazionale austriaco per la Letteratura (Großer Österreichischer Staatspreis für Literatur).

La produzione di Ingeborg Bachmann prosegue con la pubblicazione nel 1971 del romanzo Malina (Malina), prima parte di una trilogia concepita sotto il nome di "Cause di morte" (Todesarten) e trasposta nell'opera cinematografica di Werner Schroeter interpretata da Isabelle Huppert, Mathieu Carrière e Can Togay nel 1991. Solo in forma di frammenti rimasero tuttavia la seconda e la terza parte, Il caso Franza (Der Fall Franza) e Requiem per Fanny Goldmann (Requiem für Fanny Goldmann). Dopo che ancora nel 1972 fu data alle stampe la raccolta di racconti Simultan (Simultan), a cui fu attribuito il Premio Anton Wildgans (Anton-Wildgans-Preis), uno sfortunato incendio avvenuto durante il soggiorno nell'appartamento romano nella notte tra il 25 ed il 26 settembre 1973 ebbe conseguenze fatali per l'autrice, che si spense il 17 ottobre.

Ingeborg Bachmann riposa dal 25 ottobre 1973 nel cimitero di Klagenfurt-Annabichl. A lei è dedicato oggi il concorso letterario che annualmente si tiene nella città natale in coincidenza della ricorrenza della nascita.

José Martì

Storicamente gli è stata attribuita la paternità dei versi della canzone cubana più famosa al mondo.

mercoledì 7 novembre 2012

Guantanamera

Yo soy un hombre sincero,
De donde crece la palma,
Yo soy un hombre sincero,
De donde crece la palma,
Y antes de morirme quiero
Echar mis versos del alma

Guantanamera, guajira Guantanamera
Guantanamera, guajira Guantanamera

Mi verso es de un verde claro,
Y de un carmin encenidido,
Mi verso es de un verde claro,
Y de un carmin encenidido,
Mi verso es un cierro herido
Que busca en el monte amparo.

Guantanamera, guajira Guantanamera
Guantanamera, guajira Guantanamera

Con los pobres de la tierra,
Quiero yo mi suerte echar,
Con los pobres de la tierra,
Quiero yo mi suerte echar,
El arroyo de la sierra,
Me complace mas que el mar.

José Julián Martí Pérez (L'Avana, 28 gennaio 1853 – Rio Cauto, 19 maggio 1895) è stato un politico, scrittore e rivoluzionario cubano. Fu un leader del movimento per l'indipendenza cubana; a Cuba è considerato il più grande eroe nazionale.

All'età di 17 anni fu esiliato in Spagna per la sua opposizione al regime coloniale. Quì pubblicò un opuscolo che esponeva gli orrori della repressione politica a Cuba che egli stesso aveva sperimentato. Dopo aver conseguito la laurea alla Università di Saragozza si stabilì a Città del Messico dove iniziò la sua carriera letteraria. Le sue critiche contro al regime inseritosi dopo un golpe lo costrinse a partire per il Guatemala, ma gli abusi del governo locale lo portarono ad abbandonare pure quel paese.

Nel 1878 rientrò in Cuba grazie ad un'amnistia generale ma avendo cospirato contro le autorità spagnole fu di nuovo esiliato. Rientrato in Spagna si spostò verso gli Stati Uniti. Dopo un anno a New York andò in Venezuela con la idea di restare, ma un altra dittatura in quel paese lo decise a ripartire. Martì ritornò a New York dove visse dal 1881 al 1895. Nel 1985 lasciò gli Stati Uniti per unirsi alla guerra cubana d'indipendenza partecipando alla sua organizzazione in modo scrupoloso. Morì purtroppo in una delle prime battaglie.

José Martí è considerato come uno dei più grandi scrittori del mondo ispanico. La sua importanza, tuttavia, deriva dall'universalità del suo pensiero senza tempo. Martì dedicò la sua vita a porre fine al regime coloniale in Cuba e a prevenire l'isola di cadere sotto il controllo di qualsiasi paese le cui ideologie politiche fossero contrarie ai principi da lui sostenuti. Con quegli obiettivi e con la convinzione che la libertà dei Caraibi era cruciale per la sicurezza dell'America Latina e al bilanciamento di forze nel mondo, Martì dedicò il suo talento a forgiare il destino di Cuba. Quindi, lo scopo del suo lavoro: Martì fu un rivoluzionario, una guida e un mentore. La sua vasta esperienza ed educazione gli permessi di muoversi confortevolmente nei campi più svariati cosa che rende i suoi insegnamenti così ricchi ai suoi discepoli.

Martì credeva che la libertà e la giustizia dovrebbero essere le pietre angolari di tutti i governi, la lettura del suo lavoro dimostra il suo impegno e la sua libera scelta. Martì mai accettò la riduzione della naturale espansività dello spirito umano avendo creduto davvero che la redenzione dell'uomo venisse attraverso l'amore e la libera ragione. Di conseguenza, le sue dottrine furono e dovettero essere in disaccordo con il dogma totalitario che esisteva in Cuba fino la sua sfortunata morte.

Tutti gli insegnamenti di Martì contraddicono ogni sistema politico che non riesce ad occultare la sua intolleranza verso le libertà individuali e il suo amore per il suo proprio materiale potenziamento. Le suo opere condannano tutti i regimi dispotici e la privazione dei diritti umani. Inoltre, denuncia la mancanza di spiritualità e tipo di arroganza che troviamo nei regimi dittatoriali. Per questo motivo, la pubblicazione dei pensieri di Marti, in tutta la sua forza, è oggi di grande importanza.

José Martí si colloca nel momento di transizione tra il romanticismo e il modernismo. Il valore reale di questo talento si trova sia nei grandi ideali che lo condussero al sacrificio sia nella sua opera letteraria. José Martí è l'eroe nazionale di Cuba. Poeta di grande qualità e semplicità fu un autore rivoluzionario che ruppe con le limitazioni della tradizione. Martì fece uso di tutta la ricchezza di pensiero e linguaggio per offrirla in beneficio alla patria. La sua oratoria rifulgente a favore dell'indipendenza spinse la moltitudine a perseverare nel cammino alla lotta per la emancipazione di Cuba.

Questo Apostolo fu una fiamma che si consumava nel suo proprio fervore e che non poteva avere un altro fine che di morire lottando. La sua opera letteraria sbalordisce per la lunghezza tenendo conto la breve vita del poeta.

Le Opere Complete comprendono più di una settantina di volumi fra prosa e versi (Ismaelillo, Versi liberi, Versi semplici), critica, discorsi, teatro (Abdala, Amore con amore si paga, Adultera), articoli giornalistici, epistolario (Lettere a mia madre), romanzi (Amicizia funesta), racconti infantili.

Miklós Radnóti

 Letterato per eccellenza, originario di un paese storicamente e politicamente particolare, con l'aggiunta di essere stato un ebreo perseguitato.

mercoledì 14 novembre 2012

Mi capirebbero le scimmie

Mi capirebbero le scimmie,
reattivamente sono ancora sane,
forse se si vivesse assieme
a me pure toccherebbe in sorte
la clemenza della buona morte.

Miklós Radnóti, (Budapest, 5 maggio 1909 – Abda, 10 novembre 1944) è stato un poeta ungherese.

Considerato uno dei maggiori poeti ungheresi del Novecento. Studiò filosofia all'Università di Szeged. Ebreo, non poté esercitare la professione d'insegnante; fu perseguitato, rinchiuso in vari campi di concentramento in Ungheria e in Serbia e infine fucilato. Nei suoi vestiti, rintracciati in una fossa comune, fu trovato il suo ultimo taccuino di versi.

Nella contemporanea poesia ungherese, Radnóti va collocato tra le voci nuove della corrente di ispirazione popolare, manifestatasi a partire dagli anni '30 del secolo scorso, e precisamente tra i poeti la cui tematica è più legata ai problemi e alle trasformazioni delle città.

Lirico pregevole, scrisse anche un libro autobiografico e fu ottimo traduttore, specialmente di poeti francesi.

Mahmud Darwish

Cosa ne sarà del popolo palestinese, dopo quanto stiamo assistendo inorriditi in questi giorni a Gaza? Il popolo eletto ha dato una nuova interpretazione della storia e della religione. Ma è davvero quella giusta?

martedì 20 novembre 2012

Si tratta di un uomo

Incatenarono la sua bocca
legarono le sue mani
alla roccia della morte
e dissero : "sei un assassino ".

Gli tolsero il cibo, gli abiti, le bandiere
lo gettarono nella cella dei morti
e dissero : "sei un ladro ".

Lo rifiutarono in tutti i porti
portarono via la sua piccola amata
e dissero : "sei un profugo ".

O tu, dagli occhi e le mani sanguinanti!
la notte è effimera,
né la camera dell'arresto
né gli anelli delle catene
sono permanenti.

Nerone è morto, ma Roma no,
lotta persino con gli occhi!
e i chicchi di una spiga morente
riempiranno la valle di grano.

Maĥmud Darwish nacque ad al-Birwah, un villaggio presso la città di Ăkka, in Galilea, Palestina, nel 1941. All'età di sette anni, nel 1948, visse la tragedia del suo popolo, quando il suo villaggio fu attaccato dai sionisti e la popolazione si disperse in altri luoghi. La famiglia Darwish lasciò la Galilea e si trasferì in Libano, sfuggendo alla situazione che si era venuta a creare dopo l'occupazione militare israeliana. Il padre di Darwish, però, rifiutò di diventare profugo e preferì ritornare nella sua patria. Al rientro in Palestina, un anno dopo, la famiglia trovò il suo villaggio completamente distrutto, ed al suo posto un insediamento ebraico. Così, si stabilirono in un villaggio di nome Deir el-Asad: il senso dello smarrimento entra nella vita del poeta in tenera età, e da quel momento in poi, Darwish si sentirà sempre "un profugo nella sua patria".

Darwish scrisse la sua prima poesia quando frequentava la scuola elementare, nel villaggio di Deir el-Asad. All'età di 18 anni, ancora studente nella scuola secondaria di Kufr Yasif, Darwish componeva già delle belle liriche. A causa dei suoi scritti e della sua attività patriottica, fu lungamente detenuto nelle carceri israeliane, e molte volte fu costretto agli arresti domiciliari; ciò non gli permise di frequentare l'Università. Nutrita dalla prigionia, dalla fame, dalle privazioni e dai tormenti, la lirica di Darwish acquista il suo squisitissimo aroma. In diverse poesie egli canta con toni appassionati il suo amore per la patria perduta. Darwish iniziò a pubblicare i suoi scritti su quotidiani e riviste, acquistando importanza nel movimento poetico palestinese, poiché i suoi componimenti attirarono l'attenzione dei lettori e dei critici. Dopo aver terminato la scuola superiore, lavorò nella redazione giornalistica del partito comunista e si stabilì nella città di Ĥaifa, dove fu redattore del giornale "al-Etteĥad; L'Unità", poi della rivista "al-Ĝad; Il Domani", in seguito divenne direttore della redazione della rivista "al-Jadid; La Novità". Negli anni sessanta, il movimento letterario palestinese subisce una notevole trasformazione, con il contributo evidente dei giornali e delle riviste sopra citate.

Gli anni da lui vissuti ad Ĥaifa non furono facili, a causa delle condizioni di povertà che lo costrinsero a dividere una sola camera con il poeta Samiĥ al-Qasim. Entrambi subirono la persecuzione dell'autorità israeliana e furono costretti alla permanenza obbligatoria in casa dal tramonto al sorgere del sole; dovevano, inoltre, recarsi a una postazione di polizia cinque volte al giorno per dimostrare la loro presenza. Darwish si aggregò alle fila del movimento comunista israeliano, facendo parte di qualche missione del partito nell'Europa dell'Est. Durante questi viaggi poté conoscere molti scrittori e poeti di questi paesi, e anche diversi letterati del mondo arabo. Nel 1970, dopo una breve permanenza a Mosca, decise di trasferirsi in Egitto, al Cairo , al suo arrivo trovò una buona accoglienza da parte dei mass media; dopo un breve periodo di residenza, si trasferì in Libano dove si unì all'Organizzazione per la Liberazione della Palestina (OLP). A Beirut contribuì alla pubblicazione della rivista stagionale "al-Karmel", che è il nome di un monte in Palestina.

Durante l'invasione dell'esercito israeliano nel Sud del Libano e l'assedio alla capitale Beirut, il poeta rimase fra la sua gente per incitarla con le sue parole forti, che infondevano speranza e fiducia nella propria forza. Solamente dopo l'accordo raggiunto fra le parti, Darwish lasciò Beirut insieme ai combattenti e al comando superiore dell'OLP per un altro luogo d'esilio, la Tunisia, dove si stabilì per un periodo di tempo. A Tunisi rimase a svolgere attivamente il ruolo assegnatogli come membro del comitato esecutivo dell'OLP e a continuare la sua produzione nel campo della prosa e della poesia. Darwish non accettò fin dall'inizio gli accordi di Oslo fra l'OLP e il governo israeliano perché secondo lui non avrebbero mai risolto la questione totalmente. Questi accordi avrebbero messo fine al sogno palestinese, alla cui realizzazione molti, il poeta compreso, avevano dedicato la vita. Quindi decise di lasciare Tunisi e di trasferirsi a Parigi, la città dove alloggiò e dove scrisse numerose poesie che risvegliarono i sentimenti del popolo arabo, lasciandovi una ferita aperta, come una finestra dalla quale si può dare uno sguardo alla coscienza del mondo.

Durante la sua residenza a Parigi, Darwish ebbe uno scambio di corrispondenza con il poeta Samiĥ al-Qasim, rimasto a vivere nel suo villaggio di ar-Ramah, in Galilea; le lettere scambiatesi dai poeti furono chiamate da qualche letterato "Lettere fra le due metà di un'arancia". Dai seguenti estratti di queste lettere, come ha commentato lo scrittore palestinese Emil Habibi, si nota che, così come gli uccelli avvertono l'arrivo della tempesta, così i due poeti ebbero il presagio dello scoppio della prima Intifada.

I suoi libri sono stati tradotti in più di venti lingue e diffusi in tutto il mondo. Solo una minima parte della sua produzione letteraria è stata tradotta in italiano. È scarsa anche la traduzione in lingua inglese della sua opera. E' morto a Houston il 9 agosto 2008.

Piero Buscemi

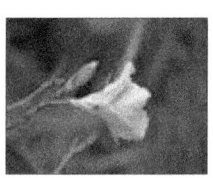 giovedì 29 novembre 2012

Madre

Eppure un giorno

mi rispecchierò

su quei solchi tracciati dal tempo

che ho lasciato scivolare

nel silenzio di una solitudine.

Guarderò i contorni

che non saprò riconoscere

e stringerò la mano che ho respinto

accarezzando il mio volto.

Eluderò per un attimo

l'arroganza del tempo

le lacrime di un passato da dimenticare

e mi affaccerò su un domani insicuro

cullato dalla certezza del tuo nome: madre

Victor Kusak

 Gli italiani sono stati i pataccari dell'Occidente, vendevano prodotti scadenti a prezzi bassissimi. Capaci di venderti il Colosseo o Fontana di Trevi per poche lire. Poi sono venuti i cinesi e la Fiat non ha più motivo d'esistere.

martedì 4 dicembre 2012

Universi un tanto al chilo

Il venditore di universi

assicurava

riproduzioni perfette dell'originale

con qualche pecca, certo

copie più o meno fedeli

ma sicuramente più economici

forse una minore durata

o materiali più scadenti

ma nel complesso tali e quali

lucenti patacche

un vero affare per intenditori

signora mia.

Di Victor Kusak sappiamo poco, né da lui si riesce a sapere molto. Collabora con la casa editrice Zerobook. Per Girodivite è stato autore di un video con cui abbiamo ricordato la caduta del Muro di Berlino.

Malcolm Lowry

Lo scrittore-poeta britannico, autore di Sotto il Vulcano, in una poesia omaggio alla figura di Joseph Conrad.

martedì 11 dicembre 2012

Joseph Conrad

Questa battaglia, come di marinai con la burrasca

Che vola sottovento mentre loro, uniti

In quel caos, si voltano, ognuno sull'annottata

Cuccetta, per sognare nuovamente del caos, o di casa

Il poeta stesso, in lotta con la forma

Della sua opera in spire, conosce; avendo scambiato

Il monotomo mare col proposito, invitando

A irrompergli nella stanza alberi da carico.

Eppure nel suo sangue un fermento marinaro

Benché il cuore girovago senta sforzare il ferro

E il canto delle navi declinanti la rotta di levante

Lo sorregge a domare o essere domato.

Nel sonno tutta notte si arraffia a una vela!

Ma al di là della vita delle navi continuano a sognare le parole.

Clarence Malcolm Lowry nacque a New Brighton, Wirral, quarto figlio di Evelyn Boden e Arthur Lowry, un commerciante di cotone con le piantagioni a Cumberland. Frequentò la Leys School (la scuola diventata famosa dal romanzo *Goodbye, Mr. Chips*) e il St Catharine's College, a Cambridge.

Nonostante una confortevole infanzia, cominciò a bere a 14 anni. Suo padre nutriva l'aspettativa che si laureasse a Cambridge per farlo occupare degli affari di famiglia, ma Malcolm desiderava fare esperienze in giro per il mondo e convinse il padre a dargli il permesso di lavorare come mozzo su una nave diretta in Medio Oriente. Trascorse così cinque mesi imbarcato sulla S.S. Pyrrhus. Un periodo di mare che gli ispirò la stesura del suo primo romanzo, *Ultramarine*.

Nell'autunno del 1929 si iscrisse all'università per accontentare la volontà dei genitori. Nel 1931 si laureò in lingua inglese e durante questo periodo, visse la triste esperienza del suicidio di Paul Frite, un compagno di università che, innamorato di Malcolm, si tolse la vita lasciando il futuro scrittore nel rimorso per il resto della vita. Le ossessioni gemelle che dominarono la sua vita, l'alcol e la letteratura, presero il sopravvento.

Dopo Cambridge Lowry visse per un breve periodo a Londra, protagonista marginale della scena letteraria degli anni Trenta, e ebbe occasione di conoscore Dylan Thomas. Conobbe anche la sua prima moglie, Jan Gabrial, in Spagna. Si sposarono in Francia nel 1934. La loro unione fu molto turbolenta a causa della sua passione per l'alcol e perché Lowry attraeva su di se le attenzioni di molti omosessuali. Dopo un periodo di allontanamento, Lowry la seguì a New York (dove, piuttosto incoerentemente, entrò nell'ospedale psichiatrico di Bellevue nel 1936, a causa di problemi di alcolismo). Quando le autorità cominciarono a prendere informazioni su di lui, fuggì per evitare la deportazione e andò a Hollywood, dove si occupò di sceneggiatura. Fu in questo periodo che cominciò la stesura di *Under the Volcano*.

Dopo essersi trasferito con la moglie in Messico nel 1936 fino al definitivo fallimento del loro matrimonio alla fine del 1937, Lowry lasciò il Messico di nascosto e si trasferì in un hotel di Los Angeles, dove continuò a lavorare sul suo romanzo, alternando periodi di grossa depressione e alcol. Qui conobbe la seconda moglie, l'attrice e scrittrice Margerie Bonner.

Qualche tempo dopo cambiò residenza andando a vivere a Vancouver in Canada, tralasciando il manoscritto che fu ripreso grazie alla nuova moglie che lo raggiunse portandogli la stesura del romanzo. Provò anche ad arruolarsi durante la guerra, ma la sua domanda fu respinta. La coppia visse in una baracca abusiva sulla spiaggia di Dollarton, nella British Columbia, dove stimolato dalla moglie, si dedicò alla scrittura, non tralasciando però la sua passione per il bere.

Seguì un periodo di viaggi tra l'Europa e i Caraibi, durante il quale lo scrittore produsse gran parte dei suoi scritti, fino al 1954 quando fece ritorno in Inghilterra. Qui, a Ripe nell'East Sussex, fu trovato morto in una stanza d'albergo a causa di un cocktail di alcol e sonniferi. Era il 26 giugno del 1957.

Charles Bukowski

 Lettore, non pretendere di capire l'irriverenza della sua prosa o della sua poesia. Henry Chinaski (alias Bukowski) non era un personaggio: era uno stile di vita.

martedì 18 dicembre 2012

Gran serata in città

sbronzo nelle strade buie di qualche città
è notte, sei perso, dov'è la tua
stanza?

entri in un bar per trovare te stesso
ordini whisky con acqua
l'umidità viscida del dannato locale
ti inzuppa fino alle maniche
è un pub di cialtroni, lo scotch è fiacco.

ordini una bottiglia di birra.
Madama Morte ti viene vicino
in abito da sera.
siede,
le ordini birra
lei puzza di marcio
ti preme contro
una gamba
il barman sogghigna
lo fai preoccupare
non sa dire chi sei
uno sbirro, un killer
un pazzo o un
idiota
chiedi una vodka
versi la vodka nella
bottiglia di birra
è l'una di notte in un mondo da cani
le chiedi quanto costa un pompino
ingolli il tuo cocktailsa di olio per auto

*lasci lì Madama Morte
e il barman ghignante.
ti sei ricordato dov'è
la tua stanza
la stanza con la bottiglia
piena
di vino sul comò
la stanza dove danzano
gli scarafaggi.*

*perfezione stellare
dove muore l'amore
ridendo.*

Il 9 marzo 1994, all'età di 73 anni, Charles Bukowski concludeva la sua esistenza in un ospedale di San Pedro (California), dov'era ricoverato per leucemia. Il 16 agosto del 1920 nasceva ad Andernach, presso Colonia.

Due anni dopo Henry Bukowski Sr., di origine tedesca ma ex artigliere delle truppe americane, con la moglie Katherine Fett, si trasferiva a Los Angeles. I Bukowski istituirono un granitico bunker familiare, blindato contro ogni input proveniente dalla nuova comunità: gli sbiaditi ricordi d'infanzia di Charles sono i continui ammonimenti familiari a non avere contatti con i coetanei. A sei anni, e un bambino che ha gia' formato una propria linea di carattere: schivo e impaurito. Escluso dalle partite a baseball sotto casa, irriso per il suo tenue accento teutonico, manifesta difficoltà d'inserimento. Alla Junior High School non passa inosservato: i professori ricordano di lui lo sguardo sardonico e il ghigno diabolicamente critico. Alla Junior ricevette il primo plauso per il suo fuoco letterario. Si trattava di una semplice relazione sulla visita del presidente Hoover: Charles fece il miglior compito, molto al di sopra della media, ma la sorpresa del docente fu un'altra: «Rimase veramente sbalordito quando ammisi candidamente che non mi ci ero recato».

A tredici anni comincia a bere con una chiassosa banda di teppistelli. Un anno dopo scrive il suo primo racconto basandolo su un personaggio: per metà reale e per metà immaginario: il generale Von Richtofen, asso aereo della prima guerra mondiale. Non fu una carezzevole linfa creativa, ma la rabbia verso la vita; la molla che lo spinse al furore compositivo. L'adolescente Bukowski dovette fare i conti con una spaventosa forma di acne arginabile solo con l'uso di speciali aghi elettrici: "Il mio viso, il torace e la schiena erano copiosamente coperti di pustole grosse come chicchi d'uva. Ero il brutto del vicinato. Tutto questo mentre gli altri miei coetanei cominciavano a toccare le ragazzine...". Nel 1938 si diploma stancamente alla L.A. High School. Assunto come magazziniere alla Sears & Roeblick, si licenziò dopo una settimana: "Come si spiegavano quelle vite da operaio senza alcun senso? Esseri che nell'application form non avevano avuto difficolta' a dichiararsi FELICI di lavorare un'intera vita alle dipendenze della Sears. I Capi? Senz'anima e di mediocre intelletto, implacabili con i subalterni. Leggendo Céline si consolidò il mio incondizionato rifiuto per ogni forma di lavoro regolamentato". Henry Sr. non la pensava così. Un pomeriggio di un giorno qualunque di quello stesso anno, Hank, tornando verso casa molto ubriaco, vide i fogli delle sue poesie svolazzare per il prato, vide suo padre urlare mentre gli scagliava contro la macchina da scrivere, vide sua madre tendergli frettolosamente qualche dollaro. Per soli $ 1.50 Hank esordì nell'Underworld: prese in affitto una camera sporca in una pensione-bordello di tagliagole filippini. Tirava avanti facendo piccole comissioni agli avventori del Glenview, il suo abituale bar, che lo ripagavano in bevute. Si picchiava nei vicoli, si svegliava sulle panchine del parco. L'attacco a Pearl Harbor coincise con l'inizio di un biennale vagabondaggio tra New Orleans, San Francisco, St. Louis. A Philadelphia venne prelevato dall'Fbi e condotto nel carcere di Moyemensing.

Accusato di draft-dodgin, renitenza alla leva, per non aver tempestivamente comunicato i suoi spostamenti, fu scarcerato quando le autorità militari accertarono che ciò era avvenuto non intenzionalmente. "Non fu certo un trauma, ero solo sorpreso di come la vita fosse facile li dentro quanto incomprensibile fuori." A Philadelphia fece l'amore per la prima volta, a 23 anni: "Con una donna che pesava piu di cento chili". Henry Sr., intanto, descriveva meticolosamente al vicinato le eroiche azioni del figlio al fronte con i Japs. Nel 1944 pubblica il racconto Aftermath of a lenghb Rejection Slip sulla leggendaria Story e incomincia un burrascoso rapporto decennale con Jane Baker. Viene assunto dal Postal Service. Una sera, ubriacatosi pesantemente con la sua compagna alcolizzata, è vittima di una abbondante emorragia dalla bocca e dal retto, Ricoverato in condizioni disperate, viene salvato grazie alle trasfusioni di sangue donatogli dal padre. Nel tentativo di allontanarsi dall'alcool comincia a recarsi all'ippodromo dove, al contrario, si ubriaca regolarmente.Nel 1959 gli vengono pubblicate otto poesie sulla rivista Harlequin: la direttrice Barbara Frye accetta la proposta di matrimonio di Hank per corrispondenza. Si separarono due anni dopo. L'editore John Webb, nel 1962, gli pubblica la prima raccolta di poesie, It Catches myHeart from my Hands (parzialmente tradotta in: C.B., Poesie, a cura di Vincenzo Mantovani, Oscar Mondadori, 1986, prima ed.). Le intenzioni suicide si fanno piu frequenti quando Henry Sr. muore per infarto e Jane viene stroncata dall'alcool. Riesce tuttavia ad aumentare le sue collaborazioni con riviste letterarie underground come Epos, Outsiderl Breakthru. Nel settembre dei 1964 diviene padre di Marina, nata dall'unione con Frances Smith, una giovane poeta. Comincia l'importante collaborazione con il settimanale off Open City: le sue velenose colonne verranno raccolte nel volume Nofes ofa Dirty Old Man (Taccuino di un vecchio sporcaccione, Guanda, 1979, in prima edizione, poi edito da Feltrinelli) che gli regalerà ampi consensi fra gli ambienti bella protesta giovanile. La speranza di poter divenire uno scrittore full time gli diede il coraggio di licenziarsi dall'insopportabile ufficio postale all'età di 49 anni. Contemporaneamente si separa dall'irrequieta Linda King (la co-protagonista di Women: trad. it. Donne, SugarCo,1980).

Comincia il periodo dei readings poetici, vissuti come vero e proprio tormento: "I momenti prima di cominciare erano un incubo: dovevo sempre ubriacarmi pesante e vomitare". Alla fine di una lettura particolarmente sofferta, nel 1976, conobbe Linda Lee, l'unica tra le sue bizzose compagne che fu capace di mettere freno all'imprevedibilità autodistruttiva di Hank. "Linda era stata mandata dagli dei per salvarmi la vita. " Gli cambiò regime alimentare, gli ridusse l'alcool, lo incoraggiò a non alzarsi mai prima di mezzogiorno ("il mio segreto per essere un grande scrittore"), lo invitò a recarsi assiduamente ad Hollywood Park per assistere alle corse. Gli stenti del vagabondo erano terminati: ai più era conosciuto come il bizzarro scrittore di Tales of Ordinary Madness. Furono proprio queste pagine che ispirarono a Marco Ferreri il film omonimo, nel 1981: "Mi recai al cinema con Linda: che impressione quando vidi il titolo. Poi una sensazione di essere in trappola: tutta quell'insopportabile gente che domandava autografi. Per fortuna uno capi e mi porse una bottiglia di whiskey. In verità ero già parecchio ubriaco. Il film? Linda mi ha detto che alla fine della proiezione urlai "Buttatelo al cesso". In più non mi pagarono neanche un dollaro... ".

Riluttante verso altri tentativi, accettò nel 1987, dopo decine di rifiuti, la proposta cinematografica del regista Barbet Schroeder: Barfly ovvero la rappresentazione del giovane Hank-barbone. Il film ebbe come interpreti Mickey Rourke e Faye Dunaway, insieme ad un gruppo di vere 'mosche da bar', e per supervisore Francis Ford Coppola. Gli ultimi anni sono vissuti in grande serenità ed agiatezza "Ora mi piace stare a bere vino buono e a carezzare i miei gatti. Ho comperato una Bmw. Nera. Per veri duri. Posso stare a letto quanto voglio, starmene tranquillo: è quello che ho sempre desiderato". Ma la prolifica vena compositiva non venne meno: con le condizioni fisiche che via via si aggravavano (si ammalò di tubercolosi nel maggio 1988) usci' con quattro pubblicazioni nel giro di tre anni. Poi la morte: "Ti ho dato tante di quelle occasioni che avresti dovuto portarmi via parecchio tempo fa. Vorrei essere sepolto vicino all'ippodromo... per sentire la volata sulla dirittura d'arrivo".

*All'anagrafe risulta come Henry Charles Bukowski, Jr. "Henry mi ha stancato perchè i miei genitori mi chiamavano solo per fare qualche commissione o perchè dovevano picchiarmi. Charles è O.K. solo sulla pagina scritta. È un gran pasticcio. Così dico alla gente di chiamarmi Hank. Il, bravo, vecchio Hank."

Gianni Rodari

 Il poeta delle parole semplici: quelle che sfiorano la vita, incidendo le coscienze.

martedì 25 dicembre 2012

Promemoria

Ci sono cose da fare ogni giorno:
lavarsi, studiare, giocare,
preparare la tavola,
a mezzogiorno.

Ci sono cose da fare di notte:
chiudere gli occhi, dormire,
avere sogni da sognare,
orecchie per non sentire.

Ci sono cose da non fare mai,
né di giorno né di notte,
né per mare né per terra:
per esempio, la guerra.

Biografia tratta da www.giannirodari.it

Gianni Rodari nasce il 23 ottobre 1920 a Omegna sul Lago d'Orta in cui i genitori originari della Val Cuvia nel Varesotto si trasferiscono per lavoro. Gianni frequentò ad Omegna le prime quattro classi delle scuole elementari. Era un bambino con una corporatura minuta e un carattere piuttosto schivo che non lega con i coetanei. È molto affezionato al fratello Cesare mentre a causa della notevole differenza di età è poco in confidenza con il fratello Mario. Il padre Giuseppe fa il fornaio nella via centrale del paese e muore di bronco-polmonite quando Gianni ha solo dieci anni. In seguito a questa disgrazia la madre preferisce tornare a Gavirate il suo paese natale.

Nel varesotto vive dal 1930 al 1947. Frequenta la quinta elementare a Gavirate. Il 5 agosto 1931 fa richiesta di entrare in seminario per frequentare il ginnasio. Nell'ottobre dello stesso anno entrerà quindi nella IC del seminario di Seveso. Gianni si distingue subito per le ottime capacità e risulterà infatti il migliore della classe. Risultati che furono poi confermati anche nella seconda classe. All'inizio della classe terza, nell'ottobre 1933 si ritirò. Concluse l'anno scolastico a Varese, ma non proseguì gli studi liceali bensì optò per le scuole Magistrali. Frequentò con profitto la quarta classe nel 1934-35 e venne ammesso al triennio superiore. Il 25 febbraio 1937 abbandonò gli studi per presentarsi alla sessione estiva con l'intento di sostenere direttamente gli esami e guadagnare così un anno. Già a partire dal 1935 Rodari militava nell'Azione Cattolica. Dai verbali delle adunanze di Gavirate risulta che nel dicembre dello steso anno Gianni svolgeva già la funzione di presidente. Anche l'anno successivo fu dedicato molto all'organizzazione cattolica. Nel 1936 pubblicò otto racconti sul settimanale cattolico L'azione giovanile e iniziò una collaborazione con Luce diretto da Monsignor Sonzini. Nel 1937 iniziò un periodo di profondi cambiamenti. Nel marzo lasciò la presidenza dei giovani gaviratesi dell'Azione cattolica e da allora i rapporti con questa si allentarono molto. Tra la primavera e l'estate il suo massimo impegno venne dedicato allo studio e a soli 17 anni conseguì il diploma magistrale.

In quegli stessi anni Rodari leggeva molto e amava la musica. Andò per tre anni a lezione di violino. Molto sensibile, si confidava solo con pochi amici. Aveva una grande curiosità intellettuale e cominciò a leggere le opere di Nietzsche, Stirner, Schopenhauer, Lenin, Stalin e Trotzkij. "Queste opere, - commenta- ebbero due risultati: quello di portarmi a criticare coscientemente il corporativismo e quello di farmi incuriosire sul marxismo come concezione del mondo". Nel 1939 si iscrive all'Università cattolica di Milano, alla facoltà di lingue. Abbandonerà poi l'esperienza universitaria dopo alcuni esami, ma senza laurearsi. Nel frattempo inizia ad insegnare in diversi paesi del varesotto. Nel 1940, quando l'Italia entra in guerra Rodari viene dichiarato rivedibile e non viene richiamato alle armi. Nel 1941 vince il concorso per maestro ed incomincia ad insegnare ad Uboldo come supplente. Fu un periodo molto duro di cui ha un forte ricordo. Si iscrive al partito fascista e accettò di lavorare nella casa del fascio pur di tirare avanti. I drammatici avvenimenti della guerra lo colpiscono profondamente negli affetti personali quando apprende la notizia della morte degli amici Nino Bianchi e Amedeo Marvelli, mentre il fratello Cesare nel settembre del 1943 viene internato in un campo di concentramento in Germania. Subito dopo la caduta del fascismo Gianni Rodari si avvicina al Partito Comunista, a cui si scrive nel 1944 e partecipa alle lotte della resistenza.

Subito dopo la guerra viene chiamato a dirigere il giornale "Ordine Nuovo", nel 1947 viene chiamato all'Unità a Milano, dove diventa prima cronista, poi capo cronista ed inviato speciale. Mentre lavora come giornalista incomincia a scrivere racconti per bambini. Nel 1950 il Partito lo chiama a Roma a dirigere il settimanale per bambini, il "Pioniere", il cui primo numero esce il 10 settembre 1950. Nel 1952 compie il primo dei diversi viaggi che farà Urss.

In quegli anni pubblica Il libro delle filastrocche ed il Romanzo di Cipollino. Nel 1953 sposa Maria Teresa Feretti, dalla quale quattro anni dopo ha la figlia Paola. Dal settembre 1956 al novembre 1958 torna a lavorare all'Unità diretta da Ingrao. Farà l'inviato e poi il responsabile della pagina culturale e infine il capocronista. Nel 1957 supera l'esame da giornalista professionista. Il 1° dicembre 1958passa a lavorare a Paese sera. Si realizza finalmente la scelta che contrassegnerà tutta la sua vita: affiancare al lavoro di scrittore per l'infanzia quello di un giornalismo politico non partitico.

Nel 1960 incomincia a pubblicare per Einaudi e la sua fama si diffonde in tutta Italia. Il primo libro che esce con la nuova casa editrice è Filastrocca in cielo ed in terra nel 1959. Solo nel 1962-63 raggiunge una certa tranquillità economica grazie alla collaborazione a La via migliore e a I quindici.

Dal 1966 al 1969 Rodari non pubblica libri, limitandosi a una intensa attività di collaborazioni per quanto riguarda il lavoro con i bambini. Lascia Paese sera e nel l970 vince il Premio Andersen, il più importante concorso internazionale per la letteratura dell'infanzia, che accresce la sua notorietà in tutto il mondo. Nel 1970Ricomincia a pubblicare per Einaudi ed Editori Riuniti, ma la sua prodigiosa macchina creativa non sembra più girare a pieno regime. Non è solo a causa del grande successo, ma anche della grande mole di lavoro e della sua condizione fisica. Nel 1974 si impegna nel rilancio del Giornale dei genitori, ma subito cerca di disimpegnarsi. Cosa che accadrà agli inizi del 1977. Al ritorno da un viaggio in Urss Gianni Rodari nel 1979 comincia ad accusare i primi problemi circolatori che lo porteranno alla morte dopo un intervento chirurgico il 14 aprile del 1980.

Annie Vivanti

Una donna dell'Unità d'Italia, che ha attraversato la storia da un secolo di speranze a due guerre mondiali di disillusione.

mercoledì 2 gennaio 2013

Aut aut

Io voglio il sole, io voglio il sole ardente
Che l'ebbrezza mi dia del suo splendore,
O pur la buia notte ed il fragore
Forte de la tempesta alta e furente.
La grigia nebbia il core la detesta:
Datemi il cielo azzurro o la tempesta.
Voglio la libertà! la sconfinata
Intera libertà la voglio mia!
O pur la tetra e stretta prigionia
Di quattro travi e la cassa inchiodata.
Oh, se non m'è concesso l'infinito,
Ch'io, l'ali infrante, giaccia seppellito
E voglio l'amor tuo; l'intero ardente,
Illimitato amore, o l'odio intenso.
Ma sia l'odio o l'amor, lo voglio immenso!
Io non sopporto un guardo indifferente.
L'amor che tutto soffre e tutto dona
O l'odio che non piega e non perdona.
O tutto o nulla io voglio: il riso o il pianto,
Il sole d'oro o l'uragano nero,
la stretta bara o l'universo intero,
E dallo sguardo tuo martirio o incanto!
Tutti i tuoi baci dammi e tutto il core,
O la croce sublime del dolore!

Annie Vivanti (Norwood, 7 aprile 1866 – Torino, 20 febbraio 1942) è stata una poetessa e scrittrice italiana, celebrità della vita intellettuale di Italia, Inghilterra, Svizzera e Stati Uniti. Anche sua madre Anna Lindau fu scrittrice tedesca, sorella anch'ella di celebri letterati.

Suo padre era seguace degli ideali politici di Mazzini, per questo trovò rifugio politico in Italia. Ha esordito nel mondo letterario con la raccolta poetica Lirica pubblicata in Italia con la prefazione di Giosuè Carducci.

Le sue opere furono accompagnate sempre da un notevole successo internazionale, tradotte in tutte le lingue europee e recensite da grandi nomi della cultura quali Benedetto Croce e Giuseppe Antonio Borgese. Nel 1941 un provvedimento fascista la colpì in quanto cittadina britannica ma fu presto liberata grazie all'intercessione di Mussolini.

Tornò quindi a Torino, ma le sue condizioni fisiche e la notizia della morte di sua figlia Vivien, suicidatasi, precipitarono la situazione ed ella morì. È sepolta al Cimitero monumentale di Torino e sulla sua semplice tomba sono scritti i primi versi della più celebre fra le poesie che Carducci le aveva dedicato: "Batto alla chiusa imposta con un ramicello di fiori. Glauchi ed azzurri come i tuoi occhi, o Annie".

Giorgio Gaberscik

Il 1° gennaio 2003 ci lasciava il saltimbanco per eccellenza del panorama artistico italiano: il Signor G.

martedì 8 gennaio 2013

Io se fossi Dio

*Io se fossi Dio...
e io potrei anche esserlo,
sennò non vedo chi!*

*Io se fossi Dio,
non mi farei fregare dai modi furbetti della gente,
non sarei mica un dilettante,
Sarei sempre presente!
Sarei davvero in ogni luogo a spiare
o meglio ancora a criticare
appunto cosa fa la gente.
Per esempio il piccolo borghese
com'è noioso,
non commette mai peccati grossi,
non è mai intensamente peccaminoso.
Del resto, poverino, è troppo misero e meschino
e pur sapendo che Dio è più esatto di una Sveda
lui pensa che l'errore piccolino non lo conti o non lo veda.*

*Per questo
io se fossi Dio,
preferirei il secolo passato,
se fossi Dio
rimpiangerei il furore antico,
dove si odiava, e poi si amava,
e si ammazzava il nemico!*

*Ma io non sono ancora
nel regno dei cieli,
sono troppo invischiato
nei vostri sfaceli...*

Io se fossi Dio,
 non sarei così coglione
 a credere solo ai palpiti del cuore
 o solo agli alambicchi della ragione.

Io se fossi Dio,
 sarei sicuramente molto intero
 e molto distaccato
 come dovreste essere Voi!

Io se fossi Dio,
 non sarei mica stato a risparmiare,
 avrei fatto un uomo migliore.
 Si vabbè lo ammetto
 non mi è venuto tanto bene,
 ed è per questo, per predicare il giusto,
 che io ogni tanto mando giù qualcuno,
 ma poi alla gente piace interpretare
 e fa ancora più casino!

Io se fossi Dio,
 non avrei fatto gli errori di mio figlio,
 e sull'amore e sulla carità
 mi sarei spiegato un po' meglio.

Infatti non è mica normale
 che un comune mortale
 per le cazzate tipo compassione e fame in India,
 c'ha tanto amore di riserva
 che neanche se lo sogna,
 che viene da dire:
 "Ma dopo come fa a essere così carogna?"

Io se fossi Dio,
 non sarei ridotto come Voi
 e se lo fossi io certo morirei
 per qualcosa di importante.

Purtroppo l'occasione
 di morire simpaticamente
 non capita sempre,
 e anche l'avventuriero più spinto
 muore dove gli può capitare
 e neanche tanto convinto.

*Io se fossi Dio,
farei quello che voglio,
non sarei certo permissivo,
bastonerei mio figlio,
sarei severo e giusto,
stramaledirei gli Inglesi
come mi fu chiesto,
e se potessi
anche gli africanisti e l'Asia
e poi gli Americani e i Russi;
bastonerei la militanza
come la misticanza
e prenderei a schiaffi
i volteriani, i ladri,
gli stupidi e i bigotti:
perché Dio è violento!
E gli schiaffi di Dio
appiccicano al muro tutti!*

*Ma io non sono ancora
nel regno dei cieli,
sono troppo invischiato
nei vostri sfaceli...*

*Finora abbiamo scherzato!
Ma va a finire che uno
prima o poi ci piglia gusto
e con la scusa di Dio tira fuori
tutto quello che gli sembra giusto.*

*E a te ragazza
che mi dici che non è vero
che il piccolo borghese
è solo un po' coglione,
che quel uomo è proprio un delinquente,
un mascalzone, un porco in tutti i sensi, una canaglia
e che ha tentato pure di violentare sua figlia!*

*Io come Dio inventato,
come Dio fittizio,
prendo coraggio
e sparo il mio giudizio e dico:
"Speriamo che a tuo padre
gli sparino nel culo cara figlia!".*

*Così per i giornali diventa
un bravo padre di famiglia.*

*Io se fossi Dio,
maledirei davvero i giornalisti
e specialmente tutti,
che certamente non son brave persone
e dove cogli, cogli sempre bene.
Compagni giornalisti avete troppa sete
e non sapete approfittare delle libertà che avete,
avete ancora la libertà di pensare
ma quello non lo fate
e in cambio pretendete la libertà di scrivere,
e di fotografare immagini geniali e interessanti,
di presidenti solidali e di mamme piangenti.
E in questa Italia piena di sgomento
come siete coraggiosi, voi che vi buttate
senza tremare un momento:
cannibali, necrofili, deamicisiani e astuti,
e si direbbe proprio compiaciuti.
Voi vi buttate sul disastro umano
col gusto della lacrima in primo piano.
Sì vabbè lo ammetto
la scomparsa dei fogli e della stampa
sarebbe forse una follia,
ma io se fossi Dio,
di fronte a tanta deficienza
non avrei certo la superstizione della democrazia!*

*Ma io non sono ancora
del regno dei cieli,
sono troppo invischiato
nei vostri sfaceli...*

*Io se fossi Dio,
naturalmente io chiuderei la bocca a tanta gente,
nel regno dei cieli non vorrei ministri
e gente di partito tra le "balle",
perché la politica è schifosa
e fa male alla pelle.
E tutti quelli che fanno questo gioco,
che poi è un gioco di forza, è ributtante e contagioso
come la lebbra e il tifo,
e tutti quelli che fanno questo gioco,
c'hanno certe facce*

*che a vederle fanno schifo,
che sian untuosi democristiani
o grigi compagni del P.C.
Son nati proprio brutti
o perlomeno tutti finiscono così.*

*Io se fossi Dio,
dall'alto del mio trono
vedrei che la politica è un mestiere come un altro
e vorrei dire, mi pare Platone,
che il politico è sempre meno filosofo
e sempre più coglione!:
è un uomo tutto tondo
che senza mai guardarci dentro scivola sul mondo,
che scivola sulle parole
anche quando non sembra o non lo vuole.*

*Compagno radicale,
la parola compagno non so chi te l'ha data,
ma in fondo ti sta bene,
tanto ormai è squalificata,
compagno radicale,
cavalcatore di ogni tigre, uomo furbino
ti muovi proprio bene in questo gran casino
e mentre da una parte si spara un po' a casaccio
e dall'altra si riempiono le galere
di gente che non centra un cazzo!
Compagno radicale,
tu occupati pure di diritti civili
e di idiozia che fa democrazia
e preparaci pure un altro referendum
questa volta per sapere
dov'è che i cani devono pisciare!*

*Compagni socialisti,
ma sì anche voi insinuanti, astuti e tondi,
compagni socialisti,
con le vostre spensierate alleanze
di destra, di sinistra, di centro,
coi vostri uomini aggiornati,
nuovi di fuori e vecchi di dentro,
compagni socialisti fatevi avanti
che questo è l'anno del garofano rosso e dei soli nascenti,
fatevi avanti col mito del progresso*

e con la vostra schifosa ambiguità!
Ringraziate la dilagante imbecillità!

Ma io non sono ancora
nel regno dei cieli,
sono troppo invischiato
nei vostri sfaceli...

Io se fossi Dio,
non avrei proprio più pazienza,
inventerei di nuovo una morale
e farei suonare le trombe
per il Giudizio universale.

Voi mi direte perché è così parziale
il mio personalissimo Giudizio universale?
Perché non suonano le mie trombe
per gli attentati, i rapimenti,
i giovani drogati e per le bombe?
Perché non è comparsa ancora l'altra faccia della medaglia.
Io come Dio, non è che non ne ho voglia,
io come Dio, non dico certo che siano ingiudicabili
o addirittura, come dice chi ha paura, gli innominabili,
ma come uomo come sono e fui
ho parlato di noi, comuni mortali,
quegli altri non li capisco,
mi spavento, non mi sembrano uguali.
Di loro posso dire solamente
che dalle masse sono riusciti ad ottenere
lo stupido pietismo per il carabiniere,
di loro posso dire solamente
che mi hanno tolto il gusto
di essere incazzato personalmente.
Io come uomo posso dire solo ciò che sento,
cioè solo l'immagine del grande smarrimento.

Però se fossi Dio
sarei anche invulnerabile e perfetto,
allora non avrei paura affatto,
così potrei gridare, e griderei senza ritegno che è una porcheria,
che i brigatisti militanti siano arrivati dritti alla pazzia!

Ecco la differenza che c'è tra noi e gli innominabili:
di noi posso parlare perché so chi siamo

*e forse facciamo più schifo che spavento,
ma di fronte al terrorismo o a chi si uccide c'è solo lo sgomento.*

*Ma io se fossi Dio,
non mi farei fregare da questo sgomento
e nei confronti dei politicanti
sarei severo come all'inizio,
perché a Dio i martiri
non gli hanno fatto mai cambiar giudizio.*

*E se al mio Dio che ancora si accalora,
gli fa rabbia chi spara,
gli fa anche rabbia il fatto
che un politico qualunque
se gli ha sparato un brigatista,
diventa l'unico statista.*

*Io se fossi Dio,
quel Dio di cui ho bisogno come di un miraggio,
c'avrei ancora il coraggio di continuare a dire
che Aldo Moro insieme a tutta la Democrazia Cristiana
è il responsabile maggiore di vent'anni di cancrena italiana.*

*Io se fossi Dio,
un Dio incosciente enormemente saggio,
avrei anche il coraggio di andare dritto in galera,
ma vorrei dire che Aldo Moro resta ancora
quella faccia che era!*

*Ma in fondo tutto questo è stupido
perché logicamente
io se fossi Dio,
la Terra la vedrei piuttosto da lontano
e forse non ce la farei ad accalorarmi
in questo scontro quotidiano.*

*Io se fossi Dio,
non mi interesserei di odio o di vendetta
e neanche di perdono
perché la lontananza è l'unica vendetta
è l'unico perdono!*

*E allora
va a finire che se fossi Dio,*

io mi ritirerei in campagna
come ho fatto io...

Biografia tratta da www.italica.rai.it

Di origini triestine, nato da una famiglia medio-borghese, Giorgio Gaberscik è nell'ambiente musicale sin dalla fine dei '50: i primi passi li muove nel rock'n'roll con "Ciao, ti dirò", poi comincia un percorso più personale, nella duplice direzione di canzoni delicate ed eleganti ("Non arrossire", "Geneviéve") o diversamente ritratti ironici di tipi e luoghi della milanesità ("La ballata del Cerutti", "Porta Romana", "Trani a gogò"). In questa fase iniziale della sua carriera, fondamentale risulta l'apporto del paroliere Umberto Simonetta, scrittore e umorista di poco noto talento. La sensazione che Gaber sia un personaggio destinato a non imbrancarsi nella folla di meteore dell'epoca promana già da brani di non comune spessore, da "Le strade della notte" a "Le nostre serate" (verso di essa, Montale sarà prodigo d'elogi in un lungo articolo sul "Corriere letterario"). E' del 1965 il suo matrimonio con la cantante Ombretta Colli; frattanto, egli procede spedito sulla strada del successo, con pezzi che si chiamano "Goganga", "Torpedo Blu" (composta assieme a Leo Chiosso), "Barbera e champagne". Autore del testo di quest'ultima è Sandro Luporini, pittore toscano che dipoi avrà per lui un ruolo fondamentale. Intanto, canzoni quali "Com'è bella la città" e "Suona chitarra" sono i segnali d'un artista altro, orientato ad un discorso poetico e musicale di marcato impegno e profondità. Così, proprio nel suo periodo di maggior lustro commerciale (trionfali gli esiti di una tournée con Mina, nel '69), Gaber dedice di accettare una proposta del Piccolo di Milano mettendo su uno spettacolo, "Il signor G", che mescola con abilità canzoni e recitati: è l'atto di nascita della fortunatissima formula del teatro-canzone. Nel '71 esce l'album "I borghesi", manifestamente segnato dall'influenza di Jacques Brel; nel '72 s'inaugura il sodalizio Gaber-Luporini che durerà per un trentennio, con risultati impareggiabili per originalità. Gli spettacoli "Dialogo tra un impegnato e un non so" (1972), "Far finta di essere sani" (1974), "Anche per oggi non si vola" (1975), "Libertà obbligatoria" (1976) e "Polli d'allevamento" (1978) propongono una riflessione sui rapporti fra individuo e società che si concretizza in una serie di pezzi memorabili, da "Lo shampoo" a "E' sabato", da "La libertà" a "Quando è moda è moda". Corrosivo, pungente, sarcastico, Gaber usa l'ironia come un'arma che colpisce senza pietà od esclusioni, giungendo sino all'invettiva di "Io se fossi Dio" (1980): negli anni '80, la riflessione - da "Anni affollati" (1981) a "Il grigio" (1989) - si fa vieppiù immalinconita, laddove il decennio seguente propone nuovi lampi, da "E pensare che c'era il pensiero" (1995) a "Un'idiozia conquistata a fatica" (1999). Poi, i giorni difficili della malattia, un album che titola "La mia generazione ha perso" (2001) e il commiato postumo di "Io non mi sento italiano" (2003), con vendite sorprendenti per un personaggio così fuori dagli schemi.

Diane Di Prima

Una poetessa beat, femminista e fuori da qualsiasi regola precostituita.

martedì 15 gennaio 2013

Lettera rivoluzionaria

Ho appena capito che il premio sono io
non ho altro
denaro per riscatto, nient'altro da spezzare o scambiare che la vita
il mio spirito dosato, frammentario, sparso
sul tavolo della roulette, ripago quanto posso
nient'altro da ficcare sotto il naso della maìtre de jeu
nulla da spingere fuori dalla finestra, niente bandiere bianche
questa carne é tutto ciò che ho da offrire, fare il gioco con
questa testa qui e ora, e quello che vien dietro, la mia mossa
mentre strisciamo sopra questo a-bordo, proseguendo sempre
(si spera) fra le righe

Diane di Prima è nata a Brooklyn il 6 agosto 1934, New York. Ha frequantato lo Swarthmore College per due anni prima di trasferirsi al Greenwich Village a Manhattan e diventare una scrittrice dell'emergente movimento Beat. In seguito coltivò l'amicizia di poeti del calibro di Amiri Baraka, Allen Ginsberg, Jack Kerouac, Frank O'Hara, and Audre Lorde. Dopo essersi unita alla comunità di Timothy Leary a New York, si trasferì a San Francisco nel 1968.

Di Prima ha pubblicato più di 40 libri. Le sue raccolte di poesia comprendono *This Kind of Bird Flies Backwards* (1958), il poema *Loba* (1978), *Pieces of a Song: Selected Poems* (2001). E' anche autrice del romanzo breve *Dinners and Nightmares* (1960), la semi-autobiografia *Memoirs of a Beatnik* (1968), e il diario *Recollections of My Life as a Woman: The New York Years* (2001).

Di Prima fu insignita della Laura in Poesia a San Francisco nel 2009. E' stata anche premiata dalla National Poetry Association's Lifetime Service Award e dal Fred Cody Award for Lifetime Achievement e ha ricevuto dei riconoscimenti dal National Endowment for the Arts, dal Committee on Poetry, dal Lapis Foundation, e dall'Institute for Aesthetic Development. St. Lawrence University le ha riconosciuto la Laurea ad Honorem.

Ha insegnato presso la Jack Kerouac School of Disembodied Poetics al Naropa Institute, al California College of Arts and Crafts, e nel Masters-in-Poetics program presso il New College of California. Poesie selezionate sono conservate all'Università di Louisville, Indiana e Southern Illinois. Di Prima vive nella California del Nord.

Philip Lamantia

Figlio dell'immigrazione siciliana dei viaggi della speranza verso il Nuovo Mondo, è diventato il cantore surrealista del movimento Beat.

martedì 22 gennaio 2013

Giorno d'inverno

Nella rosa che cresce nella torre degli esuli
quando il banco è coperto di gioielli
quando la notte trabocca di odio
quando il grembo di Eros è deserto
quando i dormienti vengono svegliati
quando i vecchi amanti non hanno più paura
il mio cuore

Le donne anziane vengono a giocare sui prati
degli intangibili assassini
le donne sono mie
Hai l'occhio così vitreo alla luce del sole
non sei più una bambina
sei vecchia, tu ragno del cieco
madre insolente
Ti interessi dei miei giovani capelli
voglio stenderti sul volto le fibre del mio cuore

E' uno strano momento
quando ci laceriamo nel silenzio
di questo paesaggio
in tutto questo mondo
che sembra andare oltre la sua stessa esistenza

Così splendidamente rotoli sulle mie ossa
che hanno scosso la carne della loro giovinezza
La mia nudità non è mai allarmante
è in questo modo che ti adoro

Le tue mani come cristalli brillano nella notte
mi attraversano il sangue
e tagliano le mani dei miei occhi

Siamo giunti in un posto dove dormono gli usignoli
Stiamo colmando gli oceani e le pianure
di vecchie immagini delle nostre ossa fosforescenti

Philip Lamantia nacque a San Francisco il 23 Ottobre 1927, figlio di immigranti siciliani. Cominciò a scrivere in tenera età alle scuole elementari dalle quali fu espulso per un breve periodo perché considerato un "intelletuale delinquente", quando concentrò i suoi studi sulle opere di Edgar Allan Poe e H.P. Lovecraft. A sedici anni, dopo essere rimasto affascinato al surrealismo di Miro e Dalì, osservando le loro opere al Museo d'Arte di San Francisco Museum, cominciò a scrivere poesie surreali, realizzando quella che fu considerata "la purezza rivoluzionaria della natura" del surrealismo. Poco dopo, Lamantia abbandonò la casa paterna per unirsi ai Surrealisti a York City e fu accolto da Andre Breton come "una voce che nasce una volta ogni cento anni".

Le poesie di Lamantia furono pubblicate nel 1943 da Andre Breton. La sua prima raccolta, *Erotic Poems*, venne pubblicata a Berkeley nel 1946. La seconda, *Ekstasis*, fu data alle stampe dopo un reading di poesia a San Francisco, *Six Poets at the Six Gallery*, quando City Lights pubblicò la raccolta *Selected Poems 1943-1966*. *High*, *The Night is a Space of White Marble*, *I Have Given Fair Warning* e *There is the Distance Between Me and What I Seek* sono contenute in questo volume. *Fud at Foster's* descrive la Cafeteria di Foster, un populare sodalizio per poeti e artisti di San Francisco, un luogo dove Ginsberg incontrava Robert Lavigne, che gli fece conoscere Peter Orlovsky.

Come le opere di molti altri poeti Beat, la poesia di Lamantia dimostra la tensione tra l'indole naturale che richiama ad una "introspezione della realtà e un onnipresente senso di pena e terrore verso la vita". Lamantia è l'unico poeta americano della sua generazione che abbracciò completamente i dogmi del Surrealismo, non disdegnando i messaggi di libertà, amore e pacifismo, contenuti nelle sue liriche.

E' morto il 12 marzo 2005.

Amelia Rosselli

Una vita segnata dalla sofferenza. Una vita fondata sull'antifascismo. Una vita spezzata dal suicidio.

martedì 29 gennaio 2013

Se sinistramente

*Se sinistramente, ti vidi
apparire, come un sole nero
la tua biondezza, e il sole
recuperava tutto — o quasi
il tutto che in te trovai...
Un tutto che è mascherata
un tutto che è bisogno: semmai
era anche disperante, ritrovarsi
tali e quali all'adolescente
che mai crebbe: un sentimento
di devozione, è tutto ciò
che m'addombra... nell'ammiccare
per una fiotta di baci che
mai desti, né darai ora che
so quanto luminosa era per
me la tua figura sfocatamente
giustiziera, e lo spirito che
tramortendo la vita che
come sempre, scartando le
molte speranze s'annunciava
già la pronta a rinunciare, magari
morendo nello sforzo di non
distinguere tra te e il male...
Però questa ennesima volta
veramente hai saputo riconoscerla
come tale. Butti via le speranze
non sono altro che una fiotta
di baci ingenui e semplici
mentre nel male il vivere
si fa complesso, e ardendo
d'un nulla che è tutto il
mio pieno, la mia bislacca
vita in un mercato che ha*

> *anch'esso il suo destinato*
> *amore di copulazione, si farebbe*
> *come tale la vuoi, disdegnando*
> *d'insegnarmela!*

Biografia a cura di Italialibri.net

Amelia Rosselli nacque in Francia nel 1930, perché in Francia il padre era fuggito nel 1929, una fuga che segnò in qualche modo quella che doveva divenire una vita tormentata, perennemente alla ricerca di un'appartenenza mai acquisita.

Nel 1940 con la madre si trasferì in Inghilterra prima e negli Stati Uniti dopo, per tornare poi in Italia nel 1946 e scoprire che gli studi compiuti all'estero non le potevano essere riconosciuti.

Ritornò così in Inghilterra dove si dedicò allo studio della musica e della composizione, quel linguaggio universale, quello dei suoni e dei ritmi, che, unitamente all'avventura linguistica che la accompagnò per tutta la vita, resero unica la poesia di questa scrittrice apolide.

Fu inoltre anche con la traduzione che la Rosselli si cimentò, quando, ritornata in Italia nel 1948, a Firenze prima e a Roma in seguito, dopo la morte della madre, cominciò a lavorare per alcune case editrici e a dedicarsi a studi letterari e filosofici. Sono gli anni in cui comincia a frequentare gli ambienti letterari conoscendo nel 1950 lo scrittore Rocco Scotellaro che le presenta Carlo Levi, mentre è degli anni Sessanta la conoscenza dell'ambiente dell'Avanguardia, da cui quasi subito si distaccò, lontana forse dalle sperimentazioni prevalentemente linguistiche e dall'impronta in qualche modo maschile del gruppo.

Se nella sua opera possiamo parlare di sperimentazione, intesa come neologismi, di una lingua come abbandono a un flusso, come unione di più lingue, è perché la lingua della Rosselli fu una lingua del buio, del privato, e, in quanto tale, labirintica e priva di codici.

Fu Pasolini a scoprire la poesia di questa scrittrice, pubblicando nella rivista letteraria «Il Menabò», nel 1963, ventiquattro sue poesie e definendo la sua scrittura poetica una scrittura di lapsus, versi fatti di distrazione quindi, di una grammatica di errori nell'uso delle consonanti e delle vocali.

Spazi metrici, opera del 1962, spiega proprio l'uso di questa forma dei versi, una grammatica dalle mille possibilità metriche, una musica dalle forme non codificabili, un confronto, come dice Maria Corti, tra «la durata del tempo fra una nota e l'altra in musica e quella fra una sillaba e l'altra in poesia».

Ma è *Variazioni belliche* la prima grande opera del 1964 pubblicata per Garzanti, una raccolta in cui si legge il ritmo faticoso della sofferenza, la fatica del vivere di un'infanzia dolorosa che aveva marchiato la sua vita di donna. Aggettivi come "lattante" e "latitante" mostrano l'impronta della vita inconscia e psichica dell'autrice, che latita, che è all'origine, liberando e chiudendo il verso in un frammentazione di emozioni che devono essere rimesse insieme. Una lingua personale quindi, una lingua privata che brucia «in un ardore che non può sorridersi».

Anche in *Serie ospedaliere*, raccolta del 1969, troviamo "schegge" del suo corpo, «vasi di tenerezze mal esaudite», «incontrollabile angoscia», come se fosse una decomposizione-ricomposizione di una scrittura in cui la ragione tenta di dominare la passione, fallendo, alla ricerca di una certezza, in continua nostalgia, urlata e soffocata, al ritrovamento di una tenerezza che potrebbe rasserenare, ma che è malata all'origine.

Disse bene il critico Pier Vittorio Mengaldo a proposito della lingua della Rosselli definendola come «un organismo biologico, le cui le cellule proliferano incontrollatamente in un'attività riproduttiva che come nella crescita tumorale diviene patogena e mortale».

Una poesia furiosa fatta di solitudine, di silenzio, di morte è anche quella di *Documento* (1966-1973). I versi «Mi truccai a prete della poesia ma ero morta alla vita» rappresentano alcuni dei versi più esemplificativi della poesia della Rosselli, una poesia dove «la speranza è un danno forse definitivo», e dove il mondo è popolato da «elefanti ottusi».

Ottuso. Come a intendere ciò che non è compreso; e come comprendere del resto, se non vivendolo un conflitto interiore così forte,un buio fatto di interrogativi, alla ricerca della verità impossibile? *Diario ottuso* (1954-68) è un esempio di prosa della scrittrice ma di una prosa «difficile, interiore quanto la poesia» dice la stessa autrice, evidentemente autobiografico. Ma cosa poteva non essere autobiografico in una donna mossa eternamente dall'amore e dal dolore? Verbi come partire, fuggire, non sapere, non capire accompagnano quest'opera, fatta di pensieri, seppur in prosa, profondamente poetici, di un avventura verso il «terreno nero».

«Ah, potessi avere la leggerezza della prosa» dichiarava essa stessa.

Ma la leggerezza non le appartenne mai. Le appartennero piuttosto la provocazione, la furia, la perentorietà, l'immaginazione delirante. La passione che cercava una collocazione, la lingua che cercava una risposta, in tutte le lingue che sapeva, che conosceva, come l'esperienza della raccolta *Sleep* (1992) ci dimostra, «la vita scritta su carta, là scorre il mio seme folle alla morte».

«Io non sono quello che apparo» aveva scritto in *Documento*. L'envers dit la verité, aggiungiamo noi.

Amelia Rosselli, fragile e coraggiosa, visse gli ultimi anni della sua vita a Roma, dove, morì suicida nel 1996.

Anne Waldman

La Patti Smith della poesia Beat. Una delle maggiori esponenti statunitensi della cultura oltre Oceano.

martedì 5 febbraio 2013

Donna che parla veloce

Sono una donna che grida

Sono una donna che parla

Sono una donna ermetica

Sono una donna che non-sa-niente

Sono una donna che sa tutto

Sono una donna pensiero

Sono una donna creatrice

Sono una donna in attesa

Sono una donna atmosfera

Sono una donna stella mattutina

Sono la donna paradiso

È così che appare quando vai

in cielo che è come morbidezza

lassù -dicono che è come giorno

dicono che è come rugiada

Sono una donna sole

Sono una donna vento

Sono una donna bianca

Sono una donna luce – argentata

Sono una donna luce – ambrata

Sono una donna luce – smeraldo

Sono la donna abbandonata

Sono la donna angoscia

Sono la donna con le ferite

Sono la donna che mormora

L'artista che sogna dentro la sua casa

Sono la donna divisa, la donna intricata

Sono la donna che saccheggia

La donna fenomeno

La donna che studia

La donna che chiama

La donna che scrive

Sono la donna che archivia

acqua che purifica

acque che scorrono

fiori che al mio passaggio

purificano

Sono la donna assennata

Sono la donna dissennata

Sono la donna misteriosa

Sono la donna demistificata

Sono la donna apocalisse

Sono la donna temeraria

Sono la donna risonante

Sono la donna ambigua

Sono la donna che parla veloce

Sono la donna che migliora

La timida cortigiana

Sono la donna tecnologica

Sono la donna magica

Sono la donna bellicosa

Sono la donna tradita

Sono la Valkiria

Sono la donna mietitrice

SONO IL POETA CHE SOGNA DENTRO LA SUA CASA

LA DONNA ISPIRATA DENTRO LA SUA CASA!

Sono una donna che – parla - veloce

Sono una donna – a ruota –libera

Sono una donna acqua che ondeggia

IO SO COME URLARE

IO SO COME CANTARE...

Un'altra affascinante figura femminile della poesia della generazione Beat, Anne Waldman, è nata a Millville, New Jersey il 2 Aprile 1945, ma è cresciuta a New York City. Dal 1966 al 1978 condusse il St. Mark's Poetry Project, organizzando dei reading con poeti quali Allen Ginsberg e Gregory Corso. Subito dopo aver lasciato il gruppo di St. Mark's, insieme a Ginsberg fondò la *Jack Kerouac School of Disembodied Poetics at the Naropa Institute* a Bolder, Colorado.

Ha pubblicato oltre quaranta raccolte di poesia, incluso The Iovis Trilogy: *Colors in the Mechanism of Concealment* (Coffee House Press, 2011), *Manatee/Humanity*(Penguin, 2009), *Structure of the World*

Compared to a Bubble (2004), *In the Room of Never Grieve: New and Selected Poems*, 1985-2003 (Coffee House Press, 2003),*Dark Arcana / Afterimage or Glow* (2003), corredato dalle foto di Patti Smith, *Vow to Poetry* (2001), *Marriage: A Sentence* (2000), *Kill or Cure* (1994), *Iovis: All is Full of Love* (1993), *Helping the Dreamer: New and Selected Poems 1966-1988* (1989), *Fast Speaking Woman* (1974), e *Baby Breakdown* (1970). Molte sue opere sono contenute in numerosi film, video colonne sonore.

E' conosciuta anche per essere l'editrice delle antologie *The Beat Book* (1996) e *The World Anthology: Poems from the St. Mark's Poetry Project* (1969), e co-editrice di*Angel Hair Sleeps With A Boy In My Head* (2001) e *Disembodied Poetics: Annals of the Jack Kerouac School* (1993). Ha collaborato con diverse case editrici come traduttrice di *Songs of The Sons & Daughters of Buddha* (1996), un libro della tradizione buddista scritto in Sanscrito e Prancrito, con Andrew Schelling, tra gli altri.

Waldman ha ricevuto numerosi riconoscimenti per la sua produzione poetica, tra i quali *The Dylan Thomas Memorial Award*, *The Poets Foundation Award*, *The National Literary Anthology Award*, e *The Shelley Memorial Award for poetry*. Ha ricevuto anche diverse borse di studio dalla National Endowment for the Arts e la Foundation for Contemporary Performance Arts. Si è aggiudicata per due volte il Campionato Internazionale di Poesia a Taos, New Mexico.

Attualmente è la direttrice del programma *MFA Writing and Poetics* program al Naropa Institute.

Ralph Salisbury

La guerra in Vietnam non è mai finita. Nel cuore dei sopravvissuti. Nei soldati americani, alienati dai ricordi. Nei versi di Ralph Salisbury.

martedì 12 febbraio 2013

My Brother's Poem: Vietnamese War, 1969

You tell me you can not write it
yesterday's pretty village splinters and in
your aircraft's cargo compartment ammunition/rations/medicines
gone an American lies wrapped in his rain-coat
strapped to the floor of that machine generations struggled
to invent and thousands of hours of lives went to create
the boy's belongings all he could bear
on his back packaged beside him
sunset a shimmer like cathedral-glass
a memory the instrument-panel glow
as low as devotional candles showing
in plexiglass monsoon screams past your face
above the controls your own American face

Ralph Salisbury è nato nel 1924. E' un poeta americano e sceneggiatore, figlio di una famiglia Cherokee e Americana-Irlandese. E' nato a Arlington, Iowa. Suo padre era Cherokee e la madre era Americana di origine Irlandese. E' cresciuto nella fattoria di famiglia nello Iowa, senza elettricità e acqua corrente, cacciando e cavalcando per procurarsi carne e pelli. Si arruolò nell'Aviazione all'età di 17 anni e, nonostante il servizio militare nella Seconda Guerra Mondiale, conseguì la laurea nel 1951 all'università dello Iowa.

Dal 1950, lavorò scrivendo, editando, traducendo e insegnando scrittura e letteratura. Ha insegnato all'Università dell'Oregon dal 1960. In precedenza ha insegnato presso la Drake University, in Texas e l'Università di Frankfurt/Main (Germania). Per sei anni è stato caporedattore della rivista Northwest.

Salisbury è attualmente docente emerito dell'Università dell'Oregon. E' autore di due brevi romanzi e di sette raccolte di poesia.

Denise Levertov

Quando le colonie americane cacciarono gli inglesi nel 1776, non avevano pensato che diversi decenni dopo una donna inglese potesse riconquistare gli Stati Uniti con la poesia.

martedì 19 febbraio 2013

Gente di notte

Una notte fendente tra te e te
e te...e te...e te...
e me...: ci allontana a spinte, un uomo si fa avanti sgomitando
nella folla. Noi non
ci cercheremo, nemmeno
vagheremo, ciascuno per sé, senza guardare
nella lenta folla. Tra i numeri di contorno
sotto le insegna dei cinema,
quadri di un milione di luci,
giganti che si muovono e si muovono ancora,
ancora, su una nube acre di odori,
patate fritte, noci arrostite.

O salire in un appartamento, il tuo
o il tuo, e ritrovarci

qualcuno seduto al buio:
chi è veramente? Perciò accendi la
luce per vedere: il nome lo conosci, ma
chi è?
Ma non vedrai.

La luce fluorescente tremola cupa, una
pausa. Ma tu comandi. Afferra
ogni viso, e per i capelli
lo tiene sollevato per te, maschera dopo maschera.
Tu...e tu...e tu...e io...ripeto
gesti che spingono al fare se il discorso
ha fallito.....................e parlo
e parlo, ridendo, dicendo
"io", e "io",

volendo dire "Chiunque".
Nessuno.

Denise Levertov. Nata a Ilford, Essex, Gran Bretagna, il 24 Ottobre 1923. Suo padre, cresciuto come ebreo Hassidico, si convertì al Cristianesimo mentre frequentava l'università in Germania. Dopo la nascita di Denise tornò a vivere in Inghilterra e diventò anglicano. Sua madre, che era gallese, amava decantare ad alta voce i libri di autori quali Willa Cather, Joseph Conrad, Charles Dickens e Leo Tolstoy, rivolta verso il resto della famiglia. Denise fu avviata agli studi in casa, e fu attirata dalla vita di scrittrice già all'età di cinque anni. A dodici anni, inviò qualche sua poesia a T. S. Eliot, che le rispose con due pagine di complimenti e la incoraggiò a continuare a scrivere. A diciasette anni pubblicò la sua prima poesia nella rivista *Poetry Quarterly*.

Durante la Seconda Guerra, Levertov diventò un'infermiera civile di servizio a Londra, nonostante i bombardamenti. Scrisse il suo primo libro, *The Double Image*. Il libro, realizzato nel 1946, tracciò il suo ingresso in un gruppo di poeti del Nuovo Romanticismo."

Nel 1947 Levertov sposò Mitchell Goodman, uno scrittore americano, e un anno dopo si trasferì negli Stati Uniti. Andò a vivere a New York, trascorrendo le estati nel Maine. Nel 1949 nacque il figlio Nickolai e Denise fu naturalizzata cittadina americana nel 1956.

Dopo il suo trasferimento negli States, fu introdotta al movimento Trascendentalista di Emerson e Thoreau, la poesia di ricerca di Ezra Pound e, in modo particulare, l'opera di William Carlos Willams. Grazie all'amicizia del marito con il poeta Robert Creeley, la Levertov divenne socia del gruppo poetico della Montagna Nera, al quale facevano parte Creeley, Charles Olson e Robert Duncan. Alcune opere della poetessa furono pubblicate negli anni '50 dalla Rivista della Montagna Nera. Con la pubblicazione del suo primo libro americano, *Here and Now* (1956), divenne una voce importante della poesia d'avanguardia statunitense.

Con il successivo libro, *With Eyes at the Back of our Heads* (1959), entrò di diritto nella lista dei più grandi poeti americani e le sue origine inglesi furono ben presto dimenticate. Si cimentò anche come curatrice della rubrica di poesia nella rivista culturale *The Nation magazine* nel 1961 e dal 1963 al 1965. Durante la guerra in Vietnam, l'attivismo e il femminismo monopolizzarono la sua poesia. Fu in questo periodo che produsse una delle opere più memorabili, *The Sorrow Dance* (1967), che manifestò i suoi profondi sentimenti di avversità alla guerra e il dolore per la perdita della sorella maggiore. Dal 1975 al 1978, curò la rubrica di poesia del *Mother Jones magazine*.

L'opera della Levertov comprende la pubblicazione di oltre venti libri di poesia, incluso *Freeing the Dust* (1975), che vinse il Lenore Marshall, un prestigioso premio di poesia. Dal 1982 al 1993 insegnò presso l'università di Standford. Ha vissuto gli ultimi dieci anni a Seattle, dove morì il 20 dicembre del 1997 a 74 anni.

Bob Kaufman

Il cantore del jazz e del bepop. Il poeta del silenzio e dell'alienazione sociale.

martedì 26 febbraio 2013

Fatti non storici

Apollinaire
non ha mai conosciuto Charlie palle
di roccia
che ha dato cinquanta cent ad un piedipiatti
che guidava una Nash del 1927

Apollinaire
non ha mai incontrato Blue Cenerenculo
sassofonista grasso che rideva
suonando e aveva i denti d'acciaio

Apollinaire
non ha mai fatto l'autostop nei boschi di
Papier Maché
Né avuto un caposcout che ha scritto
una canzone sul
sapone d'avorio né un funerale battista

Apollinaire
non è mai andato in vela con Nullità Rolfe
che era ricco in California, ma
è dovuto scappare in quanto checca

Apollinaire
non ha mai bevuto insieme a Lady Vinocorto
ubriacona senza pari che parlava ai cespugli
e faceva cantare i bambini per strada

Apollinaire
non ha mai dormito tutta notte in
ghiacciaia
nell'attesa che Sebastian si alzasse dalle
vasche dell'ammoniaca

*e gli mostrasse le piccole frecce non
dipinte.*

Bob Kaufman è nato a New Orleans il 18 aprile 1925, primo di tredici figli. Sua madre era una cattolica nera del Martinica, suo padre un ebreo ortodosso tedesco. Da bambino fu influenzato dalle due religioni, ma anche dai riti voodoo praticati dalla nonna materna. A tredici anni lasciò casa per unirsi alla Marina Mercantile, sopravvivendo a quattro naufragi e circumnavigando la terra per nove volte, durante i successivi venti anni.

Lasciò la Marina Mercantile intorno agli ann '40 e si trasferì a New York dove intraprese gli studi di letteratura presso la New School, dove incontrò William S. Burroughs e Allen Ginsberg. Insieme si trasferirono a San Francisco, dove si unirono a Jack Kerouac, Gregory Corso e Lawrence Ferlinghetti. Ispirato dalle improvvisazioni bepop e jazz, Kaufman cominciò a recitare le sue poesie nei locali e per strada, conferendosi il nomignolo di "The Original Bepop Man".

Nel 1959 fondò, insieme a Gingsberg, John Kelly e William Margolis la rivista *Beatitude* che contribuì a sostenere la loro carriera di poeti. L'anno successivo accettò di leggere in pubblico le sue poesie ad Harvard. Nel 1961 fu nominato al prestigioso Guiness Award, che si aggiudicò T.S. Eliot. Nonostante i suoi successi letterari, la vita di Kaufman fu condotta in maniera discutibile, coinvolto diverse volte in difficoltà economiche e per l'uso di metedrina, fu arrestato.

Nel 1963, dopo l'uccisione di Kennedy, Kaufman cadde in depressione, consolato da un voto di silenzio imposto dalla sua religione buddista. Una decisione che portò avanti fino al 1975, nel giorno della fine della Guerra in Vietnam, quando entrò in un locale e decantò "All Those Ships that Never Sailed."

Seguì un periodo di intensa attività e produzione letteraria, fino a quando non comunicò al suo editore Raymond Foye di voler diventare un poeta anonimo, dimenticato da tutti. La popolarità del poeta non diminuì, nonostante questa decisione e la sua fama raggiunse l'Europa, in modo particolare la Francia, dove era conosciuto come il Rimbaud americano.

Le sue principali raccolte di poesia sono: *The Ancient Rain: Poems, 1956-1978* (New Directions, 1981); *Watch My Tracks* (1971); *Golden Sardine* (1966). E' morto nel 1986.

Ko Un

 Alcune vite sono dei veri e propri romanzi. Ko Un ha saputo trasformare la sua in poesia. Nonostante tre tentativi di suicidio.

martedì 5 marzo 2013

L'animo di un poeta

Un poeta nasce negli spazi tra crimini,
furti, uccisioni, frodi, violenze,
nelle zone più oscure di questo mondo.

Le parole di un poeta s'insinuano tra le
espressioni più volgari e basse,
nei quartieri più poveri della città,
e per qualche tempo dominano la società.

L'animo di un poeta è un solitario grido di verità
nato negli spazi fra mali e bugie del nostro tempo,
picchiato a morte da tutti gli altri animi.

L'animo di un poeta è condannato, non c'è dubbio.

Ko Un nasce nel 1933 durante l'occupazione giapponese in una cittadina della regione Chŏlla settentrionale della Corea e sarà il testimone delle vicende dolorose che il suo Paese dovrà affrontare nell'arco di numerosi decenni: dalla dominazione coloniale, agli orrori della Seconda guerra mondiale, dalla guerra fratricida della Corea del 1950-53 alla divisione del territorio al trentottesimo parallelo dopo la Guerra Fredda, dalle numerose dittature militari per giungere negli anni novanta a testimoniare una "pacifica rivoluzione" che conduce alla guida della Repubblica di Corea come governo democratico e progressista.

Ko Un inizia le scuole nel periodo in cui l'uso della lingua coreana era in esse vietato e, come egli stesso ricorda, anche il suo nome era stato cambiato in Dakkabayai Dorasuke. Affronta gli studi con grande impegno e già all'età di otto anni conosce i testi della letteratura classica cinese. Nel 1945 inizia a scrivere i suoi primi versi ispirato da un libro trovato per caso sulla strada di casa mentre ritorna dalla scuola media che frequentava a quattro chilometri da casa sua. Il libro, che lo colpisce enormemente, era una raccolta del poeta lebbroso Han Haun intitolato "Poesie scelte".

Nel 1952, stanco degli orrori visti, trova rifugio nella religione e diventa monaco buddista dedicandosi allo studio della meditazione Sŏn con il maestro Hyobong. Viaggia per alcuni anni senza sosta vivendo di elemosina finché nel 1957, insieme ad un altro monaco, fonda il "Buddhist Newspaper" e ne diventa il direttore. Riprende così l'impegno poetico e inizia a pubblicare saggi e poesie.

Il 1958 sarà l'anno del suo debutto letterario con una poesia dal titolo "Tubercolosi" che pubblica sulla rivista "Modern Poetry" con l'incoraggiamento del poeta Co Chihun. La sua prima raccolta di poesie, Other World Sensibility, esce nel 1960 quando il giovane monaco è ormai famoso negli ambienti buddhisti e letterari.

Nel 1962, deluso ancora una volta dalla corruzione che vige nel clero buddista, decide di abbandonare la vita monastica per riprendere le vesti di laico e lo dichiara sul quotidiano "Hankook Ilbo" con un Manifesto di rinuncia. Per tre anni, dal 1963 al 1966, vive sull'isola Cheju dove insegna gratuitamente coreano e arte in una scuola di carità. In questo periodo legge Il placido Don di Michail Sholokhov in traduzione giapponese ma la vastità e grandezza del testo lo sconforta e brucia tutti i suoi manoscritti che ritiene, al confronto, misera cosa. Non è questo un periodo sereno per il poeta che, depresso dall'alcool e dall'insonnia, tenta nuovamente il suicidio. Continua comunque a scrivere e pubblica il suo secondo volume in versi Seaside Poems: God, The Last Village of Languages.

Nel 1967 il poeta fa ritorno a Seoul dove ha inizio un terribile periodo nichilista nel quale, pur continuando a scrivere, non migliora il suo stato psicologico che lo porta a bere e ad ubriacarsi e nel 1970 a tentare per la terza volta il suicidio con il veleno rimanendo in coma per trenta ore.

Nel 1973 un profondo cambiamento avviene nella vita del poeta che, abbandonato e rinnegato l'atteggiamento nichilista, diventa un appassionato militante nazionalista impegnandosi negli eventi storici e sociali contemporanei. Profondamente coinvolto nel movimento per i diritti umani e nel movimento dei lavoratori dirige la sua protesta contro il tentativo del presidente Park Chung Hee di emendare la costituzione e salire al potere. Gli anni che vanno dal 1974 al 1978 lo vedono sempre più impegnato nella lotta per i diritti umani. Nel 1974 viene fondata l'Associazione degli scrittori per la Libertà e il poeta ne diventa primo segretario generale, mentre nel 1978 sarà eletto rappresentante dell'Associazione per i diritti umani. Inserito nelle liste nere della KCIA (Korean Central Intelligence Agency), i servizi segreti della Corea del sud, nel 1974 viene arrestato e imprigionato per la prima volta. Nello stesso anno riceve il "Korean Literature Prize". Risalgono a questi anni, nei quali non smette mai di scrivere, le raccolte On the Way to Munui Village (1977), Going into Mountain Seclusion (1977), Early Morning Road (1978), le traduzioni dai classici cinesi Selected Poems of Tu Fu, i saggi e le biografie di famosi poeti e artisti, come Critical Biography of Yi Joong-Sup, Han Hong-Un, Critical biography of the Poet Yi Sang.

Nel 1979 il poeta viene eletto vicepresidente dell'Associazione per l'unità nazionale e, imprigionato per la seconda volta, sarà presto scarcerato. Nel frattempo la situazione del paese si sta facendo sempre più critica. Assassinato nell'ottobre del 1979 il presidente Park Chung Hee, la dittatura riprende il potere nel 1980 con il colpo di Stato del generale Chun Doo-Hwan e nel maggio dello stesso anno Ko Un, accusato di alto tradimento, viene imprigionato per la terza volta e condannato all'ergastolo ma sarà liberato nell'agosto del 1982 grazie ad un'amnistia.

Nel 1983 la vita del poeta subisce una nuova svolta. Conosce Lee Sang-Wha, docente universitaria di letteratura inglese e il 5 maggio dello stesso anno si sposa e si trasferisce a sud di Seoul, nella piccola città di Ansŏng dove pubblica i due volumi Collected Poems e gli nasce la figlia Cha-Ryong. Da questo momento la vena creativa di Ko Un diventa più ricca e scrive e pubblica numerose opere di poesia, prosa e saggistica (Homeland Stars (1984), Pastoral Poems (1986), Fly High, Poem! (1986), Your Eyes (1988), Morning Dew (1990). Tra il 1986 e il 1997 inizia la pubblicazione dei primi quindici volumi di Maninbo (Diecimila vite) e tra il 1987 e il 1994 quella di Paektu Mountain: An epic in sette volumi e inoltre la prima serie di venti volumi dei Collected Works e i cinque volumi della sua Autobiography.

Gli anni tra il 1994 e il 1998 lo vedono impegnato nell'insegnamento presso la Graduate school della Kyonggi University a Seoul e sempre nel 1994 ottiene il "Daesan Literary Prize". Nel 1995 esce la raccolta di versi Dokdo Island ed esce anche il romanzo Chongsun Arirang. Nel 1997 si reca per un viaggio di quaranta giorni nel Tibet e sull'Himalaya e pubblica la raccolta di poesie A Memorial Stone oltre a un libro di saggi dal titolo At the Living Plaza.

Su invito dell'Harvard Yenching Institute trascorre un anno negli Stati Uniti (1999) dove, presso l'Università della California, insegna letteratura coreana moderna per la durata di un semestre, mentre proseguono le pubblicazioni delle sue opere: il poema epico Far, Far Journey, i due volumi del romanzo Sumi Mountain, il libro di viaggi Mountains and Rivers, My mountain and Rivers, oltre a un testo di critica poetica dal titolo Morning with Poetry. Sempre nel 1999 riceve il "Buddhist Literature Prize".

Risale al 2000 la pubblicazione dei due volumi di poesie South and North e The Himalayas e il viaggio nella Corea del nord come delegato per l'incontro al vertice tra i leader delle due Coree. Viene nel frattempo eletto co-presidente del "National Trust of Korea".

Nel 2001 esce la raccolta di poesie brevi dal titolo Flowers of a moment, tradotta anche in italiano nel 2006 con il titolo Fiori d'un istante. Esce anche la raccolta in prosa intitolata The Road Has Traces of Those Who Went Before.

Nel 2002 viene pubblicata la raccolta in versi Poetry Left Behind e il poeta si dedica all'opera completa in 38 volumi dal titolo Ko Un's Complete Works oltre a pubblicare la raccolta poetica Late-Coming Song. Viene anche nominato per la prima volta candidato per la Corea al premio Nobel per la Letteratura.

I volumi 16-20 della raccolta poetica Ten Thousand Lives escono nel 2003 e nel 2004 il poeta ottiene diverse nomine, tra le quali quelle di presidente del "Korean Literary Peace Forum" e, per la seconda volta, la candidatura al Premio Nobel per la Letteratura.

Il 2005 lo vede impegnato in una visita alla Corea del Nord per partecipare ad un comitato congiunto per la stesura di un dizionario pan-coreano. Vengono intanto annunciate le pubblicazioni dei volumi 21-25 di Ten Thousand Lives e gli giunge la terza nomina a candidato al Premio Nobel che lo vede tra i finalisti. Nello stesso anno riceve il "Literary Award for Unification" e il "Bijorns Ordere for Literature".

Paul Verlaine

Paul Verlaine è sinonimo di musicalità. Quella dei suoi versi, scritti come oggi si scriverebbero per una canzone.

martedì 12 marzo 2013

Canzone d'autunno

*I singhiozzi lunghi
dei violini d'autunno
mi feriscono il cuore
con languore
monotono.*

*Ansimante
e smorto, quando
l'ora rintocca,
io mi ricordo
dei giorni antichi
e piango;*

*e me ne vado
nel vento ostile
che mi trascina
di qua e di là
come la foglia
morta.*

Poeta francese esponente del Simbolismo e del Decadentismo Paul-Marie Verlaine nacque a Metz, nel nordest della Francia il 30 marzo 1844. La sua famiglia si trasferì a Parigi nel 1851, dove fu iscritto al liceo. Nel 1862 conseguì la laurea, e in seguito seguendo il volere del padre, un capitano di fanteria, entrò nel servizio civile.

Da ragazzo Verlaine aveva letto *Les Fleurs du mal* di Charles Baudelaire che lo inspirarono alla scrittura. A Parigi, frequentò il gruppo dei poeti Parnassiani come a Leconte de Lisle, Théodore de Banville, Louis Xavier de Ricard, Catulle Mendès, and François Cippée, e insieme frequentarono la casa della birra di Rue Soufflot. Il padre Capitano Verlaine si rifiutò di finanziare le abitudini alcoliche e letterarie del figlio. Nel 1866, Verlaine pubblicò il suo primo libri di poesie, *Poèmes saturniens*. Da giovane si invaghì anche di Elisa Dehee, un cugina orfana cresciuta dalla famiglia Verlaine e il suo secondo libro, *Fêtes galantes*, fu pubblicato nel 1869 dopo la morte della ragazza.

Sebbene Verlaine sposò una giovane donna nel 1870 con la quale ebbe un figlio, abbandonò la famiglia per dedicarsi ad un'altra relazione. *La bonne chanson* fu dedicata alla moglie Mathilde Mauté de Fleurville nel 1870, e un anno dopo ricevette una lettera da un giovane poeta, Arthur Rimbaud. I due avviarono un rapporto apparentemente sempre instabile. La loro relazione, soggetto di vari libri, film e cronache finì il 12 luglio 1873 quando Verlaine, ubriaco, sparò contro Rimbaud e lo ferì al polso. Fu incarcerato per diciotto mesi. Il periodo in carcere fu preziosissimo per la sua carriera di scrittore: studiò Shakespeare e Cervantes, scrisse il libro che lo identifica, *Romance sans paroles*. Rinunciò alla sua vita bohémien e si convertì al cattolicesimo. Uscito di galera Rimbaud lo convinse ancora una volta a dedicarsi alla blasfemia, mentre era ubriaco, ma non gli impedì di scrivere *Sagesse*, che manifesta un sentimento pieno religioso.

Verlaine provò anche la carriera di insegnante e ben due volte tentò di vivere in campagna con il suo pupillo Lucien Létinois; entrambe le volte fecero bancarotta. Lucien morì nel 1883 e, cinque anni più tardi, Verlaine scrisse l'autobiografico *Amour*. L'ultimo decennio della sua vita Verlaine soffrì di alcolismo e diverse malattie articolari. Visse nei bassifondi e in ospedali pubblici, consumando i suoi giorni ubriacandosi nei caffè di Parigi. Fortunatamente, l'amore dei francesi per l'arte gli consentì di sopravvivere e sostenerlo: le sue prime poesie furono riscoperte, il suo stile di vita e il suo strano comportamento attirò la curiosità del pubblico e, nel 1894, fu eletto "Principe dei Poeti" dai suoi pari. Morì a Parigi all'età di 52 anni, l'8 gennaio del 1896.

Julio Cortazàr

martedì 19 marzo 2013

El Futuro

Y sé muy bien que no estarás.
No estarás en la calle,
en el murmullo que brota de noche
de los postes de alumbrado,
ni en el gesto de elegir el menú,
ni en la sonrisa que alivia
los completos de los subtes,
ni en los libros prestados
ni en el hasta mañana.

No estarás en mis sueños,
en el destino original
de mis palabras,
ni en una cifra telefónica estarás
o en el color de un par de guantes
o una blusa.
Me enojaré amor mío,
sin que sea por ti,
y compraré bombones
pero no para ti,
me pararé en la esquina
a la que no vendrás,
y diré las palabras que se dicen
y comeré las cosas que se comen
y soñaré las cosas que se sueñan
y sé muy bien que no estarás,
ni aquí adentro, la cárcel
donde aún te retengo,
ni allí fuera, este río de calles
y de puentes.

No estarás para nada,
no serás ni recuerdo,
y cuando piense en ti

pensaré un pensamiento
que oscuramente
trata de acordarse de ti.

Julio Cortázar nasce il 26 agosto 1914 a Bruxelles, da genitori argentini (il padre, diplomatico, si trova lì in missione in quel periodo). Stimato da Borges, spesso paragonato a Cechov o Edgar Allan Poe, Cortázar è stato un grande scrittore argentino nei generi del fantastico, del mistero e della metafisica. I suoi racconti hanno la particolare caratteristica di non seguire sempre una linearità temporale; i suoi personaggi inoltre esprimono spesso un'analisi psicologica profonda.

Scrive il suo primo romanzo alla tenera età di nove anni. Il giovane Cortázar legge di nascosto le opere di Edgar Allan Poe e inizia a suonare il piano; aggiungerà più tardi lo studio della tromba e del sax, appassionandosi col tempo alla musica jazz.

Nel 1932 consegue la Licenza magistrale presso la "Escuela Normal Mariano Acosta", poi si iscrive alla Facoltà di lettere e filosofia dell'Università di Buenos Aires. Quando gli viene offerto di insegnare in una cittadina della provincia, considerate le precarie condizioni economiche della famiglia, accetta abbandonando gli studi.

Nel 1938 pubblica "Presencia", la sua prima raccolta di poesie, con lo pseudonimo di Julio Denis. Nei primi anni '40 pubblica articoli critici e saggi su vari autori come Rimbaud o Keats.

Dopo qualche esperienza come traduttore, dal 1952 inizia a lavorare come traduttore indipendente per l'Unesco. Sposa Aurora Bernandez nel 1953; inizia poi a tradurre tutti i racconti e gran parte dei saggi di Edgar Allan Poe.

La sua vita passata tra Francia e Argentina trova frutti maturi nel suo capolavoro "Rayuela, il gioco del mondo", antiromanzo (il titolo avrebbe originariamente dovuto essere "Mandala") in cui l'esperienza parigina e argentina si affiancano in un puzzle in cui appaiono l'una l'esatto complementare dell'altra. Il libro è composto da oltre 300 paragrafi che devono essere letti nell'ordine specificato dall'autore all'inizio del romanzo, oppure in ordine di comparizione.

Questa scelta soggettiva laciata al lettore segna il punto di maggior originalità del romanzo. Al di là di questa caratteristica l'opera narra di momenti di vita quotidiana intrecciati e caratterizzati da un'analisi filosofica della vita.

Julio Cortázar si spegne a Parigi il 12 febbraio 1984.

Kostantinos Kavafis

Il poeta impiegato della poesia greca moderna. Emblema della cultura che non ambisce a glorie e riconoscimenti.

martedì 26 marzo 2013

Itaca

Quando ti metterai in viaggio per Itaca
devi augurarti che la strada sia lunga
fertile in avventure e in esperienze.
I Lestrigoni e i Ciclopi
o la furia di Nettuno non temere,
non sarà questo il genere d'incontri
se il pensiero resta alto e il sentimento
fermo guida il tuo spirito e il tuo corpo.
In Ciclopi e Lestrigoni, no certo
né nell'irato Nettuno incapperai
se non li porti dentro
se l'anima non te li mette contro.

Devi augurarti che la strada sia lunga
che i mattini d'estate siano tanti
quando nei porti - finalmente e con che gioia -
toccherai terra tu per la prima volta:
negli empori fenici indugia e acquista
madreperle coralli ebano e ambre
tutta merce fina, anche aromi
penetranti d'ogni sorta, più aromi
inebrianti che puoi,
va in molte città egizie
impara una quantità di cose dai dotti.

Sempre devi avere in mente Itaca
raggiungerla sia il pensiero costante.
Soprattutto, non affrettare il viaggio;
fa che duri a lungo, per anni, e che da vecchio
metta piede sull'isola, tu, ricco
dei tesori accumulati per strada
senza aspettarti ricchezze da Itaca.

Itaca ti ha dato il bel viaggio,
senza di lei mai ti saresti messo
in viaggio: che cos'altro ti aspetti?

E se la trovi povera, non per questo Itaca ti avrà deluso.
Fatto ormai savio, con tutta la tua esperienza addosso
Già tu avrai capito ciò che Itaca vuole significare.

Konstantinos Kavafis nacque nel 1863 ad Alessandria d'Egitto "in una casa della via Cherif", come scrisse in un appunto autobiografico.

La sua famiglia era greca e quando Constantinos era un bambino si trasferì in Inghilterra. Nel 1869 morì il padre e dopo alcuni anni di viaggi tra la Francia, Constantinopoli (l'odierna Istanbul) e la Grecia, Constantinos e l'amatissima madre fecero ritorno nella vivace città egiziana.

Fu così che l'adolescente si trovò a vivere in una città di mare, meta di viaggiatori ed emigranti in cerca di fortuna, un felice punto di incontro tra persone di diverse culture.

In Europa, in campo poetico, dominavano i decadenti francesi, in Egitto vi era la grandissima e mirabile tradizione della poesia araba e per ragioni familiari Constantinos era vicino anche alla poesia ellenica di Omero, Saffo, Alceo, Anacreonte.

Impiegato per tutta la vita in un ufficio del ministero dei lavori pubblici d'Egitto, coltivò quasi segretamente il suo amore per la poesia.

In vita editò solo due raccolte, esili numericamente, nel 1904 e nel 1910.

Spesso donava le sue poesie agli amici, a volte le raccoglieva in gruppi che rilegava lui stesso o le incollava su quaderni.

Morì nel 1933, il giorno del suo compleanno: il 29 aprile. Un caso o un destino che è capitato ad altri, tra cui Raffaello Sanzio e Ingrid Bergman, e in cui il suo traduttore, Nelo Risi, vide quasi un simbolo.

Nel '35 una casa editrice di Alessandria pubblicò la sua opera omnia: 150 liriche.

In Italia dal 1919 erano state pubblicate poche poesie su riviste specialistiche: aveva parlato di lui il pessimo Marinetti e tempo dopo Ungaretti, Montale, Caproni.

Samih al-Qasim

Nell'edizione 2011 del Salone del Libro di Torino dedicò una poesia palestinese al suo amico Vittorio Arrigoni. E' sufficiente questo per capire di chi stiamo parlando.

martedì 2 aprile 2013

A colui

A colui che scava nella ferita di milioni la sua strada
A colui che sul carro armato schiaccia le rose del giardino
A colui che di notte sfonda le finestre delle case
A colui che incendia l'orto, l'ospedale e il museo
e poi canta sull'incendio.
A colui che scrive con il suo passo il lamento delle madri
orfane dei figli,
vigne spezzate.
A colui che condanna a morte la rondine della gioia
A colui che dall'aereo spazza via i sogni della giovinezza
A colui che frantuma l'arcobaleno,
stanotte i bambini dalle radici tronche,
stanotte i bambini di Rafah proclamano:
noi non abbiamo tessuto coperte da treccia di capelli
noi non abbiamo sputato sul viso della vittima
(dopo averle estratto i denti d'oro)
Perché ci strappi la dolcezza
e ci dai bombe?
E perché rendi orfani i figli degli arabi?
Mille volte grazie.
Il dolore con noi ha raggiunto l'età virile
e dobbiamo combattere.
Il sole sul pugnale di un conquistatore
era nudo corpo profanato
e prodigava silenzio sul rancore delle preghiere,
intorno facce stravolte.
Urla il soldato della leggenda:
"Non parlerete?
Bene! Coprifuoco tra un'ora"
E dalla voce di Ala'uddin esplode
la nascita dei guastatori bambini:
io ho buttato una pietra sulla jeep

io ho distribuito volantini
io ho dato il segnale
io ho ricamato lo stemma
portando la sedia
da un quartiere...a una casa...a un muro
io ho radunato i bambini

e abbiamo giurato sulla migrazione dei profughi
 di combattere
finché brillerà nella nostra strada il pugnale di un
 conquistatore.
(Ala'uddin non aveva ancora dieci anni)

Nato da famiglia di religione drusa nel 1939 a Zarqa', Samih al-Qasim ha vissuto in Galilea e studiato a Nazareth. Insieme a Mahmud Darwish e Tawfiq Zayyad ha aderito al Partito Comunista Israeliano (Rakah), è stato più volte imprigionato e assegnato a residenza coatta, nonché allontanato dall'insegnamento, a partire dall'occupazione israeliana del 1967.

Ha pubblicato raccolte di poesie in Siria e Libano. Tradotto in più lingue europee, è stato incluso con Darwish e Zayyad nella prima antologia di letteratura della Resistenza palestinese, curata nel 1968 a Beirut da Ghassan Kanafani. Samih al Qasim è sicuramente uno dei più famosi poeti palestinesi in patria e all'estero.

Diverse sue poesie nazionalistiche sono state messe in musica. È direttore del giornale arabo-israeliano "Koull El Arab". Nel 1999 ha preso parte a "Napolipoesia. Incontri internazionali".

Marina Cvetaeva

La poetessa dimenticata, morta tra la miseria e l'oblio, perseguitata dalla milizia russa e dagli intellettuali del tempo.

martedì 9 aprile 2013

Passante

Cammini, a me somigliante,
gli occhi puntando in basso.
Io li ho abbassati- anche!
Passante, fermati!

Leggi - di ranuncoli
e di papaveri colto un mazzetto
che io mi chiamavo Marina
e quanti anni avevo.

Non credere che qui sia - una tomba,
che io ti apparirò minacciando...
A me stessa troppo piaceva
ridere quando non si può!

E il sangue fluiva alla pelle,
e i miei riccioli s'arrotolavano...
Anch'io esistevo, passante!
Passante, fermati!

Strappa uno stelo selvatico per te
e una bacca - subito dopo.
Niente è più grosso e più dolce
d'una fragola di cimitero.

Solo non stare così tetro,
la testa chinata sul petto.
Con leggerezza pensami,
con leggerezza dimenticami.

Come t'investe il raggio di sole!
Sei tutto in un polverio dorato...
E che almeno però non ti turbi
la mia voce di sottoterra.

Biografia tratta da: http//biografieonline.it

Marina Ivanovna Cvetaeva, grande e sfortunata poetessa russa, nacque a Mosca l'8 ottobre 1892, da Ivan Vladimirovic Cvetaev (1847-1913, filologo e storico dell'arte, creatore e direttore del Museo Rumjancev, oggi Museo Pushkin) e della sua seconda moglie, Marija Mejn, pianista di talento, polacca per parte di madre. Marina trascorse l'infanzia, insieme alla sorella minore Anastasija (detta Asja) e ai fratellastri Valerija e Andrej, figli del primo matrimonio del padre, in un ambiente ricco di sollecitazioni culturali. A soli sei anni cominciò a scrivere poesie.

Marina ebbe dapprima una istitutrice, poi fu iscritta al ginnasio, quindi, quando la tubercolosi della madre costrinse la famiglia a frequenti e lunghi viaggi all'estero, frequentò degli istituti privati in Svizzera e Germania (1903-1905) per tornare, infine, dopo il 1906, in un ginnasio moscovita. Ancora adolescente la Cvetaeva rivelò un carattere imperiosamente autonomo e ribelle; agli studi preferiva intense e appassionate letture private: Pushkin, Goethe, Heine, Hölderlin, Hauff, Dumas-padre, Rostand, la Baskirceva, ecc. Nel 1909 si trasferì da sola a Parigi per frequentare lezioni di letteratura francese alla Sorbona. Il suo primo libro, "Album serale", pubblicato ne 1910, conteneva le poesie scritte tra i quindici e i diciassette anni. Il libretto uscì a sue spese e in tiratura limitata, ciò nonostante fu notato e recensito da alcuni tra i più importanti poeti del tempo, come Gumiliov, Briusov e Volosin.

Volosin, inoltre, introdusse la Cvetaeva negli ambienti letterari, in particolare in quelli gravitanti attorno alla casa editrice "Musaget". Nel 1911 la poetessa si recò per la prima volta nella famosa casa di Volosin a Koktebel'. Letteralmente, ogni scrittore russo di fama negli anni 1910-1913 soggiornò almeno una volta a casa Volosin, una sorta di ospitale casa-convitto. Ma un ruolo determinante nella sua vita lo ebbe Sergej Efron, un apprendista letterato che la Cvetaeva incontrò a Koktebel' durante la sua prima visita. In una breve nota autobiografica del 1939-40, così scriveva: "Nella primavera del 1911 in Crimea ospite del poeta Max Volosin incontro il mio futuro marito, Sergej Efron. Abbiamo 17 e 18 anni. Decido che non mi separarerò da lui mai più in vita mia e che divento sua moglie." Cosa che puntualmente successe, pur contro il parere del padre di lei.

Di lì a poco comparve la sua seconda raccolta di liriche, "Lanterna magica", e nel 1913 "Da due libri". Intanto, il 5 settembre 1912, era nata la prima figlia, Ariadna (Alja). Le poesie scritte dal 1913 al 1915 avrebbero dovuto vedere la luce in un volume, "Juvenilia", che restò inedito durante la vita della Cvetaeva. L'anno dopo, in seguito a un viaggio a Pietroburgo (il marito si era intanto arruolato come volontario su un treno sanitario), si rafforzò l'amicizia con Osip Mandel'stam che però ben presto si innamorò perdutamente di lei, seguendola da S.Pietroburgo a Aleksandrov, per poi improvvisamente allontanarsi. La primavera del 1916 è divenuta infatti celebre in letteratura grazie ai versi di Mandel'stam e della Cvetaeva....

Durante la rivoluzione di Febbraio del 1917 la Cvetaeva si trovava a Mosca e fu dunque testimone della sanguinosa rivoluzione bolscevica di ottobre. La seconda figlia, Irina, nacque in aprile. A causa della guerra civile si trovò separata dal marito, che si unì, da ufficiale, ai bianchi. Bloccata a Mosca, non lo vide dal 1917 al 1922. A venticinque anni, dunque, era rimasta sola con due figlie in una Mosca in preda ad una carestia così terribile quale mai si era vista. Tremendamente poco pratica, non le riuscì di conservare il posto di lavoro che il partito le aveva "benevolmente" procurato. Durante l'inverno 1919-20 si trovò costretta a lasciare la figlia più piccola, Irina, in un orfanotrofio, e la bambina vi morì nel febbraio per denutrizione. Quando la guerra civile ebbe fine, la Cvetaeva riuscì nuovamente a entrare in contatto con Sergej Erfron e acconsentì a raggiungerlo all'Ovest.

Nel maggio del 1922 emigrò e si recò a Praga passando per Berlino. La vita letteraria a Berlino era allora molto vivace (circa settanta case editrici russe), consentendo in questo modo ampie possibilità di lavoro. Nonostante la propria fuga dall'Unione Sovietica, la sua più famosa raccolta di versi, "Versti I" (1922) fu pubblicato in patria; nei primi anni la politica dei bolscevichi in campo letterario era ancora abbastanza liberale da consentire ad autori come la Cvetaeva di essere pubblicati sia al di qua che oltre frontiera.

A Praga La Cvetaeva visse felicemente con Efron dal 1922 al 1925. Nel febbraio 1923 nacque il terzo figlio, Mur, ma in autunno partì per Parigi, dove trascorse con la famiglia i successivi quattordici anni. Anno dopo anno, tuttavia, fattori diversi contribuirono ad un grande isolamento della poetessa e ne comportarono l'emarginazione.

Ma la Cvetaeva non conosceva ancora il peggio di quello che doveva venire: Efron aveva infatti cominciato a collaborare con la GPU. Fatti ormai noti a tutti, mostrano che egli prese parte al pedinamento e all'organizzazione dell'uccisione del figlio di Trotskij, Andrej Sedov, e di Ignatij Rejs, un agente della CEKA. Efron si andò così a nascondere nella Spagna repubblicana in piena guerra civile, da dove partì per la Russia. La Cvetaeva spiegò alle autorità e agli amici di non avere mai saputo nulla delle attività del marito, e si rifiutò di credere che il marito potesse essere un omicida.

Sempre più immersa nella miseria, si decise, anche sotto la pressione dei figli desiderosi di rivedere la patria, a tornare in Russia. Ma nonostante alcuni vecchi amici e colleghi scrittori venissero a salutarla, ad esempio Krucenich, capì in fretta che per lei in Russia non c'era posto nè vi erano possibilità di pubblicazione. Le furono procurati dei lavori di traduzione, ma dove abitare e cosa mangiare restavano un problema. Gli altri la sfuggivano. Agli occhi dei russi dell'epoca lei era una ex emigrata, una traditrice del partito, una che aveva vissuto all'Ovest: tutto questo in un clima in cui milioni di persone erano state sterminate senza che avessero commesso alcunché, tanto meno presunti "delitti" come quelli che gravavano sul conto della Cvetaeva. L'emarginazione, dunque, si poteva tutto sommato considerare il minore dei mali.

Nell'agosto del 1939, però, sua figlia venne arrestata e deportata nei gulag. Ancora prima era stata presa la sorella. Quindi venne arrestato e fucilato Efron, un "nemico" del popolo ma, soprattutto, uno che sapeva troppo. La scrittrice cercò aiuto tra i letterati. Quando si rivolse a Fadeev, l'onnipotente capo dell'Unione degli scrittori, egli disse alla "compagna Cvetaeva" che a Mosca non c'era posto per lei, e la spedì a Golicyno. Quando l'estate successiva cominciò l'invasione tedesca, la Cvetaeva venne evacuata ad Elabuga, nella repubblica autonoma di Tataria, dove visse momenti di disperazione e di desolazione inimmaginabili: si sentiva completamente abbandonata. I vicini erano i soli che l'aiutassero a mettere insieme le razioni alimentari.

Dopo qualche giorno si recò nella città vicina di Cistopol', dove vivevano altri letterati; una volta lì, chiese ad alcuni scrittori famosi come Fedin e Aseev di aiutarla a trovare lavoro e a trasferirsi da Elabuga. Non avendo ricevuto da loro alcun aiuto, tornò a Elabuga disperata. Mur si lamentava della vita che conducevano, pretendeva un abito nuovo ma il denaro che avevano bastava appena per due pagnotte. La domenica 31 agosto del 1941, rimasta da sola a casa, la Cvetaeva salì su una sedia, rigirò una corda attorno ad una trave e si impiccò. Lasciò un biglietto, poi scomparso negli archivi della milizia. Nessuno andò ai suoi funerali, svoltisi tre giorni dopo nel cimitero cittadino, e non si conosce il punto preciso dove fu sepolta.

Frank O'Hara

Quando la poesia si unisce all'arte figurativa della pittura, i risultati imprevedibili solleticano la fantasia delle menti sensibili.

martedì 16 aprile 2013

Granoturco

Così la pioggia cade
sgocciola dappertutto
e dove trova un cunetta di roccia
la riempe di terriccio
e cresce il granoturco
sotto cui siede una piccola Bette Davis
leggendo un volume di William Morris
oh fecondità! diletta al mondo occidentale
non sei altrettanto popolare in Cina
per quanto scopino pure laggiù

e lo voglio davvero un figlio
che prolunghi la mia idiozia oltre le Porte Cornute
povero bimbo
un peso da schiantare

eppure può succedere per caso
e ogni giorno solleva un poì di peso
mentre mi faccio sempre più idiota
e cresce fino a diventare forte

e un giorno mentre io muoio porterà
la mia idiozia finale con porte e tutto il resto
in un futuro a sua scelta

ma in quanto a William Morris
quanto a te William Muori
in quanto a Bette Davis in
UNA SERATA CON WILLIAM MORRIS
o IL MONDO DI SAMUEL GREENBERG

e quanto a Hart Crane
quanto alle registrazioni discografiche e al gin

in quanto a "in quanto"

tu sei di me, questo è quanto
e questo è il senso della fecondità
dura e umida
e gemente

Frank O'Hara Nato il 27 marzo del 1926, Frank (Francis Russell) O'Hara nacque a Baltimora, nel Maryland. Cresciuto nel Massachusetts, si dedicò allo studio del piano al Conservatorio New England a Boston dal 1941al 1944. O'Hara in seguito prestò servizio militare nel Sud Pacifico e in Giappone come sonar sull'incrociatore USS Nicholas durante la Second Guerra.

Dopo la guerra, O'Hara studiò a Harvard, dove si diplomò in musica e lavorò come compositore, profondamente influenzato dalla musica contemporanea, sua prima passione, così come nell'arte figurativa. Si dedicò anche alla poesea e in quel periodo lesse le opere di Arthur Rimbaud, Stéphane Mallarmé, Boris Pasternak e Vladimir Mayakovsky.

Durante il periodo di Harvard, O'Hara incontrò John Ashbery e subito dopo cominciò a pubblicare le sue poesie all'Harvard Advocate. Nonostante il suo amore per la musica, O'Hara cambiò il suo corso di studi e abbandonò Harvard nel 1950 con una laurea in inglese. In seguito frequentò l'Università del Michigan, Ann Arbor, e ricevette la laurea nel 1951. Trasferito a New York, fu assunto al Museo di Arte Moderna e cominciò a scrivere con più costanza.

Le prime composizione di O'Hara furono considerate provocative e provocanti. Nel 1952, il suo primo volume di poesie, *A City in Winter*, ricevette le favorevoli attenzioni della critica. O'Hara divenne una delle più influenti figure della Scuola dei poeti di New York, insieme a Ashbery, James Schuyler e Kenneth Koch.

La collaborazione di O'Hara con i pittori Larry Rivers, Jackson Pollock e Jasper Johns, si trasformò in una risorsa di ispirazione per il suo stile originale di scrittura. Cercò con la sua poesia di produrre gli effetti che questi artisti avevano creato su tela. In certi momenti, collaborò con i pittori per dare vita alla poesia pittorica, ossia quadri che contenessero didascalie di sua composizione.

Il volume più innovativo di O'Hara, *Meditations in an Emergency* (1956) e *Lunch Poems* (1964), sono poesie improvvisate, una disordinata combinazione di aforismi, parodie giornalistice e immaginazione surreale.

O'Hara continuò a lavorare al Museo durante tutta la sua vita, curando l'organizzazione delle mostre, scrivendo le introduzioni dei cataloghi e i programmi. Nel 1966, mentre era in vacanza alle Fire Island, Frank O'Hara rimase ucciso a causa di un incidente su un fuoristrada. Aveva 40 anni.

Assunta Finiguerra

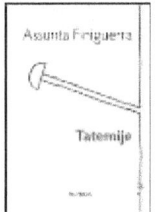 Una delle espressioni più significative della poesia dialettale. Da una terra di tradizioni storiche e culturali: la Basilicata.

M'aggia appecà

M'aggia appecà a 'albere de giude
e ssùbbete aggia vedé l'orsa maggiore
ca se trastulle perfida signore
sope o divanette d'a lattea vija

Come spiérte aggia èsse pe l'universe
e l'istinde de guerriere ca tenije
nd'arravuoglje de re ppene d'amore
nguodde m'aggia purtuà cume nevuŝchele
de luce n'aggia brellà pecché opache
ha ccambate l'anema mije nghestedute
inde o cuambesante d'i dannate

M'impiccherò all'albero di giuda
e subito vedrò l'orsa maggiore
che si trastulla perfida signora
sul divanetto della lattea via

Cane randagio sarò per l'universo
e l'istinto di guerriera che avevo
nel groviglio delle pene d'amore
addosso lo porterò come nevischio
di luce non brfillerò perché opaca
visse la ia anima incustodita
dentro il cimitero dei dannati".

Assunta Finiguerra è originaria di San Fele, un paesino sui monti a nord di Potenza. Ha pubblicato le raccolte di poesia "Se avrò il coraggio del sole" (Basiliskos 1995), "Puozze Arrabbià" (La Vallissa 1999), "Rescidde" (Zone editrice 2001), "Solije" (Zone editrice 2003), "Scurije" (Lieto colle 2005). Suoi testi sono comparsi su riviste e antologie, come Nuovi poeti italiani (Einaudi editore). "Tunnicchje - A poddele d'a Malonghe" è la trasfigurazione lucana di Pinocchio ("Pinocchio - La farfalla del bosco della Malonga"), edizione Lieto colle 2008.

Ha ottenuto riconoscimenti in diversi concorsi letterari tra cui il premio "Lanciano" dove è stata finalista e "Città di Trento" con una segnalazione speciale. Suoi scritti poetici sono stati recensiti su: Il sole 24 ore, Nuova Antologia, La Vallisa, Nuova Tribuna Letteraria, Vernice, La Gazzetta del Mezzogiorno, altri citati su: Periferie, Pagine, Input, La Stampa. È presente in diverse antologie curate da Domenico Cara, Daniele Giancane, Vittoriano Esposito. Si sono occupati delle sue opere: Franco Loi. Giorgio Barberi Squarotti, Manlio Cortelazzo, Mariella Bettarini, Maurizio Cucchi, Achille Serrao, Gaetano Pampallona, Daniele Giancane. Suoi scritti sono stati tradotti in polacco. E' scomparsa il 2 settembre 2009.

Eugénio de Andrade

La poesia che si fa suono, dove il cuore si unisce al corpo creando l'essere perfetto: l'artista.

martedì 30 aprile 2013

Ver claro

Toda a poesia è luminosa, até
a mais obscura.
O leitor é que tem às vezes,
em lugar do sol, nevoeiro dentro de si.
E o nevoeiro nunca deixa de ver claro.
Se regressar
outra vez e outra vez
e outra vez
a essas sílabas acesas
ficará cego de tanta claridade.
Abençoado seja se lá chegar.

Traduttore e poeta portoghese Eugénio de Andrade nacque José Fontinhas in Póvoa de Atalaia, Portogalllo. Dopo la separazione dei suoi genitori, il poeta si trasferì con la madre a Lisbona e in seguito a Coimbra. Influenzato dal pensiero surrealista, dai poeti dell'antica Grecia e l'haiku giapponese, Andrade scrisse poesie celebrando il corpo e la natura con precisione doviziosa.

"La poesia di Eugénio, più che in altri autori, utilizza il suono con il senso di tutta la sua lirica" dichiarò il traduttore Alexis Levitin nella sua introduzione nel *Forbidden Words*: The Selected Poems of Eugénio de Andrade (2003). Levitin conclude, "Il cuore del suo genio è intrecciato di delicatezza, minuziosa elaborazione di mistura tra suono e parole." Levitin ha acquistato una decina tra le numerose raccolte di Andrade tradotte in inglese, compresa *Inhabited Heart: The Selected Poems of Eugénio de Andrade* (1985), *White on White* (1987), e *Solar Matter: Matéria Solar* (1995). Andrade, le cui opere sono state tradotte in una dozzina di lingue, pubblicò una ventina di volumi di poesia durante la sua vita, inclusa la sua raccolta da esordiente *Narcisco* (or Narcissus, 1940), e *Poesia, Terra de Minha Mãe* (1992), una collaborazione con il fotografo Dário Gonçalves. Andrade si è dedicato anche alla traduzione delle poesie di Sappho, Federico García Lorca e Yannis Ritsos in portoghese.

Come membro de la Académie Mallarmé di Paris, Andrade recevette il Premio Europeo di Poesia, il Camões Prize e il France's Prix Jean Malrieu. Lavorò come ispettore del Ministero della Salute a Oporto dal 1950 al 1983. Durante gli ultimi 15 anni della sua vita, ha vissuto in un appartamento all'interno della Fondazione Eugénio de Andrade, che ospita tutt'ora eventi letterari e seminari in onore dell'opera del poeta.

Raffaele Viviani

Il poeta della strada, dove ha raccolto storie semplici di vita vissuta. La povertà e la saggezza popolare nei suoi versi.

martedì 7 maggio 2013

Faciteme magnà

Santa Lucia, no chella d'e ccanzone,
no chella d'e cantante 'e ll'orchestrina:
io preferisco chella d'a cucina,
d'a vungulella 'ncopp' 'o maccarone;

d'o pesce frisco fatto uoglio e limone,
fore a na tavulella 'e na cantina,
piazzato 'mpont' ô taglio d'a banchina,
cu'o pede 'ncopp' 'a barra 'e nu temmone.

E chesta è 'a puisia: niente cantante,
niente pusteggia pe' pute' magna'
nu vermiciello a vongole abbundante

cu 'o ppetrusino cruro e 'addore 'e scoglie,
e 'a primma furchettata, t'hê 'a scusta',
si no svenisce, mentre l'arravuoglie.

Nun pozzo senti' musica scucciante,
si no 'o spaghetto nun 'o digerisco:
e vene appriesso 'o fritto 'e pesce frisco
e io stongo già cu 'o stommaco pesante.

E' brutto a fa' 'o mestiere d'o cantante:
l'aggio fatto pur'io, pirciò 'o capisco;
embe', che pozzo fa', pe' mo subisco:
stongo ô cafè scianta', no ô risturante.

Che bella cosa, so' fernute 'e suone:
me spacco 'o merluzziello, 'o levo 'e spine,
cu ll'aglio, 'o ppetrusino, uoglio e limone:

ma, si appezzanno 'a primma mullechella
arapo 'a vocca e sento 'e manduline,
me songo 'ntussecata 'a tavulella!

Raffaele Viviani nacque nel 1888 a Castellammare di Stabia, in provincia di Napoli, e il giorno della sua nascita è alquanto incerto, alcuni biografi ci informano che l'attore stabiese venne alla luce il 9 gennaio, altri sostengono invece che egli fosse nato il giorno 10 gennaio all'una e venti di notte. Va precisato che il vero cognome del commediografo era Viviano e, solo quando l'attore napoletano divenne noto, il suo cognome d'origine fu mutato in Viviani, considerato dal medesimo Raffaele, più artistico e teatrale.

La sua era una famiglia povera. Egli era figlio di una casalinga, Teresa Sansone e dell'omonimo Raffaele, un tempo cappellaio e addobbatore di feste; solo successivamente Viviani padre, divenne impresario e vestiarista teatrale dell'Arena Margherita di Castellammare di Stabia. In questo teatro recitavano i "Pulcinelli", ma quando venne alla luce Papiluccio – appellativo col quale Viviani veniva chiamato dai suoi cari – il padre dovette far fronte ad un sequestro tributario che, portò l'intera famiglia Viviani ad una profonda crisi economica. Fu così che nel 1893, il padre del nostro giovane attore, raccogliendo il materiale di scena e i costumi che gli erano rimasti, decise di ricominciare una nuova vita nel capoluogo di Napoli. Qui Raffaele Viviani padre, costruì il teatro Masaniello presso Porta Capuana, e fu proprietario di piccoli teatri popolari. Giorno dopo giorno il padre trasmetteva al figlio Papiluccio la sua grande passione per il teatro. Infatti il piccolo Viviani iniziò all'età di quattro anni e mezzo a calcare le tavole dei palcoscenici popolari di Napoli. Egli indossò un abito da pupo (precisamente un frac) e, cantò in uno spettacolo marionettistico, fu allora che egli mostrò immediatamente le sue grandiose doti.

Era appena un ragazzino quando gli morì il padre, e alla morte di questi fu costretto a ricoprire il difficile ruolo di "pater familias". Doveva occuparsi della madre e della sorella Luisella, anch'ella giovane attrice e grande cantante. I tre vissero nella più cupa disperazione e miseria; Raffaele da buon scugnizzo, passava le sue intere giornate per le strade e per i vicoli di una Napoli pericolosa e criminale. Ma sapendo di avere un talento naturale, decise di sfruttarlo appieno. Nonostante fosse una persona analfabeta, che non sapeva né leggere e né scrivere, volle studiare da autodidatta per migliorarsi, e seppe riscattarsi socialmente e culturalmente dopo un lungo tirocinio da artista poliedrico quale egli era. In breve tempo fu ammirato e apprezzato in tutti i teatri d'Italia, d'Europa e oltre Oceano. Con la sua compagnia di teatro di prosa dialettale (fondata nel 1917 e diritta personalmente da lui fino al 1945) di cui fece parte anche la sorella Luisella, recitò ovunque, a Napoli, a Roma, Milano (1906), Genova (1907), Torino(1907), Alessandria (1907), Malta (1907), Budapest (1911), Parigi (1915), Tripoli (1925), Argentina, Uruguay, Brasile, ecc.

Il suo debutto di attore-autore e regista, avvenne il 27 dicembre del 1917, al Teatro Umberto di Napoli, quando inscenò il dramma 'O vico, "commedia in un atto in versi, prosa e musica". Il suo teatro era fatto di creature vive e non di figure romanzesche-letterarie; sulla sua scena ci sono ritratti umani tragico-comici della società napoletana. Il suo non era un popolo piccolo borghese di matrice scarpettiana, ma era un popolo di scugnizzi, di spazzini, di guappi, di prostitute, di ladri, di miseri vagabondi, di venditori ambulanti, di vicoli, di rioni e di quartieri napoletani degradanti, dove si vive un'esistenza faticosa e penosa, di indigenza e di emarginazione. <>; - R. Viviani, Dalla vita alle scene. Il romanzo della mia vita; Guida Editori, Napoli, 1977 - Sulle tavole del suo palcoscenico diede vita dunque ai sentimenti, alle ansie, alle passioni, alle gioie, ai problemi, alle lotte, alle ingiustizie e alle rivendicazioni di questa umile plebe napoletana. Il popolo vivianesco diventa quindi metafora dell'intero universo. Don Rafele analizza attentamente la realtà sociale in cui vive, per poi inscenare sul palcoscenico vari e diversi personaggi popolari, o meglio quelli che noi, nei precedenti articoli, abbiamo definito "personaggi teatrali fissi". Il teatro popolare di Viviani è costituito dunque da svariate macchiette – alcune di esse sono state da noi menzionate nell'articolo "Le macchiette di Raffaele

Viviani", in Il teatro popolare, . Pertanto le macchiette di Papiluccio presentano una vena crudelmente neorealistica e una comicità e un'ironia ricche di tragico sentimentalismo.

A questo punto sembra opportuno citare i diversi giudizi espressi dagli intellettuali sul teatro vivaneo; Federico Frascani considera la Napoli di Don Rafele "realisticamente viva"; Rodolfo Di Giammarco reputa "violento e sarcastico il realismo di Viviani"; Peppino De Filippo afferma che il teatro di Papiluccio è un "teatro verista-popolaresco-macchiettistico" – P. De Filippo, in Una famiglia difficile – I "vicoli bassi" di Napoli sono presenti nei suoi drammi: 'O vico (1917), Borgo Sant'Antonio (1918), Via Partenope, Piazza Municipio, Porta Capuana (1918), 'Nterr 'a Mmaculatella (1918), Tuledo 'e notte (1918), Festa di Piedigrotta (1919), 'E piscature (1925), Guappo 'e cartone (1932), La tavola dei poveri (1936), ecc. Tuttavia la scena realistica-popolare di Viviani è fatta di umorismo, di versi, musica, acrobaticità, canti e balli; essa è un insieme di numeri che fanno parte di un genere teatrale minore, detto per l'appunto Varietà. Quest'ultimo si diffuse verso fine Ottocento e primo Novecento. Il varieté popolare vivianesco dovette però fare i conti con l'Italia fascista, le rappresentazioni del macchiettista napoletano facevano scandalo. L'Italia perbenista, la borghesia benpensante e la cultura e la censura fascista chiesero ed ottennero i tagli sui copioni vivianei. Il fascismo era pronto ad ostacolare la diffusione delle compagnie dialettali e quel teatro regionale-popolare, di cui Papiluccio era rappresentante.

Il nostro commediografo fu autore, attore, poeta, acrobata, musicista, melodista e cantante del suo teatro. Fu uno dei macchiettisti più celebri della drammaturgia napoletana. Fu elogiato da uno dei più famosi chansonnier francesi del Novecento, Felix Mayol, e fu molto amico del comico romano Ettore Petrolini, dell'attore siciliano Angelo Musco, dell'attore napoletano Eduardo Scarpetta, ecc. Don Rafele con le sue stravaganti esibizioni fu molto caro anche ai futuristi e soprattutto a Filippo Tommaso Marinetti. ...<>; - Raffaele Viviani, Dalla vita alle scene, Napoli, Guida, 1977 -

Nel 1908, il macchiettista, al Teatro Nuovo di Napoli, conobbe Maria Di Maio e nel 1912, Viviani decise di sposare all'età di ventiquattro anni la diciottenne ragazzina. Dalla loro unione vennero al mondo quattro figli (Vittorio, Yvonne, Luciana e Gaetano). Viviani ebbe l'occasione di avvicinarsi anche al cinema; comparve, insieme alla sorella Luisella in tre film girati nel 1908, ma purtroppo queste pellicole sono andate perdute, e infine fu protagonista di due soggetti cinematografici tratti dal suo repertorio teatrale: La tavola dei poveri (1936), sceneggiatura a quattro mani, con Mario Soldati per la regia di Alessandro Blasetti; e L'ultimo scugnizzo (1939). Il nostro stimato attore morì a Napoli il 22 marzo del 1950, dopo aver trascorso quattro lunghi mesi di sofferenza nel proprio letto a causa del suo male incurabile. La sua ultima volontà, prima di sospirare, fu quella di vedere la sua magica città dalle vetrine della sua finestra:<>. In verità Viviani sebbene è stato sempre giudicato positivamente dalla critica e dalla stampa del suo tempo, è stato scoperto postumo, ossia è stato considerato un sommo artista del teatro italiano del Novecento solo dopo la sua scomparsa. Recentemente la sua drammaturgia è stata riproposta da Roberto De Simone, Toni Servillo e qualche anno fa dal grande Nino Taranto.

Lorenzo Calogero

La grande scuola di poeti calabresi nella figura forse più tormentata ed umana.

martedì 14 maggio 2013

Fuga di Pensieri

Fuga di pensieri lontana.
Mi percuote un'onda fugace
dentro una dolcezza non vana
di ultimi pensieri non miei,
segreti neri non veri angosciosi.

Quanto ho disperso mi guarda,
mi grida o mi sgrida. Lontano
mi risveglia in un grido e mi guida
sopra una riva,
nei teneri tuoi occhi,
perduta fuori di mano.

Ho perduto ciò che non sapevo
e custodivo gelosamente, quando angeli stanchi
sulla cima mossa dormente degli alberi
fredda non odono, nel freddo velo
buio scarno che spira
nella mattina secca a ponente.

Vieti pensieri, rapidi occhi
voi passaste e viveste un'ora sola.
Un sordo brivido svapora
dai miei sentimenti
nei tenui tuoi teneri occhi
dormenti.

Biografia (a cura del sito www.lorenzocalogero.it)

Lorenzo Giovanni Antonio Calogero nasce il 28 maggio 1910 nel piccolo centro di Melicuccà, in provincia di Reggio Calabria, da Michelangelo Calogero e Maria Giuseppa Cardone. Terzo di sei fratelli, Lorenzo inizia le scuole elementari a Melicuccà e le conclude a Bagnara Calabra, dove vive presso gli zii materni. Nel 1922 la famiglia Calogero si trasferisce a Reggio Calabria, dove Lorenzo frequenta prima l'Istituto Tecnico, poi cambia corso di studi conseguendo la maturità scientifica.

Nel 1929 la famiglia Calogero si trasferisce a Napoli per avviare i figli agli studi universitari. E' di questi anni la scrittura dei primi versi, che legge solo alla madre. Lorenzo inizia ad Ingegneria, ma l'anno successivo decide di cambiare facoltà iscrivendosi a Medicina. Nel 1934, per ristrettezze economiche, la famiglia Calogero è costretta a tornare in Calabria. Segue con profitto gli studi ma contemporaneamente legge i poeti e scrive: in questo periodo compone buona parte dei versi che formeranno le raccolte 25 Poesie, Poco suono e Parole del Tempo. Comincia a manifestare le prime patofobie.

Di formazione cattolica, segue la scena letteraria che si raccoglie intorno a "Il Frontespizio", di Pietro Bargellini e Carlo Betocchi, ai quali invia le prime poesie con la speranza che vengano pubblicate. I versi gli vengono però restituiti, allora scrive a premi letterari e riviste spurie, vuole pubblicare ad ogni costo. Nel 1936 esce a sue spese il primo libro, Poco suono, presso Centauro Editore. Nel '37 si laurea in Medicina, ma continua la corrispondenza con Betocchi, che gli promette di pubblicarlo ne "Il Frontespizio"; la pubblicazione non avviene ed egli ne trae la conclusione che il suo destino non è quello del poeta. Inizia un lungo periodo di distanza dalla scrittura, in cui non v'è traccia di tentativi di pubblicazione o contatti con il mondo letterario. La sua salute è precaria, tuttavia consegue l'abilitazione e nel 1939 inizia ad esercitare la professione medica in diversi centri della Calabria. Ma tende a tornare a Melicuccà, a rifugiarsi dalla madre, con cui intrattiene un'intensa corrispondenza. E' sempre più instabile. Nel 1942 tenta per la prima volta il suicidio sparandosi in direzione del cuore. Viene salvato a fatica. I fratelli sono in guerra, fa il medico sempre più a malincuore: "sono vissuto nella mia professione come se scrivessi versi".

Nel 1944 inizia una lunga corrispondenza epistolare con una studentessa di Reggio Calabria, Graziella, cui seguirà un fidanzamento di cinque anni. La sua vita è sempre più caotica, abbandona i posti di lavoro, si rifugia dalla madre con più frequenza. Si getta in tutte le letture: filosofia, scienze biologiche, matematica, teologia, poesia. Rompe con Graziella ma non la dimentica, e tenta invano di riallacciare il rapporto attraverso lunghissime lettere disperate. Ha ricominciato a scrivere: dal 1946 al 1952 compone le poesie poi incluse in Ma questo... e Come in dittici. Dal 1951 al 1953 invia i suoi manoscritti a molti scrittori, poeti, uomini di cultura, l'esito è sempre negativo. Nel 1954 invia dattiloscritti all'editore Einaudi, da cui non riceve risposta. Decide allora di partire per incontrare Giulio Einaudi personalmente, ma va a Milano e sbaglia redazione. Giunge a Torino ma Einaudi è fuori sede e i suoi scritti non si trovano. E' sempre più sfiduciato ma continua a scrivere a editori e riviste, che gli rispondono evasivamente. Lo stesso anno riceve l'incarico come medico condotto a Campiglia d'Orcia, in provincia di Siena; qui scrive in soli undici giorni Avaro nel tuo pensiero, che rimarrà inedito. Dopo appena un anno, una delibera del consiglio comunale lo dimette dall'incarico di medico-condotto, così nel 1955 si ritira definitivamente nel suo paese. Riscrive a Einaudi che risponde, ma negativamente. Nel settembre, sempre a sue spese, pubblica Ma questo..., presso Maia.

Scrive anche a Betocchi, di nuovo dopo vent'anni, chiedendogli di pubblicare con Vallecchi. Nel gennaio del 1956 esce la raccolta Parole del tempo, che contiene 25 Poesie, Poco Suono, Parole del Tempo. A causa di un peggioramento delle sue nevrosi viene ricoverato nella casa di cura "Villa Nuccia" a Gagliano di Catanzaro. Tornato nel suo paese, scrive invano a numerosi critici e poeti per farsi recensire Ma questo... Ne spedisce una copia anche a Leonardo Sinisgalli, accompagnata da una lunga lettera in cui chiede la prefazione per un nuovo libro che sta per essere pubblicato "anche se dovesse dirne tutto il male che si può immaginare". Inizia così il rapporto con chi invece sarà il primo a riconoscere le sue qualità poetiche, e che gli sarà amico fino alla fine. Nel mese di settembre esce Come in dittici con la prefazione di Sinisgalli. In seguito alla morte della sua amatissima madre, però, avvenuta poco dopo, viene nuovamente ricoverato per un tracollo nervoso a "Villa Nuccia". Si innamora di un'infermiera, Concettina. Tenta nuovamente il suicidio recidendosi le vene dei polsi.

Nel 1957 vince il premio letterario "Villa San Giovanni", conferitogli dalla giuria presieduta da Falqui, e composta da G. Selvaggi, G. B. Angioletti, G. Doria, S. Solmi. Sinisgalli presenzia alla premiazione. Nonostante il prestigio del premio non riceve nessuna proposta editoriale, che cerca disperatamente, sempre più stretto da una ingenerosa incomprensione. Mangia pochissimo, sostenendosi con sonniferi, sigarette, caffè. Tra il 1956 e il 1958 scrive le novantanove poesie della raccolta Sogno più non ricordo. Viene ricoverato nuovamente a "Villa Nuccia". Nel 1960 si reca per alcuni giorni a Roma, dove conosce Giuseppe Tedeschi, che racconterà il loro incontro nell'introduzione al primo volume di "Opere Poetiche", pubblicato postumo. La sua irrefrenabile necessità di scrivere si intensifica, scrive i 35 Quaderni di Villa Nuccia, così come li intitolerà Roberto Lerici, editore di "Opere Poetiche", che costituiscono forse la sua più alta produzione letteraria.

Trascorre gli ultimi anni da solitario e sventurato poeta nel suo paese natale, consacrato alla poesia, corteggiando la morte.

Il corpo del poeta senza vita fu trovato nella sua casa di Melicuccà il 25 marzo 1961. Nell'ultima pagina di un quaderno trovato sulla sua scrivania, è stata trovata quella che forse è la sua ultima poesia, "Inno alla morte". Un biglietto trovato accanto al suo corpo, recita la frase:

"Vi prego di non essere sotterrato vivo".

Cristanziano Serricchio

martedì 21 maggio 2013

L'anima dell'acqua

*Forse troverai ancora la quaglia
acquattata nel ciuffo di stoppie
secche sull'argine del greto
a difendere l'ultimo nido.*

*Ma non avranno i nidiacei
che spighe abortite, pozze
crettate alla canicola del sole.*

*Un tempo sterminate messi
ondeggiavano al favonio estivo,
quando i dauni capanne rotonde
alzarono lungo i fiumi barattando
anfore colme di grano coi vicini.*

*Qui dove per tratturi di fango
torme di schiavi passarono trascinandosi
donne e bimbi magri come greggi,
fra giunchi marci bufali villosi
muggono immersi fino alle corna.*

*E l'acqua ha l'odore delle cose
morte attorno al fico contorto
solitario tronco sull'immobile
ristagno d'erbe putrescenti.*

*Un giorno forse dallo spirito del cielo
l'anima dell'acqua scenderà sulla terra.*

Cristanziano Serricchio è nato a Monte Sant'Angelo nel 1922. Laureato in lettere all'Università di Roma, ha insegnato ed è stato preside nei Licei. Viveva a Manfredonia. Si interessa di studi archeologici e letterari. Ha pubblicato in tali discipline numerosi saggi. È inoltre autore di diciotto raccolte di poesia fra cui Stele Daunie, con saggio critico di Oreste Macrì e Poesie, di Giacinto Spagnoletti, una in dialetto e di quattro opere narrative fra cui l'Islam e la Croce, romanzo edito da Marsilio nel 2002 vincitore del premio "Palazzo al Bosco", tradotto in lingua serbo-croata. È incluso in diverse antologie e storie letterarie e collabora a riviste e giornali. Mario Luzi gli ha conferito nel 2003 il Premio Una vita per la poesia.

Ha pubblicato numerose opere letterarie, di poesia: Nubilo et sereno (1950), L'ora del tempo (1956), Fiori sulle pietre (1957), L'occhio di Noè (1961), L'estate degli ulivi (1973), Stele Daunie (1978), Arco Boccolicchio (1982), Topografia dei giorni (1988), Questi ragazzi (1991), Poesie 1978-92 (1993), Orifiamma (1993), Semillas de palabra (1996); di narrativa: Le radici dell'arcobaleno (1984), Il castello sul Gargano (1990) e La montagna bianca (1994); saggi storici ed archeologici: Note su Siponto antica (1976), Iscrizioni romane paleocristiane e medievali a Siponto (1978), Manfredi e la fondazione di Manfredonia (1978). È presente in diverse antologie letterarie: "Poesia e letteratura", "Poesia italiana contemporanea", "Storia della letteratura italiana del novecento" etc. Intorno alla sua produzione letteraria hanno scritto: G. Bonaviri «Noto la fresca capacità poetante.»; M. Dell' Aquila «In una continuità di lavoro le sue raccolte poetiche dimostrano un intenso sentimento della vita, la consumata e sofferta capacità di cogliere il trascorrere lento delle stagioni, i miti del tempo che si volge, della giovinezza che trascolora e si matura, della vita che si ricrea nel giro eterno delle stagioni.»; M. Luzi «Resta, ed è molto bella, questa disponibilità all'incontro, all'accoglienza, ed al congedo: questa trascorrenza (se la parola esiste). E comunica un fuoco sottile. Per di più una coerenza linguistica, una coscienza inappuntabile del proprio modo di esserci.

E' morto a Manfredonia il 1° settembre 2012.

Isabella Leardini

martedì 28 maggio 2013

da Una stagione d'aria

Il cane che ai miei piedi guarda l'alba
si prende il mio calore e chiude gli occhi,
di nuovo sola fino a questo soglia...
I desideri fragili che allungano
le mani dell'estate sono ancora
nascosti come i nidi tra le foglie
sono rimasti in alto e senza voli.
Via dalle luci d'acqua e dai frastuoni
delle strade che filano sul mare,
via dall'aria che prende alla schiena...
Ma noi restiamo qui come le radio
dimenticate accese in piena notte,
come le insegne che hanno perso qualche luce
ma cercano lo stesso di brillare.

Biografia tratta da: www.parcopoesia.it

Isabella Leardini è nata a Rimini nel 1978. Nel 2002 ha vinto per la sezione inediti la XX edizione del Premio Montale. Il suo primo libro "La coinquilina scalza", finalista premio Orta e Premio Bertolucci, è uscito per le edizioni La vita felice, all'interno della collana Niebo, diretta da Milo De Angelis (I° edizione 2004, II° 2006, III° 2008). Con testi da "La coinquilina scalza" e da "Una stagione d'aria" è compresa nell'antologia Nuovi Poeti Italiani 6 (Einaudi 2012) a cura di Giovanna Rosadini.

Alcune poesie da La coinquilina scalza ed una silloge inedita dal suo prossimo libro "Una stagione d'aria" sono state tradotte in francese da Jean Baptiste Para, pubblicate sulla rivista Europe (maggio 2008) e incluse nell'antologia "Les Poètes de la Méditerranée" a cura di Eglal Errera con una nota introduttiva di Yves Bonnefoy (Gallimard Culturesfrance 2010).

E' compresa inoltre nelle antologie "I Cercatori d'oro" a cura di Davide Rondoni (N.C.E 2000), "Lavori di scavo" a cura di Giuliano Ladolfi (railibro.it), "Leggere variazioni di rotta" (Le voci della luna 2008) e "La stella polare. Poeti dei tempi ultimi" A cura di Davide Brullo (Città nuova 2008), Il Miele del Silenzio" a cura di Giancarlo Pontiggia (Interlinea 2009).

Sue poesie sono apparse inoltre in Italia e all'estero su varie riviste tra cui, Poesia, L'immaginazione, Gradiva, ClanDestino. Con la silloge "L'andatura di chi resta" è compresa nel "Quaderno della luna" Pensiero 27 a cura di Eugenio De Signoribus. Un'ampia silloge dei suoi testi, "Un amore dell'aria", è uscita con prefazione di Franco Loi sul semestrale Incroci, è inoltre presente nel numero antologico "I mondi creativi femminili" della rivista "L'ulisse" (Lietocolle).

Con la silloge "La Camera ad Ovest" abbinata ad opere di Sonia Alvarez è compresa nel catalogo della mostra Confronto a 10. Poeti e Pittori in Visioni Contemporanee. (Rimini 2010).

Ha collaborato con il Centro di Poesia Contemporanea dell'Università di Bologna ed ha ideato Parco Poesia festival, di cui è direttore artistco ed organizzatrice dalla I° edizione, ha curato i volumi Poeti di Parco Poesia (Guaraldi 2003 e 2004) e l'antologia "Ogni più amato bene" (Raffaelli Editore 2006). Collabora con la rivista Glamour per la pagina Monitor Time Out dedicata ai giovani poeti e lavora a Rimini come giornalista culturale.

Salvatore Antonio Gaetano

 Il cantore del sud, paladino dell'antipolitica, la cui morte celebrata di recente, non ha ancora dato risposte certe sulle cause.

martedì 4 giugno 2013

Costa poco un uomo libero

Il frutto dell'uomo
non è maturo
puoi gustarmi
ancora acerbo
non vendo aria
puoi goderti una primizia
gradirei
attraversare
le cascate di miele
nell'oceano
vestito di fiori
solo in testa
sull'atollo di eros
urlerei
costa poco un uomo libero.

George Best

Nella vita si è dedicato ad altro, e non solo al calcio, purtroppo. Ma questa poesia è la prova della sua grande sensibilità.

martedì 11 giugno 2013

Un tempo per

Ogni cosa ha il suo tempo

e c'è un tempo per ogni azione sotto il sole

Un tempo per nascere e

un tempo per morire

Un tempo per seminare e un tempo per raccogliere

ciò che è stato seminato

Un tempo per uccidere e

un tempo per guarire

Un tempo per distruggere e un tempo per edificare

Un tempo per piangere e un tempo per ridere

Un tempo per soffrire e un tempo per ballare

Un tempo per conservare

e un tempo per buttare via

"Ho speso gran parte del mio denaro per donne, alcol e automobili. Il resto l'ho sperperato". Basterebbe questo aforisma per rendersi conto della vita condotta da questo calciatore nordirlandese che, precursore dei nostri giorni, ha trasformato la figura del campione di calcio in personaggio pubblico con le vicende della sua vita privata.

Sul sito della Fondazione a lui dedicata, tre aggettivi cercano di riassumere le caratteristiche caratteriali, umane e sportive di George Best: Unbelievable, Unplayable, Uncatchble. Un tentativo forse non del tutto riuscito, ma sicuramente significativo per le generazioni successive, che non hanno avuto modo di apprezzarlo.

Nato a Belfast il 22 Maggio 1946, dimostrò sin dall'infanzia le sue doti calcistiche, confermate dalle dichiarazioni della madre, che nel ricordare la breve vita del figlio, affermò qualche anno fa, come il ragazzo avesse con sé sempre un pallone da calcio.

Ma non è della sua carriera sportiva che vogliamo occuparci. Una carriera, oltretutto, che ha ispirato le fantasie e i paragoni con altri leggendari e maledetti personaggi dello sport, Maradona su tutti, e trasposizioni cinematografiche.

E' il ruolo di uomo che George Best è stato costretto ad interpretare, davanti alle telecamere di mezzo mondo, agli occhi invidiosi dei calciatori a lui contemporanei e alla folle macchina da soldi che la sua figura mise in moto, davanti la quale nessuno osò mettere freni, pur essendo davanti a tutti la lenta autodistruzione che le nottate affogate nell'alcol, negli incontri sessuali occasionali e in una profonda solitudine che attanagliò tutta la sua vita.

I versi di questa poesia riassumono, più di qualsiasi ricostruzione biografica, il dramma e la contraddizione di un uomo ricco e famoso, nell'ammissione di un continuo errare tra ipocrisia, abusi, perdizione ed un'accennata voglia di vivere.

Nazik Al Malaika

La poetessa ideatrice del verso libero. Libero, come il suo stile di vita, ricercato fino alla fine.

martedì 18 giugno 2013

Io

*La notte mi chiede chi sono
sono il segreto della profonda nera insonnia
sono il suo silenzio ribelle
ho mascherato l'anima di questo silenzio
ho avvolto il cuore di dubbi
immota qui
porgo l'orecchio
e i secoli mi chiedono
chi sono*

*E il vento chiede chi sono
sono la sua anima inquieta rinnegata dal tempo
come lui sono in nessun luogo
continuiamo a camminare e non c'è fine
continuiamo a passare e non c'è posa
giunti al baratro
lo crediamo il termine della pena
e quello è invece l'infinito*

*Il destino chiede chi sono
potente come lui piego le epoche
e ridòno loro la vita
creo il passato più remoto
dall'incanto di una vibrante speranza
e lo sotterro ancora
per forgiarmi un nuovo ieri
di un un domani gelido*

*Il sé chiede chi sono
come lui vago, gli occhi fissi nel buio
nulla che mi doni la pace
resto ancora e chiedo, e la risposta
resta nascosta dietro il miraggio*

*ancora lo credo vicino
al mio raggiungerlo tra
monta
dissolto, dispare*

Nazik Al-Mala'ika (نازك الملائكة) è stata una famosa scrittice, poetessa e critica irachena. Nazik nacque a Baghdad nel 1922 da una famiglia di letterati. Entrambi i genitori erano poeti. Suo padre fu un famoso poeta e scrittore iracheno, che pubblicò una ventina di volumi. Sua madre scrisse poesie con un pseudonimo. Le origini di Nazik la incoraggiarono ad intraprendere la carriera di scrittrice già in tenera età, tanto che scrisse la sua prima poesia all'età di 10 anni.

Nazik studiò da insegnante di arabo e si laureò nel 1944 a Baghdad. In seguito, ottenne la laurea in musica nel 1949, e in letteratura all'Università del Wisconsin nel 1959. Successivamente lavorò come lettrice all'Università di Baghdad e l'Università di Basra, dove incontrò il suo futuro marito. Nazik parlava fluentemente l'Arabo, l'Inglese, il Francese, il Tedesco e il Latino.

Nazik pubblicò alcune poesie in alcuni quotidiani e riviste durante il periodo universitario, ma la sua prima raccolta, solo nel 1947 con il titolo "she who loves the night". La poesia di Nazik ha uno stile asciutto, con tematiche molto dure, quali la morte, l'illusione, la sofferenza. Una delle sue poesie più conosciute è "Cholera", che fu scritta in verso libero. Amava scrivere poesie religiose e moraliste. Inoltre, si dedicò alla traduzione delle opere di Byron, Thomas Gray e altri.

Nazik è considerata una delle più influenti scrittrici del mondo arabo ed è considerata una delle prime poetesse ad utilizzare il verso libero. Fu anche una stimata critica, che contribuì allo sviluppo della critica letteraria, con trattati quali "Issues of Contemporary Poetry" e "Psychology of Poetry". Nazik è stata anche un avvocato dei diritti delle donne.

Al-Malaika lasciò l'Iraq nel 1970 con suo marito Abdel Hadi Mahbooba, dopo l'avvento al potere del nascente Partito Baath. Visse in Kuwait, fino all'invasione del paese da parte di Saddam Hussein nel 1990. Al-Malaika e la sua famiglia partirono per il Cairo, dove visse fino alle fine. Visse gli ultimi anni cagionevole di salute, soffrendo anche del morbo di Parkinson.

Morì al Cairo, nel 2007 all'età di 84 anni.

Adelia Prado

Una dedica particolare ad uno dei paesi più affascinanti e martoriati del mondo. Tornato, purtroppo, alle cronache in questi giorni.

martedì 25 giugno 2013

versione originale

Estreito

Agosto, agosto,
os torrões estão leves,
ao menor toque se desmancham em pó.
Estrela de agosto,
baça.
Céu que se adensa,
vento,
Papéis no redemoinho levantados,
esta sede excessiva
e ciscos.
Um homem cava um fosso no quintal,
uma idéia má estremece as paredes.

Stretto

Agosto, agosto,
le zolle si fanno friabili,
al più piccolo tocco si sfanno in polvere.
Stella di agosto,
fioca.
Cielo che si addensa,
vento.
Carte nel mulinello sollevate,
questa sete eccessiva
e terriccio.
Un uomo scava un fosso nel cortile,
un brutto pensiero scuote le pareti.

Biografia a cura di www.filidaquilone.it

Adélia Prado, una delle voci più originali della poesia brasiliana contemporanea, è nata nel 1936 a Divinópolis, nello Stato di Minas Gerais, terra che ha dato grandi poeti come Carlos Drummond de Andrade e Murilo Mendes, solo per citarne due. Madre di cinque figli, già dalla prima raccolta, Bagagem, del 1976, pubblicata a quarant'anni, ha stupito e scosso il mondo letterario brasiliano per la singolarità della sua voce lirica. Da allora il suo percorso è stato un crescendo, con più di dieci libri di poesia e prosa pubblicati, con premi letterari importanti e traduzioni in molte lingue.

Nella poesia della Prado si fondono elementi di uno spiccato misticismo con una sensualità tutta femminile, di donna che rivendica orgogliosamente gli aneliti e le aspirazioni anche del corpo oltre che dell'anima. La sua è poesia di cose, persone e luoghi in cui lei recupera la propria storia familiare, il rapporto con i genitori e con tanti altri personaggi umili ed eroici delle piccole città, in una regione apparentemente al margine della storia, in un tempo rallentato rispetto a quello delle grandi città del centro-sud del paese: un tempo e un luogo in cui persone e cose hanno una sacralità intrinseca e naturale. Lei ripercorre, come per salvarli dalla dimenticanza e dalla cancellazione del tempo, gesta di vite meste, voci basse, corpi discreti, atti premurosi che nascondono, per umiltà, una grande commozione. È necessario vedere bene, leggere nelle piccole cose di ogni giorno, come fa lei, per estrarre le pietruzze di poesia che ci offre.

Predilige, e questo è uno dei segni della sua originalità, un linguaggio vitale, diretto e contundente, colloquiale e regionale allo stesso tempo, efficace nel narrare un mondo rurale arcaico che il Brasile moderno ha fretta di cancellare e dimenticare. Come Guimarães Rosa, lei intravede in questo paese dell'interno valori che altrove si sono persi, come l'amore e la dedizione filiale, la solidarietà e il rispetto dell'altro, la cordialità e l'ospitalità che da sempre caratterizzano tutta l'estesa regione del centro del paese. Se da una parte è evidente nella sua opera il forte legame con autori come i già citati Drummond de Andrade e Guimarães Rosa, allo stesso tempo la sua poesia non assomiglia a nulla e a nessuno. Si sente nel suo linguaggio torrenziale l'influsso della Bibbia, che lei avvicina alla vita di tutti i giorni, demistificando l'aura di mistero che pare avvolgere da sempre cose e figure religiose della tradizione, avvicinando - con umore e ironia - Dio agli uomini e, soprattutto, Dio alle donne.

Senza appartenere a nessun gruppo o scuola, la scrittrice ha proposto - senza timore, anzi con un pizzico di orgoglio - in anni in cui la poesia avanguardista degli anni '60-'80 dominava incontrastata le riviste e i giornali letterari dell'epoca, atmosfere, linguaggi e temi apparentemente desueti.

Afferma a tal proposito lo studioso e poeta Affonso Romano de Sant'Anna, uno dei primi a leggerla ancora inedita e a evidenziarne l'originalità: "Adélia è la prima poetessa brasiliana con marito e figli che cura la casa, spolvera i mobili, va a cogliere verdure nell'orto e ha allucinazioni erotiche." ("Adélia: a mulher, o corpo e a poesia", in Adélia Prado, O coração disparado, Rio de Janeiro, Nova Fronteira, 1978, p. 13). Il critico evidenzia così alcuni elementi importanti nella poetica della Prado, legati al fatto che lei trasforma in argomento poetico cose e atmosfere che nessun poeta prima aveva considerato degni di essere cantati in versi. Era necessaria una donna per farlo, e con la forza e l'intensità con cui Adélia Prado mescola tutto ciò ai grandi temi della condizione umana.

Ruth Miller

La voce femminile del Sudafrica, dal linguaggio duro e tagliente, ma intriso di una suadente musicalità.

martedì 2 luglio 2013

Ci sono ferite

Scritte sul vento o sull'acqua
La parola è carne. Presto o tardi
La carne parlerà con suoni
Così cupi da bucare la pelle.

Le stigmate sono visibili
In questi casi : ci sono ferite
Dentro cui un Tommaso non oserebbe
Affondare la mano.

Ruth Miller nacque nel 1919 a Uitenhage, una cittadina del Sud Africa. Visse gran parte della sua breve vita nella zona nord del paese, quelle terre a ridosso del fiume Vaal e che prendono il nome di Transvaal.

Dopo un'infanzia umile, si dedicò agli studi con notevoli risultati. Studi che la costringeranno a trasferirsi a Johannesburg, dove sarà assunta come segretaria didattica, riuscendo a proseguire la carriera scolastica e diventando insegnante di inglese.

Attratta dalla composizione poetica, iniziò la sua attività letteraria scrivendo brevi racconti e opere teatrali, ma divenne famosa per le sue poesie, che sono contenute in diverse antologie, pubblicate postume, e dedicate alla produzione poetica del Sud Africa.

Esordì nel 1965, con la raccolta *Floating Islands*, che le avvalse il premio Ingrid Jonker, un premio destinato alle opere d'esordio dei poeti africani e inglesi. La Miller se lo aggiudicò in occasione della prima edizione, istituita dopo la morte di Ingrid Jonker - altra notissima poetessa sudafricana -, avvenuta proprio nel 1965.

La sua seconda raccolta fu pubblicata nel 1968 con il titolo *Selected Poems*, poco prima della sua morte, avvenuta nel 1969 a causa di un cancro. Dopo la sua morte, una raccolta di opere inedite, che comprendevano oltre a poesie, anche qualche produzione in prosa e alcuni scritti per il teatro, fu pubblicata dall'editore-poeta Lionel Abrahans, anch'egli sudafricano, con il titolo di *Poems, Prose, Plays*.

Eduardo Mitre

Un omaggio alla poesia boliviana e alla lingua spagnola.

martedì 9 luglio 2013

HÚMEDA LLAMA

Tu desnudez expuesta,
 entera
 como el pan en la mesa.

Beso a beso,
 caricia a caricia, se dora
 al sol del deseo.

Llama que moja y quema,
 llama que llama:
 tu lengua.

Arqueros enardecidos
 disparan sus flechas
 los cinco sentidos

Entre tus piernas el blanco:
 carbón de sangre,
 corazón de la hoguera.

Doble latido y un solo ritmo
 como la vida y la muerte
 al principio.

Caracol el oído: el oleaje
 de los suspiros
 y la marea de los ayes
 y los suspiros.

La mirada se pierde.
 Salivan las sílabas.
 Las pupilas ascienden
 en alta caída.

Memoria del vértigo:
hacia dentro el quejido
y tus ojos abiertos
enceguecidos.

Zumbido de abeja:
el silencio
de vuelta
sin haberse ido.

Te descubro a mi lado
todavía temblando
como recién rescatada
de un naufragio
o de un incendio.

Y tienen de nuevo sed
de nombrar los labios:
la almohada, tu cabellera,
una pared de ladrillos,
un trozo de cielo: tribus
con rumbo desconocido.

Cruzan el aire ya quieto
tu nombre y el mío.
A recordarnos han vuelto,
a recrearnos los mismos.

Sobre el tiempo intacto
nuestros cuerpos tendidos,
expuestos al vacío,
melancólicamente plenos.

Eduardo Mitre. Nació en Oruro en 1943. Cuando era niño, su familia se trasladó a Cochabamba. Estudió Derecho en la Universidad Mayor de San Simón de esa ciudad y, posteriormente, realizó estudios de literatura francesa en Francia, y literatura latinoamericana en los Estados Unidos donde se doctoró en la Universidad de Pittsburg con una tesis sobre la poesía de Vicente Huidobro. Ha sido profesor en Columbia University de Nueva York, en Dartmouth College (Hanover, New Hampshire), así como en la Universidad Católica Boliviana (sede Cochabamba). Hace cuatro años que reside en Manhattan y enseña en Saint John's University, Jamaica, Nueva York. Desde 1999 es Miembro de Número de la Academia Boliviana de la Lengua correspondiente de la Real Española.

Su obra poética comprende: Morada (Caracas, 1975), Ferviente Humo (Cochabamba, 1976), Mirabilia (La Paz, 1979), Desde tu Cuerpo (La Paz, 1984), El Peregrino y la Ausencia: antología (Madrid, 1988), La Luz del Regreso (La Paz, 1990), Líneas de Otoño (México D.F., 1993), Camino de cualquier parte (Madrid, 1998) y El paraguas de Manhattan (España, 2004).

La casa editorial Le Cormier de Bruselas ha publicado dos antologías bilingües de su poesía: Mirabilia (1983), traducida al francés por Ives Froment y Chronique d'un Retour (1997), con traducción al francés por Frans de Haes. Poemas suyos han sido incluidos en varias antologías de poesía hispanoamericana, y varios de ellos traducidos al inglés, francés, italiano y portugués.

En su obra crítica figuran: Huidobro: Hambre de Espacio y Sed de Cielo (Caracas, 1981), El Árbol y la Piedra: Poetas Contemporáneos de Bolivia (Caracas, 1988), De Cuatro Constelaciones: Estudios y Antologías de Poetas Modernistas de Bolivia (La Paz, 1994) y El aliento en las hojas (La Paz, 1998). Ha traducido del francés una selección de poemas de Adolfo Costa Du Rels, Poemas (La Paz, 1988), y una antología de poetas belgas: Urnas y Nupcias (México D.F., 1998).

Ha sido colaborador de la revista mexicana Vuelta y actualmente lo es de Letras Libres. En 2000 fue editada una antología de poemas suyos leídos por él mismo, en formato de disco compacto, a cargo de la Fundación Simón I. Patiño de Bolivia.

Van cinco poemas de este autor, extraídos todos de su poemario Ferviente Humo, del cual el magistral Julio Cortázar dijo: «La lectura de Ferviente Humo ha sido para mí una bella experiencia de poesía. No es frecuente un libro en el que cada poema constituye una entidad, algo así como una estrella que luego, con los otros poemas, darán la constelación del poeta».

Leonardo Da Vinci

Con Archimede, forse l'italiano più ingegnoso di sempre. Poeta per diletto, usò i versi per decantare le sue teorie mediche.

mercoledì 17 luglio 2013

Il corpo umano

Ogni parte aspira sempre
a congiungersi con l'intero
per sfuggire all'imperfezione;

L'anima sempre aspira
ad abitare un corpo
perché senza gli organi corporei
non può agire ne sentire.

Essa funziona dentro il corpo
come fa il vento
dentro le canne di un organo,
se una delle canne si guasta
il vento non produce più il giusto suono.

Roberto Cabral del Hoyo

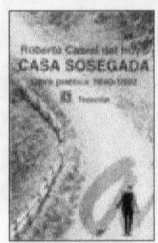

Il poeta messicano, cantore della poesia zacatecana.

martedì 23 luglio 2013

La declaración de amor

*Más aún que en tu clara primavera
eres ahora bella, amada mía:
en tu espléndido otoño, se diría
madura en ti la humanidad entera.*

*Amo tu cuerpo hermoso y tu alma austera,
tu sien surcada de sabiduría,
y te amo al saber tu compañía
para todo y en todo compañera.*

*Así te quiero, mar de aguas tranquilas,
con tu diáfano ayer, y en las pupilas
la luz de los crepúsculos dorados.*

*¡Manos dichosas con que compartimos
nuestro pan amoroso y los racimos
a las viñas celestes arrancados!*

Roberto Cabral del Hoyo (Zacatecas, Zacatecas, 7 de agosto de 1913 - 4 de octubre de 1999) Fue un poeta mexicano, considerado uno de los mayores exponentes de la poesía mexicana moderna.

En junio de 1930 participa en un concurso de oratoria convocado por El Universal. Triunfa en la eliminatoria estatal y tiene la oportunidad de asistir a la eliminatoria nacional, celebrada en la cd. de México. En ella es derrotado pero al conocer a varias personas que al igual que él se interesan por la literatura gana algo mucho más importante: su pasión por la literatura revive.

El poeta, solo, sin padre se refugia en la poesía. Se introduce poco a poco en el mundo de las letras. A partir de los diecisiete o dieciocho años, frecuenta La Peña Literaria; que ésta se formó en 1931 para festejar el centenario del Instituto de Ciencias (hoy Universidad). En donde criticaban y evaluaban sus propios textos y el legado que Ramón López Velarde les había heredado. En ese mismo año don Roberto suspende sus estudios e inicia a trabajar en Tesorería General del Estado, se hace cargo económicamente de sus hermanas María Luisa y Amalia. Posteriormente se regresa a la hacienda para administrarla lo cual nunca pudo hacer.

Empezó tarde a escribir poesía, pues fue hasta 1941 cuando aparecen sus primeras composiciones, pero de allí en adelante, agarró vuelo y fue muy prolífico dejando varios libros de su cosecha. Ya radicado en México, de 1938 a 1948, escribe, dirige y produce programas de radio para la XEW, XEQ y Radio Mil. En ese mismo año de 1948, Editorial Cultura le publica su segundo libro De tu Amor y de tu Olvido y Otros Poemas. De 1948 a 1949 fue subdirector de Radio Educación, SEP, y en 1950 la Editorial STYLO, le publica su tercer libro Por Merecer la Gracia. Es considerado por muchos uno de los mayores exponentes del soneto y la poesía moderna. Podemos recordar a este poeta oriundo de Zacatecas por el manejo magistral de los sonetos, elegante y sensible, haciendo que la métrica y el ritmo se conjuguen en intensos versos impregnados de sentimiento. Su extraordinaria exquisitez literaria lo hizo pertenecer al Grupo de los Ocho, junto con importantes poetas como Alejandro Avilés, Efrén Hernández, Dolores Castro y Rosario Castellano. Su poesía discurre entre los distintos sentimientos del ser humano pero también homenajea a Zacatecas en muchas de sus obras.

Su trayectoria como servidor público también fue ejemplar desempeñándose como director de Servicios Turísticos de gobierno federal, así como subdirector de Radio Educación, donde nunca dejó de lado el compromiso con la niñez y juventud de México. Regresa a Zacatecas a pasar sus últimos días, siempre al pendiente de la institución que hoy lleva su nombre, estando en contacto con maestros, directivos y alumnos y muere en 1999.

Erri De Luca

La prosa che si scioglie in versi, le parole che scalfiscono l'anima, il verbo che si fa memoria. Le parole di De Luca non ti abbandonano mai...

martedì 30 luglio 2013

Dopo

Non quelli dentro il bunker.
non quelli con le scorte alimentari, nessuna città,
si salveranno indios, balti, masai,
beduini protetti dal vento, mongoli su cavalli,
e poi uno di Napoli nascosto nel Vesuvio,
un ebreo avvolto in uno sciame di parole,
per tradizione illesi dentro fornaci ardenti.
Si salveranno più donne che uomini,
più pesci che mammiferi,
sparirà il rock and roll, resteranno le preghiere,
scomparirà il denaro, torneranno le conchiglie.
L'umanità sarà poca, meticcia, zingara
e andrà a piedi. Avrà per bottino la vita
la più grande ricchezza da trasmettere ai figli.

Biografia a cura di Casa della poesia

Erri De Luca nasce a Napoli il giorno 20 maggio 1950. A soli diciotto anni (è il 1968) si trasferisce a Roma dove entra nel movimento politico Lotta Continua - una delle maggiori formazioni extraparlamentari di orientamento comunista rivoluzionario - divenendone uno dei dirigenti attivi durante gli anni Settanta.

In seguito Erri De Luca impara diversi mestieri spostandosi molto, sia in Italia che all'estero: compie esperienze come operaio qualificato, autotrasportatore, magazziniere o muratore.

Durante la guerra nei territori della ex-Jugoslavia è autista di convogli umanitari destinati alle popolazioni.

Come autodidatta approfondisce lo studio di diverse lingue; tra queste c'è l'ebraico antico, dal quale traduce alcuni testi della Bibbia. Lo scopo delle traduzioni di De Luca, che lui stesso chiama "traduzioni di servizio" - apprezzate anche dai più eminenti specialisti del settore - non è quello di fornire un testo biblico in lingua accessibile oppure elegante, bensì di riprodurlo nella lingua più simile e aderente all'originale ebraico.

Come scrittore pubblica il suo primo libro nel 1989, quando ha quasi quarant'anni: il titolo è "Non ora, non qui" e si tratta di una rievocazione della propria infanzia trascorsa a Napoli. Negli anni successivi pubblica numerosi libri. Dal 1994 al 2002 i suoi lavori vengono regolarmente tradotti in lingua francese: la notorietà letteraria transalpina gli vale i premi "France Culture" per il libro "Aceto, arcobaleno", il Premio Laure Bataillon per "Tre Cavalli" e il Femina Etranger per "Montedidio".

Erri De Luca è anche collaboratore giornalista di diverse importanti testate giornalistiche tra cui "La Repubblica", "Il Corriere Della Sera", "Il Manifesto", "L'Avvenire". Oltre ad essere opinionista è anche un appassionato reporter sul tema della montagna: De Luca è infatti molto conosciuto nel mondo dell'alpinismo e dell'arrampicata sportiva. Nel 2002 è il primo ultracinquantenne a superare una parete con grado di difficoltà 8b, alla Grotta dell'Arenauta di Sperlonga (8b+). Nel 2005 compie una spedizione sull'Himalaya con l'amica Nives Meroi, che poi narra nel libro "Sulla traccia di Nives".

La sua ultima opera letteraria è La doppia vita dei numeri (2013).

Giuseppe Bonaviri

La sicilianità che trasuda dai versi, un contatto personale con la natura, ancora di salvezza di un continuo smarrimento, che è la vita.

martedì 6 agosto 2013

Valfrancesca

Camminavamo lungo le acque verdi del Liri,
fra gli arbusti bassi e i ciottoli levigati
su cui saltavano le rane.
Tu mi indicavi una donna che lavava
curva in una insenatura scintillante
e non sentivi che il tuo giovane cuore di donna
alitava sui pioppi dalle molte foglie e sull'erba dei prati.
Ci tenevamo per mano e in una radura
in cui cresceva solo qualche macchia di rovo
vedemmo una grande ruota
che con le sue palette apriva l'acqua
in un ventaglio di piccole onde
con un giro perenne di morte e di vita.
Tu mi dicesti: "Bello"
e restasti chiusa nella tua contemplazione d'amore
e non vedesti che sulla superficie uguale del fiume
si levavano gli uccelli della sera
che cantavano un loro cupo triste canto.

Giuseppe Bonaviri, scrittore e poeta italiano (Mineo 1924 - Frosinone 2009). Medico, ha trasferito nella sua narrativa una percezione vivissima della dimensione corporale e della natura. Da un avvio solo apparentemente ascrivibile a suggestioni neorealistiche (Il sarto della stradalunga, 1954; La contrada degli ulivi, 1958), B. è passato alla progressiva definizione di un mondo tutto fantastico che si nutre degli echi della sua cultura siciliana e del suo umanissimo smarrimento: Il fiume di pietra (1964); La divina foresta (1969); Notti sull'altura (1971); L'isola amorosa (1973); L'enorme tempo (1976); Dolcissimo (1978); Novelle saracene (1980); È un rosseggiar di peschi e d'albicocchi (1986); Il dormiveglia (1988); Ghigò (1990); Il vicolo blu (2003); L'incredibile storia di un cranio (2006). Una precisa coscienza della continuità di prosa e poesia rivela L'incominciamento (1983). Della sua produzione in versi occorre citare Il dire celeste (1979); O corpo sospiroso (1982); Quark (1982); L'asprura (1986); Poemillas españoles ed altri luoghi (2000); I cavalli lunari (2004). Scrittore di accesa inventività linguistica, più volte candidato al premio Nobel, nel 2006 ha pubblicato Autobiografia in do minore. Racconto di scoordinata sopravvivenza, storia sommessa di una vita che si snoda sul duplice piano temporale dei ricordi e del presente; lungo lo stesso percorso intimista si colloca il racconto che ha fatto di sé stesso nel documentario di M. Perrotta Bonaviri ritratto (2007).

Sujata Bhatt

Dalla terra dei grandi poeti mistici, una voce al femminile ci canta un'altra India.

mercoledì 14 agosto 2013

Un'altra storia

Non è morto il grande Pan;
è solo emigrato
in India.
Qui gli dei girano liberamente
mascherati da scimmie e da serpenti;
gli alberi sono sacri
ed è peccato
maltrattare i libri.
È peccato scansare un libro
col piede,
peccato sbattere i libri
forte sul tavolo,
peccato scagliarne uno noncuranti
dall'altro lato della stanza.
Devi imparare a voltare le pagine con dolcezza
senza disturbare Sarasvati,
senza offendere l'albero
che ha dato il legno per la carta.

2

Quale lingua
non è stata quella dell' oppressore?
Quale lingua
ha mai inteso uccidere qualcuno?
E come può accadere
che dopo la tortura,
dopo che l'anima è stata mozzata
con una lunga falce calata
dal volto del conquistatore
i nipoti non nati
imparino ad amare quella strana lingua.

Sujata Bhatt è considerata una delle voci più originali della poesia contemporanea in lingua inglese. Nata nel 1956 ad Ahmedabad (India) ha trascorso l'infanzia a Poona. Ha studiato negli Stati Uniti dove ha ricevuto il MFA al Writers' Workshop dell'università dello Iowa. Nel 1992 è stata writer-in-residence all'Università di Victoria, Canada. Ha vissuto a lungo negli Stati Uniti e a Brema, in Germania, dove vive attualmente. Le sue poesie sono state pubblicate in Inghilterra (da Carcanet) e in India (Penguin). Le sue opere comprendono: Brunizem (1988), Monkey Shadows (1991), The Stinking Rose (1995). Del 1997 è l'uscita delle poesie scelte Point no Point. Nel marzo 2000 è uscita, sempre per Carcanet, la sua ultima raccolta, Augatora. La sua produzione poetica ha avuto ampi riconoscimenti sia in India che in Gran Bretagna, tra cui, nel 1988 il Commonwealth Poetry Prize (Asia) e l'Alice Hunt Bartlett Award. È abituale contributrice della prestigiosa rivista inglese P.N. Magazine. Alcune sue poesie sono state tradotte in italiano su diverse riviste ("Tratti", "Testo a Fronte", "Semicerchio") e ora sono incluse nell'antologia L'India dell'anima curata da Andrea Sirotti per Le Lettere.

Allen Ginsberg

I versi conclusivi di un'opera epica del panorama letterario internazionale. Dopo quasi sessanta anni, ancora attuali.

lunedì 19 agosto 2013

Urlo

*Carl Solomon! Sono con te a Rockland
dove sei piu' pazzo di me
Sono con te a Rockland
dove dovrai sentirti ben strano
Sono con te a Rockland
dove imiti l'ombra di mia madre
Sono con te a Rockland
dove hai assassinato le tue dodici segretarie
Sono con te a Rockland
dove ridi per questo umorismo invisibile
Sono con te a Rockland
dove siamo grandi scrittori sulla stessa orribile macchina da scrivere
Sono con te a Rockland
dove la tua condizione e' diventata seria e lo riporta la radio
Sono con te a Rockland
dove le facolta' del cranio non tollerano piu' i vermi dei
sensi
Sono con te a Rockland
dove bevi il te' dal seno delle zitelle di Utica
Sono con te a Rockland
dove fai battute sul fisico delle tue infermiere le arpie del Bronx
Sono con te a Rockland
dove gridi in camicia di forza che stai perdendo la partita
dell'autentico pingpong degli abissi
Sono con te a Rockland
dove pesti sul pianoforte catatonico l'anima e' innocente e
immortale non dovrebbe morire mai empiamente in un manicomio -armato
Sono con te a Rockland
dove cinquanta altri shock non restituiranno mai piu' la tua anima al -corpo
dal suo pellegrinaggio verso una croce nel nulla
Sono con te a Rockland
dove accusi i dottori di demenza e trami la rivoluzione
ebrea socialista contro il Golgota nazionale fascista

Sono con te a Rockland
dove separerai i cieli di Long Island e farai risorgere il tuo
vivente Gesu' umano dalla tomba sovrumana
Sono con te a Rockland
dove ci sono venticinquemila compagni rabbiosi che cantano tutti -assieme
le strofe finali dell'Internazionale
Sono con te a Rockland
dove abbracciamo e baciamo gli Stati Uniti sotto le lenzuola gli
Stati Uniti che tossisce tutta la notte e non ci lascia dormire
Sono con te a Rockland
dove ci svegliamo elettrificati dal coma per gli aeroplani delle
nostre anime che rombano sul tetto sono venuti a sganciare bombe -angeliche
l'ospedale si illumina mura immaginarie franano O smunte legioni
correte fuori O scossa di grazia a stelle e strisce la guerra
eterna e' giunta O vittoria lascia perdere le mutande siamo liberi
Sono con te a Rockland
nei miei sogni cammini gocciolando da un viaggio di mare -sull'autostrada
attraverso l'America in lacrime verso la porta della mia villetta nella -notte
dell'Occidente

*Carl Solomon (New York, 30 marzo 1928 – New York, 26 febbraio 1993) è stato un poeta e scrittore statunitense, che Ginsber conobbe nel manicomio di Rockland

Allen Ginsberg, nato a Newark il 3 giugno 1926 e morì in New Jersey il 5 aprile 1997, non poteva non collocarsi nel periodo culturale e letterario che passerà alla storia con il nome di *Beat Generation*. Sotto certi versi, una collocazione che riduce e semplifica la produzione lirica di uno dei cantori più crudi e realistici americani, che influenzerà le generazioni a venire di tutto il mondo.

Se fare poesia è comunicare sensazioni, sentimenti, stati d'animo, ma anche il proprio disagio del vivere, Ginsberg usò la sua lirica per denunciare le pietre rotolanti che il consumismo americano aveva messo in moto e che, oggi forse più di ieri, ha confermato che l'Urlo del poeta si sia smarrito nel vento, come un altro giullare quale Bob Dylan ebbe a cantare successivamente.

Ma il suo poema più famoso non è solo una denuncia contro la società americana e il suo infinito fascino verso la ricchezza, la perdizione e lo stillicidio di valori. Una società affacciata ad una delle tante guerre statunitensi, mai risolutive né sostenute da validi motivi per mandare anatomia umana al macello. Un altro cantore americano, Henry Miller, più volte si scagliò contro la follia della guerra, e già un decennio prima scrisse nel suo *Air conditioned nightmare* che "...due errori divisi a metà, non creeranno una giustizia".

Ginsberg urlò anche la sua disperazione contro un'America bigotta, legata e chiusa al proprio guscio di falso moralismo, che non restò passiva a questa forza rivoluzionaria che i versi del poeta seppero scagliare, trascinando parole di libertà, anche sessuale, in tempi in cui gli Stati Uniti avevano già provato ad esportala con le armi, in un miscuglio di ipocrisia e arretratezza culturale. E questa America, come spesso quando non comprende e teme i cambiamenti storici, reagì in modo antidemocratico a questa forma di libertà di parola, portando Ginsber alla sbarra di uno dei tanti processi all'innovazione che *dotti, medici e sapienti* intavolavano frequentemente.

Ma l'America degli anni '50, che definì l'opera di Ginsberg oltraggiosa e illegale, in un periodo durante il quale l'omosessualità era considerata reato, questa America dovette cedere al giudizio espresso dal giudice Clayton W. Horn, che aggiunse il suo parere personale in merito con la famosa domanda:

"Would there be any freedom of press or speech if one must reduce his vocabulary to vapid innocuous euphemisms?"

Ai posteri l'ardua sentenza.

Rafael Alberti

Il poeta antifranchista, che esordì in campo artistico in veste di pittore, amico di Garcia Lorca, Dalì e Picasso.

martedì 27 agosto 2013

Spunta sull'inguine un calor silente

*Spunta sull'inguine un calor silente
come un rumor di spuma silenzioso.
Il tulipan prezioso il duro vinco
piega senz'acqua, vivo e prosciugato.*

*S'alimenta nel sangue un inquietante
ed urgente pensiero bellicoso.
L'esausto fiore perso nel riposo,
bagnato alla radice spezza il sogno.*

*Scoppia la terra e dal suo ventre perde
la linfa, la sorgente e i verdi pioppi.
Palpita, fruscia, frusta, spinge, esplode.*

*La vita fende vita in piena vita.
E se la morte vince la partita,
tutto è un allegro campo di battaglia.*

Rafael Alberti Merello nasce nel 1902 a Puerto de Santa María, vicino a Cadice, in Andalusia, passa un'infanzia tranquilla e nel 1917 si trasferisce a Madrid dove comincia la sua avventura artistica come pittore rimanendo attaccatissimo alla sua terra d'origine. Nel 1922 i suoi lavori vengono esposti nell'ateneo di Madrid, poco dopo entrerà in contatto con gli artisti e gli scrittori nella Residencia de Estudiantes, quelli che saranno in seguito i protagonisti della Generazione del '27.

Nel 1924, mentre è costretto a vivere nella sierra (Guadarrama y Rute) a causa di una malattia alle vie respiratorie, pubblica la raccolta di poesie "Marinero en tierra", un canto d'amore per il mare, che vince il "Premio Nacional de Literatura". Nel 1927 partecipa alle celebrazioni per i trecento anni dalla morte di Luis de Góngora in omaggio al quale pubblicherà "Cal y Canto". Sono del 1929 le dolorose liriche "Sugli Angeli" ("Sobre los angeles") risultato poetico di una profonda crisi personale. Quegli anni li passa a contatto con Federico García Lorca, Salvador Dalí e Pablo Picasso, amici e compagni di strada, pubblica poi "Sermones y moradas" e "El hombre deshabitado". Una nuova fase inizia con l'avvento della Repubblica franchista.

Nel 1931 entra nel Partido Comunista de España (PCE), studia teatro nell'Unione Sovietica e dirige con la moglie María Teresa León, scomparsa nell'88, la rivista rivoluzionaria "Octubre" e dal '36 al '39 partecipa alla guerra civile nelle file repubblicane. Nel 1939, dopo la sconfitta repubblicana, si rifugerà in Francia, poi in Argentina quindi in Italia, a Roma, nel quartiere di Trastevere (1963). Degli anni '60 sono i suoi "Poemi d'amore" i versi per "Roma, pericolo per i viandanti", "Gli otto nomi di Picasso". Le rime "Amore in bilico" sono dedicate all'erotismo e alla donna, alla sua nuova e giovane compagna. Rientrerà nella sua città in Spagna, solo dopo la morte di Francisco Franco, nel 1977 e nel 1990 sposerà María Asunción Mateo, di quarantaquattro anni più giovane di lui. Gli verrà conferito il Premio Cervantes.

L'ultimo rappresentante della "Generazione del '27", il movimento a cui appartenevano anche García Lorca e Vicente Aleixandre, muore a Puerto de Santa María, per arresto cardiaco, il 28 ottobre 1999.

Seamus Heaney

Il poeta che ha cantato la guerra civile in Irlanda, la voce di un popolo diviso, una terra che non accetta neutralità.

martedì 3 settembre 2013

Il Fusto di Pioggia

Capovolgi il fusto e quello che succede
è una musica che non avresti sperato mai
d'udire. Lungo il secco stelo di cactus scorrono

acquazzoni, cascate, rovesci, risacche.
Ti lasci attraversare come un condotto
d'acqua, poi lo scuoti di nuovo leggermente

ed ecco un diminuendo che corre per le sue scale
come una grondaia gemente. Di seguito,
uno spruzzo di stille da foglie irrorate,

sottile umidità d' erba e margherite;
poi mille luccichii come soffi di brezza.
Capovolgi ancora il bastone. Quel che succede

non è sminuito dall'essere accaduto una volta,
due, dieci, mille volte prima.
Che importa se tutta la musica che traspare

è un cadere di pietriccio e semi secchi lungo un fusto
di cactus! Sei come l'uomo ricco accolto in paradiso
attraverso il timpano di una goccia di pioggia. E adesso riascolta.

Seamus Heaney è riconosciuto come dei maggiori poeti del XX secolo. Nato nell'Irlanda del Nord, è cresciuto a County Derry, e successivamente visse per molti anni a Dublino. Ha scritto oltre 20 volumi tra poesia e critica, e le sue opere sono contenute in svariate antologie. Ha vinto il Premio Nobel per la Letteratura nel 1995 con la seguente motivazione "per opere di lirica di una profonda bellezza e etica, che esaltano ogni giorno il miracolo di aver vissuto il passato." Heaney insegnò alla Harvard University (1985-2006) e fu docente di poesia ad Oxford (1989-1994).

Durante la sua vita, l'impatto con l'ambiente circostante condizionò enormemente la sua opera letteraria. Era un cattolico protestante e il contenuto dei suoi scritti riporta alle tradizioni e alle origini del poeta. Dopo le prime pubblicazioni degli anni Sessanta, *Death of a Naturalist* (1966) e *Door into the Dark* (1969), dove la descrizione minuziosa della vita rurale, con i suoi protagonisti umili, il provincialismo della sua infanzia dove l'uomo rurale ed urbano si ritrovano legati nello spirito umano, Heaney si rivolse negli anni Settanta alle violente dispute del suo paese e ai conflitti religiosi, scrivendo *Wintering Out* (1973) e *North* (1975).

Ammettendo la necessità del ruolo neutrale che deve assumersi il poeta, Heaney sentì il bisogno di puntualizzare l'obbligo dello stesso a farsi da portavoce della storia, anche con i suoi risvolti tragici. La verità sta quasi sempre nel mezzo, e Heaney più volte fu considerato il poeta che si schierò tra le variabili possibili.

Questo l'ingrato compito del poeta, secondo Heaney: dare voce al popolo, quello che vive nell'ombra. Certo la sua figura fu accostata ad emblema delle lotte per la causa nazionale, provocando una pressione psicologica sul poeta, tanto da costringerlo a trasferirsi nel 1972 nella Repubblica d'Irlanda.

E' morto il 30 agosto 2013 a Dublino.

Ali Ahmad Sa'id Isbir

In questi giorni di aria da tanfo bellico, rivolgiamo anche noi un appello di pace prendendo a prestito i versi del poeta siriano Adonis.

martedì 10 settembre 2013

Oriente e Occidente

Una cosa si era distesa nel cunicolo della storia
una cosa adorna, esplosiva
che trasporta il proprio figlio di nafta avvelenato
al quale il mercante avvelenato intona una canzone
esisteva un Oriente simile a un bambino che implora,
chiede aiuto
e l'Occidente era il suo infallibile signore.

Questa mappa è mutata
l'universo è un fuoco
l'Oriente e l'Occidente
sono una tomba sola
raccolta dalle sue ceneri.

Adonis è lo pseudonimo di Ali Ahmad Sa'id Isbir, poeta e scrittore libanese di origine siriana. Adonis nato 'Ali Ahmad Sa'id ad Al Qassabin, presso la città di Latakia, in Siria. Suo padre era un contadino ed imam; morì nel 1952. Il maestro del villaggio gli insegnò a leggere e scrivere ma non frequentò la scuola, o vide un'automobile o sentito una radio fino all'età di dodici anni. Da suo padre, una figura che influenzò molto la sua vita, ricevette un'educazione tradizionale islamica. Nel 1944 Adonis entrò al French Lycée a Tartus, e si diplomò nel 1950. In quello stesso anno pubblicò la sua prima raccolta di versi, Dalila. Adonis studiò legge e filosofia all'Università Siriana di Damasco, e prestò servizio nell'esercito per due anni. Perseguitato per le sue idee politiche, Adonis trascorse parte del servizio militare in prigione. Dopo aver lasciato il suo paese natio nel 1956, Adonis si stabilì insieme alla moglie, il critico letterario Khalida Sa'id, in Libano, diventando cittadino libanese. Insieme all'amico, Yusuf Al-Khal (1917-1987), fondò la rivista di poesia Shi'ir, che introdusse ideee moderniste nella poesia araba. Il primo numero fu vietato in numerosi paesi arabi. Quando cominciò a diffondersi la voce che Shi'r era infiltrata da elementi nazionalisti siriani, la rivista fu temporaneamente sospesa. Il gruppo intorno alla rivista si sciolse. Adonis ruppe il suo legame con Al-Khal, che avviò la rivista con un'altra redazione.

Aghani Mihyar al-Dimashqi (1961) è stata la prima opera importante di Adonis, in cui i riferimenti al passato diventano veicolo per concetti rivoluzionari. Nel 1964 Adonis curò una importante antologia della poesia araba, Diwan ash-shiar al-arabi. Con un'avanguardia di scrittori arabi nel 1968 diede vita a Mawakif, un periodico che come Shi'ir sosteneva il rinnovamento delle convenzioni letterarie arabe, ma in modo più radicale.

Adonis adottò il suo pseudonimo agli inizi della sua carriera, definendo nel nome l'idea di rinnovamento spirituale. Adonis, nella mitologia greca, è un bel giovane, amante di Afrodite; la sua storia include anche il tema della risurrezione. La prima raccolta di versi in inglese, The Blood of Adonis, fu pubblicata nel 1971. L'edizione fu rispampata con tre nuove poesie con il titolo "Transformations of the Lover" (1982). Intellettuale musulmano e scrittore di fama mondiale, Adonis ha costruito ponti fra le influenze occidentali e tradizione araba, greca e biblica. "L'occidente è un altro nome dell'oriente" ha scritto una volta. Il materialismo occidentale, che egli rifiuta, è l'argomento di 'A Grave for New York'. La poesia scritta dopo un suo soggiorno nella città. Adonis si rivolge a Walt Whitman, che diventa sua guida come Virgilio fu guida di Dante attraverso l'Inferno. Molti anni dopo, nel 1998 Adonis confessò di sentirsi "più vicino a Nietzsche e Heidegger, a Rimbaud e Baudelaire, a Goethe e Rilke, che a molti scrittori, poeti ed intellettuali arabi." Nel 1970 Adonis fu nominato professore di letteratura araba all'Università Libanese. Tre anni dopo Adonis ottenne un dottorato dalla St Joseph University di Beirut. L'argomento della sua tesi fu "Permanenza e Cambiamento nel pensiero e letteratira arabi." Nel 1975 in Libano scoppiò la guerra civile e negli anni '80 ci fu una escalation - l'esercito israeliano entrò a Beirut e i siriani si trovarono in trincea. In questo periodo Adonis trascorse la maggior parte del tempo a Beirut. Nel 1980-81 fu docente in visita all'università Censier Paris III. Adonis ha insegnato anche al Collège de France, alla Georgetown University, e all'Università di Genova. Dopo aver lasciato lUniversità Libanese, nel 1986 Adonis si trasferì a Parigi. Nel 2001, Adonis fu insignito del Goethe Medal del Goethe-Gesellschaft. Il suo nome è stato spesso citato fra i candidati al Premio Nobel.

Benché Adonis abbia esaminato criticamente i problemi del Medio Oriente, come poeta è stato più interessato alla sperimentazione, linguaggio e a liberare la poesia dal formalismo tradizionale, che a commentare temi socio politici contemporanei. Secondo Adonis, il poeta arabo ha due facciate, l'Io e l'Altro, la persona Occidentale. L'esilio non è solo la definizione basilare dell'essere del poeta arabo; la lingua stessa è nata in esilio. Il poeta vive tra due esilii, quello interno e quello esterno. E ci sono "anche molte altre forme di esilio: censura, interdizione, espulsione, prigione ed assassinio." Le idee di Adonis sulla stagnazione della cultura e letteratura arabe hanno suscitato molte controversie. Adonis ha risposto: "nulla mi rischiara come questa oscurità / O forse era: nulla mi oscura come questa chiarezza". Dopo il bombardamento di Kana durante la guerra del LIbano del 2006, Adonis ha detto in una intervista che "Israele vede il mondo arabo solo con gli occhi del metallo incandescente, rabbioso, il metallo dei carri armati, dei proiettili o dei terroristi."

"Vengo da una terra in cui la poesia è come un albero che veglia sull'uomo e in cui il poeta è uno che comprende il ritmo del mondo".

Il poeta siriano Adonis è il vincitore del Premio Internazionale Capri 2013.

Friedrich Hölderlin

Uno dei più grandi poeti della letteratura tedesca, segnalato da Schiller. Teologo, romantico, attivista politico. Addirittura, folle.

martedì 17 settembre 2013

La veduta

Riluce il giorno aperto
agli uomini d'immagini,
quando traspare il verde
dai più lontani piani,
ed al tramonto inclini
la luce della sera,
bagliori delicati
fan mite il nuovo giorno.
Appare spesso un mondo
chiuso ed annuvolato
dubbioso interno all'uomo,
il senso più crucciato,
la splendida natura
i giorni rasserena,
sta la domanda oscura
del dubbio più lontana

Friedrich Hölderlin (Lauffen sul Neckar, Württemberg, 1770 - Tubinga 1843) è ritenuto uno dei maggiori esponenti del romanticismo tedesco, nella sua prima fase e forse il più grande poeta lirico tedesco per la sua visionaria originalità espressiva e tematica. Perse prestissimo il padre, che era un influente funzionario del ducato di Svevia, e poco più tardi anche il patrigno. La madre decise di avviare il figlio alla carriera di pastore protestante e gli fece frequentare i seminari di Denkendorf e di Maulbronn. Nel 1788 passò al rinomato collegio teologico di Tubinga, dove strinse amicizia con i futuri maestri dell'idealismo tedesco, Hegel e Schelling, con i quali condivise l'entusiasmo per la rivoluzione francese e per la filosofia kantiana. Conclusi gli studi, rifiutò d'intraprendere, come desiderava la madre.

Si recò poi (1795) a Jena, dove frequentò Schiller. Nel 1794 pubblicò sulla rivista "Neue Thalia" un frammento del suo romanzo Hyperion. A Jena seguì anche con autentico entusiasmo le lezioni di Fichte; insoddisfacente fu invece l'esito di una visita a Goethe nella vicina Weimar. Lasciò Jena per Francoforte e assunse l'incarico di precettore presso il banchiere Gontard: qui s'innamorò della madre dei suoi quattro allievi, Suzette, che cantò con il nome di Diotima in molte liriche e nel romanzo*Iperione*. Nel 1798 la situazione si fece insostenibile, e Hölderlin fu costretto a lasciare casa

Gontard. Partì quindi per Bordeaux, dove di nuovo fu precettore presso il console di Amburgo (1801-02). Dopo pochi mesi si mise in cammino a piedi per rientrare in Germania: la notizia, appresa forse durante il viaggio, della morte di Suzette Gontard finì con lo stravolgergli la mente. Quando raggiunse la casa materna, era ormai preda della pazzia.

Del malato si occupò il fedele amico E. Sinclair, che dapprima ottenne per lui un impiego di bibliotecario a Homburg (1804): ma la salute psichica del poeta peggiorò a tal punto che nel 1806 fu ricoverato al "Clinicum" di Tubinga, donde l'anno dopo fu congedato come inguaribile. Da allora fino alla morte Hölderlin visse, completamente obnubilato, nella casa del falegname di Tubinga E. Zimmer, ricevendo visitatori attratti dalla sua nascente fama letteraria e scrivendo per essi brevi versi in rima baciata, cui apponeva date fantasiose firmandosi "Scardanelli".

Le poesie costituiscono senza dubbio il punto più alto della produzione letteraria di Hölderlin. Prese le mosse dall'imitazione di Klopstock, il poeta fu influenzato dal classicismo illuministico di Schiller. La rima scompare, il verso greco viene ricreato nella lingua moderna facendo corrispondere alle sillabe lunghe e brevi quelle con e senza accento; soprattutto si manifesta in essa quel respiro ampio e pieno che nasce da un uso arditissimo dell'enjambement, da un'aggettivazione imprevedibile ma non bizzarra, da una variegata creazione di parole composte. Le composizioni scritte tra il 1800 e il 1801 accentuano queste caratteristiche: si tratta di odi vaste e complesse, talvolta oscure ma animate da un ritmo possente e da metafore e accostamenti sorprendenti. Nell'ultima fase della produzione poetica di Hölderlin, che va dal ritorno dalla Francia alla fine del 1804, nascono i grandi inni che l'autore definì "patriottici" perché dedicati alla patria tedesca.

Giovanni Antonio Di Giacomo

Conosciuto con il pseudonimo di Vann'Antò, cantò la Sicilia della sofferenza, quella dei minatori, degli sfruttati e dei sottomessi.

mercoledì 25 settembre 2013

A pici (versi scelti)

Suli ri l'arma mia, Suli r'amuri,
prima ca trasu ni l'oscurità
ri la pirrera (o notti ri tirruri
can nun finisci, r'unni Diu lu sa

can nun ritorna!): o raia rj lu Suli
ca la sientu nall'arma, ca si fa
spranza viva e n'arriri santu sciuri
ri la cciù amata, ri la libbirtà!

Giovanni Antonio Di Giacomo (pseud. Vann'Antò). - Nacque a Ragusa il 24 ag. 1891 da Salvatore e da Carmela Rizza, ultimo di sette figli maschi. La precoce. spiccata inclinazione agli studi gli evitò di finire nelle miniere d'asfalto, come il padre e i fratelli: dal ginnasio ragusano passò dunque al liceo di Siracusa, per poi iscriversi alla facoltà di lettere all'università di Catania, dove si laureò il 7 dicembre 1914.

Rientrato a Ragusa, il D. tentò di galvanizzare la torpida cultura locale attraverso le colonne di un battagliero periodico "di giovani", La Balza. L'intento di partenza era quello di lavorare a "una educazione politica" del popolo che gli desse "coscienza dei suoi doveri e dei suoi diritti". Sennonché la collaborazione di Nicastro introdusse subito nel foglio i fermenti di una polemica antiquietista più vicina a certo ribellismo piccolo borghese, individualista ed aggressivo, che non alla strategia pedagogico culturale dell'attivismo idealista. Proprio sotto l'influsso di Nicastro, in tandem col messinese Guglielmo Jannelli, la rivista abbandonò ben presto ogni velleità di dialogo con i retrivi concittadini per sintonizzarsi con Marinetti: nasceva così una nuova Balza, "quindicinale futurista".

Interventista, nel 1916 il D. partì volontario per il fronte con il grado di tenente: ma i suoi entusiasmi risorgimentali ed irredentistici sarebbero stati messi a dura prova dalla tremenda esperienza della battaglia e della trincea. Ferito alla Bainsizza, nell'autunno del 1917 fu mandato per la convalescenza all'ospedale militare di Siracusa: ne nacque una sorta di breve diario in francese, Tablettes, dove non c'è alcuna traccia di bellicismo patriottico ma solo l'incubo di un'"lieure affreuse de bataille", e la scrittura diventa esplicitamente uno strumento d'evasione, una regressione al gioco infantile.

Finita la guerra, il D. tornò a Ragusa per sposarvi Maria Caterina Licitra (sorella di quel Carmelo che fu discepolo e seguace di Gentile) e quindi iniziò la carriera d'insegnante a Messina (1920). Qui c'erano ad attenderlo i vecchi amici futuristi, ma il suo interesse nei confronti del movimento si era ormai esaurito: pur concedendo la propria firma in qualche particolare circostanza (come la campagna del 1921 contro il cartellone "classicista" del teatro greco siracusano), egli doveva sentirsi mille miglia lontano da Marinetti.

Collaborando all'Albatro e frequentando la libreria Ferrara, il D. si accostava piuttosto ai poeti di tendenza simbolista e inoltre stringeva nuove, determinanti amicizie - con Quasimodo, Pugliatti, La Pira - ed avviava quella che sarebbe stata una lunga, amorosa ricognizione intorno alle proprie radici popolari, pubblicando un "corso di esercizi e di letture siciliane" per le scuole (Li cosi nuvelli, in collaborazione con L. Nicastro) e una raccolta di poesie in dialetto (Voluntas tua, Roma 1926). Divisa in tre sezioni (Vita dei campi, Vita delle miniere e Vita delle trincee), Voluntas tua vuol essere l'oggettivazione "popolare" di un'esperienza in effetti vissuta a un livello più alto (da studente o da intellettuale nella vita civile, da ufficiale nell'esercito): contadini, minatori e fanti alternano canti di gioia e di dolore, di protesta e di rassegnazione, di maledizione e di fede in un trittico abbastanza discontinuo, in parte per ragioni esterne, cronologiche (di alcuni componimenti infatti si sa con certezza che risalgono agli anni giovanili), in misura ben maggiore per una insanata lacerazione nell'atteggiamento del poeta, il quale di fronte ai suoi protagonisti popolari appare diviso tra immedesimazione e distacco, tra denuncia e accomodamento paternalistico.

Nel 1932 il D. pubblicò a Milano Il fante alto da terra, un'operetta che si portava dentro da molti anni (e cioè dall'inizio della guerra) e di cui alcuni brani avevano già visto la luce in rivista (Gli Avvenimenti di Milano, L'Italia futurista di Firenze, Il Marchesino e L'Albatro di Messina). Certamente non fascista, ma in sostanza estraneo a qualsiasi forma di impegno politico, il D. - negli anni '30 e nei primi anni '40 - collaborò a vari periodici, più o meno allineati, curando solo i propri interessi didattici, letterari e demopsicologici (v. soprattutto gli interventi sui messinesi Lunario siciliano e Secolo nostro): ché, se talvolta si trovò ad elogiare qualche iniziativa del regime, ciò avvenne per una superficiale, non calcolata convergenza, a partire da istanze puramente ed astrattamente etiche.

Preside della scuola media "G. Mazzini" dal 1942, nel 1944 fuprovveditore agli Studi a Ragusa; nell'inverno successivo era di nuovo a Messina, a riprendervi la sua presidenza e ad iniziare, presso quell'università, l'insegnamento (per incarico) di storia delle tradizioni popolari. A conti fatti, la produzione poetica della maturità appare assai meno aggiornata e stimolante di quella giovanile. Senz'altro migliori le poesie di U vascidduzzu; ma tutto sommato lo si deve forse solo alla martellante forza iterativa con cui l'autore ha saputo usare il suo aspro, faticoso dialetto ("Cci mannarru e la cartullina / a n-surdatu muortu. / A n-surdatu muortu / cci mannarru la cartullina!" ecc.). Quanto alla silloge 'A pici, si tratta solo di una nuova edizione (con traduzione a fronte) della serie A pruvulista di Voluntas tua.

D. morì a Messina il 25 maggio 1960.

Dacia Maraini

La vita di questa scrittrice è già un romanzo. Una grande scrittrice, ma soprattutto una grande donna. Nelle vene, sangue siciliano.

martedì 1 ottobre 2013

Come spigole sott'acqua

Ogni tanto di notte
mi vengono a trovare
portano scarpe di pezza
non sanno camminare
ma, strano davvero strano:
sanno cantare,
hanno la voce come le spigole
sott'acqua,
come chi conosce il
suono delle rocce
e della luna appena nata.

Ogni tanto di notte
mi vengono a trovare
mia sorella dal collo di farfalla
mio padre dal sorriso di elefante
non mi chiedono di rispondere
non mi chiedono di andare;
si seggono su un sasso
come ai tempi delle grandi merende
lungo il fiume di Karisawa
e cantano senza aprire la bocca
come le spigole sott'acqua

Dacia Maraini (Fiesole, 13 novembre 1936) è una scrittrice, poetessa, saggista, drammaturga e sceneggiatrice italiana che fa parte della "generazione degli anni trenta", insieme ad alcuni dei più conosciuti autori della letteratura italiana. Primogenita dello scrittore ed etnologo toscano di antiche origini ticinesi Fosco Maraini e della principessa siciliana e pittrice Topazia Alliata, appartenente all'antico casato siciliano di origini pisane degli Alliata di Salaparuta. La nonna materna si chiamava Sonia Ortúzar Ovalle, cantante lirica che non poté debuttare, era la figlia di un diplomatico cileno. La nonna paterna di Dacia era la scrittrice Yoï Pawloska Crosse, per metà polacca e per metà inglese, nata in Ungheria e trasferitasi in Inghilterra durante l'adoscelenza. Dacia trascorse la sua infanzia in

Giappone dove la sua famiglia si stabilì dal 1939 al 1946. Lì, dal 1943 al 1946, la famiglia fu internata in un campo di concentramento giapponese, dove patirono una fame estrema. Al ritorno in Italia, si trasferirono in Sicilia, presso i nonni materni, nella Villa Valguarnera di Bagheria, e in seguito, si trasferirono a Roma. Quindi, il padre Fosco tornò a Firenze.

Dopo la separazione dei genitori, a 18 anni Dacia raggiunse il padre, che nel frattempo si era trasferito a Roma, e nella capitale riscosse il suo primo successo con il romanzo La vacanza (1962). Seguono L'età del malessere (1963), A memoria (1967), Memorie di una ladra (1972), Donna in guerra (1975), Il treno per Helsinki (1984), Isolina (1985, Premio Fregene 1985), La lunga vita di Marianna Ucrìa (1990, Premio Campiello; Libro dell'Anno 1990), Bagheria (1993), Voci (1994), Un clandestino a bordo (1996), Dolce per sé (1997) e la raccolta di racconti Buio (1999) che ha vinto il Premio Strega. Nel 2001 ha pubblicato La nave per Kobe, in cui rievoca l'esperienza infantile della prigionia in Giappone, e Amata scrittura. Laboratorio di analisi letture proposte conversazioni. Nel 2004 è la volta di Colomba. Nel 2007 pubblica Il gioco dell'universo (Mondadori) con il quale vince il Premio Cimitile nella sezione di narrativa. Nel 2008 pubblica Il treno dell'ultima notte. Nel 2010 "La seduzione dell'altrove". Nel 2011 "La grande festa". Si è occupata molto anche di teatro; nel 1973 ha fondato a Roma con Maricla Boggio, il Teatro della Maddalena, gestito e diretto soltanto da donne. Ha scritto più di sessanta testi teatrali rappresentati in Italia e all'estero, tra cui ricordiamo Manifesto dal carcere e Dialogo di una prostituta con un suo cliente. Fu a lungo compagna di Alberto Moravia, con cui visse dal 1962 al 1978. Tra i premi vinti, oltre al Premio Cimitile, Campiello e Strega, c'è anche il Premio Pinuccio Tatarella. È vegetariana e si è espressa pubblicamente in favore dei diritti animali.

Raage Ugaas

Dedichiamo alla Somalia e al suo grido di sofferenza la nostra rubrica. Un grido che ci auguriamo non evapori nel vento.

martedì 8 ottobre 2013

Era scesa la notte

Era scesa la notte e dietro le porte chiuse tutti dormivano
Il tuono richiamò con clamore la pioggia come colpi da mille fucili
Così era il mio lamento che hanno pensato a un leone che si avvicina
Per gli uomini la colonna vertebrale e le costole sono il supporto -centrale del corpo

Adesso chiudo gli occhi che ho usato per vedere
Solo Dio conosce la fonte dei miei lamenti
L'avvoltoio ferito alla spalla non può volare
Il cavallo che ha perso la sua spina dorsale non può galoppare

L'uomo ferito agl occhi e alle costole non può cercare la vendetta
Un uomo il cui cuore soffre non può prendere una sposa
Quando i cammelli sono assetati gridano più forte
Come una bambina la cui madre ora vive nell'aldilà

Il cui padre ha portato un'altra donna a dormire nel aqal*
Sento costantemente dal profondo del mio ventre il dolore
Sono l'uomo la cui fidanzata è stata data ad un altro
Sono l'uomo che vede la sorgente ma la cui sete rimane inappagata
Sono l'uomo il cui fratello è capo clan e tuttavia è accusato
Io sono l'uomo che siede in silenzio, lentamente ad accarezzare ancora -e ancora la sua bocca

*aqal (tipica capanna nomade usata dai Somali)

Poesia somala. Il Somalo è una lingua usata nella pianura orientale del Cushitic dalla super-famiglia Afroasiatica, parlata da circa 12 milioni di persone nel Corno orientale dell'Africa, nonché nella diaspora somala in Nord America, il Regno Unito, la Scandinavia, l'Italia, gli Stati del Golfo e di altre parti del Medio Oriente.

La poesia è proprio nel cuore della cultura espressiva somala ed è stata composta per molto tempo come la conosciamo. Data la natura orale di questa poesia, molto è stato perso nel corso del tempo, ma la tradizione era già molto ben stabilita dal XIX secolo. Secondo B.W. Andrzejewski, il più antico poema in memoria collettiva somalo è una meditazione da Sheekh Cali Cabduraxmaan del XVIII secolo. Altri poemi classici comprendono le opere del poeta Raage Ugaas e quelli di Sayyid Maxamed Cabdille Xasan, leader del movimento Dervish e della resistenza contro la colonizzazione straniera nei primi anni del XX secolo. La poesia somala è metrica e allitterativa, e le poesie in genere rientrano in una delle due grandi categorie: *maanso* o *hees*. *Maanso* sono poesie di autori che si occupano di questioni serie, spesso con argomenti esplicativi, per esempio il gabay. Poesie più leggere sono chiamate hees e sono cantate, spesso con accompagnamento musicale. Essi comprendono canti di lavoro, canzoni da ballo, e la forma urbana moderna, *heello*.

La prima raccolta di poesie di rilievo, tradotte in inglese fu "La poesia somala di BW Andrzejewski e IM Lewis: Introduzione (1964) utilizzando l'ortografia di Shire Ahmed Jaama. Il lavoro è stato intrapreso per preservare la poesia di alcuni tra i più importanti primi poeti somali e di studiosi come Muusa Galaal degli anni 1960 e 1970. A metà degli anni '70 Maxamed Xaashi Dhamac 'Gaarriye' e Cabdullaahi Diiriye Guuleed hanno scritto saggi rivoluzionari usando metriche somali per il giornale Xiddigta Oktoobar. Nel corso dei successivi due decenni, diverse antologie tra cui "Poesia Orale Somala: Storia di una Nazione" sono stati pubblicati in italiano e inglese, mentre Hal - Karaan, le opere complete di Maxamed Ibraahim Warsame ' Hadraawi, da molti considerato il miglior poeta in lingua oggi, è stato pubblicato in Norvegia nel 1993. Molti poeti contemporanei hanno ancora trasmesso le loro opere dalla tradizione *xafidayaal* (a memoria), anche se il pubblico somalo di oggi ascolta anche le nuove poesie con cassette e radio, nonché performance dal vivo. Pubblicazioni su internet e un po' sulla stampa hanno reso le nuove poesie ampiamente disponibili, soprattutto nella diaspora.

Tristan Corbière

Poeta maledetto, autore di un'unica opera letteraria, che lascerà il segno nel cuore degli artisti del suo tempo, fino ai nostri giorni.

martedì 15 ottobre 2013

Bonsoir

Et vous viendrez alors, imbécile caillette,
Taper dans ce miroir clignant qui se paillette
D'un éclis d'or, accroc de l'astre jaune, éteint.
Vous verrez un bijou dans cet éclat de tain.

Vous viendrez à cet homme, à son reflet mièvre
Sans chaleur... Mais, au jour qu'il dardait la fièvre,
Vous n'avez rien senti, vous qui - midi passé -
Tombez dans ce rayon tombant qu'il a laissé.

Lui ne vous connaît plus, Vous, l'Ombre déjà vue,
Vous qu'il avait couchée en son ciel toute nue,
Quand il était un Dieu!... Tout cela — n'en faut plus. -

Croyez - Mais lui n'a plus ce mirage qui leurre.
Pleurez - Mais il n'a plus cette corde qui pleure.
Ses chants... — C'était d'un autre; il ne les a pas lus.

Tristan Corbière L'avventura poetica di Tristan Corbière è innanzitutto la tragedia di un uomo che ama con il più profondo dell'anima, e non può invece amare ed essere amato per colpa di un fisico minato e repellente. Nasce 1845, nel maniero di Coatcongar, presso Morlaix, in Bretagna. Figlio di un capitano di lungo corso, autore di un buon numero di romanzi a sfondo marinaresco, Tristan "soffre" di una passione sviscerata per il mare e per i viaggi che non potrà mai soddisfare perché colpito, dall'età di quindici anni, da violentissimi reumatismi. Innamorato perdutamente di una donna, la Marcelle delle sue poesie, si abbasserà a dividerla con un altro uomo; gli altri suoi amori femminili saranno in genere di tipo venale, "donne che si comprano con trenta soldi". La sua vita e le sue poesie sono un violento naufragio di questi tre temi dominanti: passione per il mare, amore per le donne e odio per il suo povero corpo: "Quel rospo là, son io". "Giovane filosofo alla deriva, Ritornato senza mai essere stato, Cuore di poeta mal piantato: Perché volete che viva ?".

Poesia bizzarra, poesia di furore, bestemmia, imprecazione, e rifiuto. Poesia urlata e mai cantata. L'unica opera che ha scritto, Gli amor gialli (Les amours jaunes), e pubblicata a sue spese nel 1873, non trova acquirenti. Ma la cura maniacale con cui ha curato la disposizione grafica delle poesie e la sua sintassi nervosa, spezzata, fanno di lui un singolare precursore di Apollinaire e dei suoi

Calligrammi, del dadaismo e del surrealismo. Passa quasi tutta la sua vita a Roscoff, per motivi di salute e di clima. Ogni tanto, sbarca a Parigi, famelico di vita, donne e poesia. Nel dicembre 1874 viene trovato svenuto nella sua camera di Parigi, in abito da ballo. Trasportato in una clinica, e poi a Morlaix, muore il 1° marzo 1875. "Poeta prigioniero della sua natura" ha scritto Jean Rousselot nella prefazione alle poesie di Corbière "ma cosciente dei suoi poteri al punto di trovare libertà e nutrimento nella sua stessa prigione; poeta maledetto che si corona della sua maledizione e rovescia quel gigantesco spegnimoccoli che è per lui tutto il creato, Corbière non ha mai finito di esserci maestro".

Fabrizio De Andrè

Quando la musica diventa un dettaglio e i versi tracciano piccole storie del mondo, là dove finiscono le dita e inizia una chitarra.

martedì 22 ottobre 2013

(a forza di essere vento) Khorakhanè

Il cuore rallenta la testa cammina
in quel pozzo di piscio e cemento
a quel campo strappato dal vento
a forza di essere vento

porto il nome di tutti i battesimi
ogni nome il sigillo di un lasciapassare
per un guado una terra una nuvola un canto
un diamante nascosto nel pane

per un solo dolcissimo umore del sangue
per la stessa ragione del viaggio viaggiare
Il cuore rallenta e la testa cammina
in un buio di giostre in disuso

qualche rom si è fermato italiano
come un rame a imbrunire su un muro
saper leggere il libro del mondo
con parole cangianti e nessuna scrittura

nei sentieri costretti in un palmo di mano
i segreti che fanno paura
finché un uomo ti incontra e non si riconosce
e ogni terra si accende e si arrende la pace

i figli cadevano dal calendario
Yugoslavia Polonia Ungheria
i soldati prendevano tutti
e tutti buttavano via

e poi Mirka a San Giorgio di maggio
tra le fiamme dei fiori a ridere a bere
e un sollievo di lacrime a invadere gli occhi
e dagli occhi cadere

250

ora alzatevi spose bambine
che è venuto il tempo di andare
con le vene celesti dei polsi
anche oggi si va a caritare

e se questo vuol dire rubare
questo filo di pane tra miseria e sfortuna
allo specchio di questa kampina
ai miei occhi limpidi come un addio

lo può dire soltanto chi sa di raccogliere in bocca
il punto di vista di Dio

Fabrizio De Andrè aveva un'idea personale su come giudicare il mondo e la svariata fauna che lo abita. Lo dimostrava con le canzoni, e per esse è diventato famoso, ma era il suo modo di vivere che lo contraddistingueva e che, spesso, metteva e mette a disagio i suoi fan.

E' diventata una moda citarne le frasi pronunciate, o magari attribuitegli per errore, durante le interviste, poche, ma intense e profonde da non farsi dimenticare. I social network ne sono piene. Eccessivamente. I "mi piace" e le "condivisioni" fanno sfoggio di un ideale che forse non sempre appartiene a chi con esso emula il poeta ligure.

Perché non basta inserire un video del suo ultimo concerto, o strimpellare un suo pezzo con la chitarra, per renderci simili al suo pensiero di libertà. Quella che non riusciva a distinguere le razze, le provenienze, gli idiomi incomprensibili che riecheggiavano assorbite dalla sua sensibilità, che creavano i versi che ispiravano le sue musiche, sempre più sofisticate e ricercate con il passare del tempo.

Eppure il suo messaggio lo aveva lanciato in più occasioni. Quel punto di vista, chissà poi se così vicino a quello di Dio, che racchiudeva il Fabrizio che si esponeva e mostrava l'anima, senza il timore del giudizio, con la spavalderia di chi sa di essere nel giusto, come dimostra la famosa foto con la penna (?) sostenuta dal labbro superiore, arricciato a prendere in giro se stesso, prima che l'osservatore. Quel messaggio cantato nei versi delle sue canzoni, De André lo aveva lanciato. A chi aveva voglia di ascoltarlo veramente.

Quel *Creuza de ma*, composta in dialetto genovese, era più di un segnale del suo pensiero cosmopolita del mondo. Un disco per raccontarci le sofferenze degli angoli del mondo. Quelle che uniscono l'umanità sotto un'unica ipocrisia che illude l'uomo di poter appartenere a una razza privilegiata, per finire a fare i conti con la propria stupidità.

Perché solo gli stupidi sanno leggere il pensiero dei poeti. Di intelligenti il mondo è pieno. Eccessivamente. Spesso, senza rendersi conto che di loro si riesce tranquillamente a farne a meno. E' questa capacità di affidare la sensibilità alla stupidità, che sa di umiltà, che ci permette di comprendere quella appartenenza alla razza umana. Contraddittoria, poliedrica, imprevedibile. Speriamo, sempre con quella voglia di stupidità, che ci rende tutti, forse, un po' più umani.

Adalberto Ortiz

Un cantore ecuadoriano e i suoi versi che sanno di pelle nera, schiavitù, pregiudizi, razzismo. Scritti attualissimi in un mondo che non sa smentirsi.

martedì 29 ottobre 2013

Contribucion

Africa, Africa, Africa,
tierra grande, verde y sol,
en largas filas de mástiles
esclavos negros mandó.

Qué trágica fue la brújula
que nuestra ruta guió.
Qué amargos fueron los dátiles
que nuestra boca encontró.

Siempre han partido los látigos
nuestra espalda de cascol
y con nuestras manos ágiles
tocamos guasá y bongó.

Sacuden sus sones bárbaros
a los blancos, los de hoy,
invade la sangre cálida
de la raza de color,
porque el alma, la del Africa
que encadenada llegó,
en esta tierra de América
canela y candela dio.

Adalberto Ortiz nacque a Esmeraldas il 9 febbraio 1914 e l'aria di rivoluzione e di rivendicazioni sociali la respirò già in famiglia. Il padre Leonidas Otiz era calligrafo e segretario prelle l'Estudios de Esmeraldas e la madre era la nipote di Simón Torres de la Carrera e quindi pronipote dell'eroe nazionale Luis Vargas Torres, noto rivoluzionario e martire al quale è stata dedicata l'Università della città.

La sua nascita coincise con periodo della rivoluzione contro il dominio spagnolo, che durava dal 1531 con l'arrivo in Ecuador del conquistatore Francisco Pizarro e il padre stesso si arruolò per combattere i governativi.

Influenzato in giovane età dalla zia Sara Quiñónez Torres e da un'educazione molto religiosa, nel 1929 si trasferì a Quito dove andò a lavorare presso una tipografia che stampava una rivista per conto dell'Ordine Domenicano, la Stampa Cattolica. Esperienza che lo indusse a seguire l'impulso di chiudersi in un convento, anche per far piacere alla nonna, anch'ella molto religiosa. L'intervento di alcuni cugini e zii anticlericali lo scoraggiarono nella scelta.

Dopo la morte della madre, nel 1931, si dedicò agli studi profondamente, e nel 1937 ritornò a Esmeraldas con il titolo di insegnante, attività che praticò fino al 1940. Nel frattempo, grazie al suo amico Carrion Kruger che gli aveva prestato il libro "Mapa de la Poesía Negra Americana" dello scrittore cubano Emilio Ballagas, Ortiz si appassionò alla letteratura da cominciare a scrivere proprie opere, di impronta e anima tipicamente nera.

Scrisse il suo primo libro di poesie tra il 1938 e il 1939, *Tierra, son y tambor*, che si trascinò contro le critiche di altri scrittori che giudicaro i versi di Ortiz poco poetici. Solo dopo le dichiarazione di Joaquin Gallegos Lara che descrisse il suo poetare come un'innovazione nel panorama letterario dell'America latina, ricco di umanità e sensibilità, Ortiz comprese che l'ambiente di Esmeraldas era particolarmente ristretto.

Cominciò così per Ortiz la collaborazione con il quotidiano "El Telégrafo", in veste di poeta *negrista* dell'Ecuador, difensonre della sua razza e della sua poesia, rappresentando una vera novità per la tradizione letteraria del sud America. Continuò la sua attività di insegnante in località rurali, che gli fecero conoscere le tristi realtà della popolazione locale sfruttata e resa schiava dai latifondisti. Una raccolta di esperienze che fu di ispirazione per la stesura del suo romanzo *Juyungo*, la storia di un negro e di un'isola, che descrive le popolazioni di Milagro e Guayaquil, tradotto in tedesco, francese e inglese.

Negli anni successivi, il colore della sua pelle non agevolò né la sua carriera letteraria, né quella lavorativa. Un razzismo spesso celato da accuse di comunismo che, come nel caso della sua nomina di Cancelliere presso il Consolato a New York. Nonostante questo, la produzione artistica di Ortiz vide l'esplosione creativa neglia anni '50. Appassionato anche di pittura, nel 1954 realizzò quattordici stampe poetiche, con il titolo di *El Vigilante Insepulto* e, nello stesso periodo, il romanzo *El Espejo y la Ventana*.

Gli anni '60 segnarono profondamente l'esistenza del poeta. Il periodo scuro dell'Ecuador sotto la dittatura militare, che limitò la libertà di stampa e riorganizzò i diritti d'autore controllando la stampa e le stazioni radio, ispirò la sua opera *El Espejo y la ventana*, storia di Mauro Lemos nel periodo della rivoluzione e il dominio peruviano.

Dopo le soddisfazioni della fine degli anni '70 che lo videro impegnato come docente all'Università di Howard e ambasciato a Panama nel 1981 e nel 1982, dedicò gli ultimi anni della sua vita alla lettura.

Morì il 1° febbraio 2003.

Salvatore Toma

Se c'è stato un poeta maledetto nella storia della letteratura italiana, questi era pugliese del Salento.

martedì 5 novembre 2013

Il falco lanario

Come un aereo solare
senza rumore
se non fra le ali
il canto di un vento luminoso
circondava il lanario
il vecchio casolare
desolato in collina
tra le spine e i papaveri.

Assorto
stavo lì a guardarlo
roteare a spirale
lento come sospeso
a caccia del rondone.

Si spostava
ogni tanto
anche più di là
fra gli ulivi e il raro verde.

Un silenzio di fiaba
avvolgeva la collina.

Salvatore Toma nacque a Maglie, in Puglia, l'11 maggio 1951. Ha vissuto la sua breve vita quasi da eremita. Rifiutò quasi del tutto il contatto con la società, nella quale si sentiva estraneo e fuori tempo, a parte il periodo scolastico fino al conseguimento della maturità classica.

Si rintanò, è veramente il caso di dirlo, nella proprietà dei genitori, dedicandosi a allevare cani di razza, che menzionerà in alcuni versi delle sue poesie. Solitario e poco incline a adeguarsi alla modernità del mondo che lo circondava, ne descrisse l'assurdità, l'ipocrisia e la crudeltà racchiuse nell'animo umano, in contrasto con la purezza e la natura selvaggia degli animali, che amò per tutta la sua breve vita.

Un senso di disperazione e di disagio nel vivere la modernità di un mondo falso e deludente, lo portò ad abbandonarsi all'uso sconsiderato di alcol. Causa o concausa della tematica del suo poetare, imperniato di un sentimento di inutilità della vita stessa, dove il suicidio rappresenta un modo forse più nobile di concepire la vita stessa.

Una considerazione che svilupperà ne *Il Canzoniere della morte*, pubblicato postumo nel 1999. Duro e schietto il suo giudizio sugli intellettuali del suo tempo, ricchi di neologismi e inglesismi, atti solo, secondo il poeta, a esternare un'erudizione fine a se stessa. Vuota e falsa. Esempio sono i primi versi della poesia *Ogni tanto aprono bocca!*, un'invettiva contro i poeti che utilizzano un linguaggio forbito, incomprensibile, per il quale si beano: *Ci sono poeti che di vivere fanno solo finta.*

Nonostante un carattere burbero e schivo, esternato nelle sue poesie, la dolcezza dei versi che abbiamo riportato, dimostra un animo sensibile e appassionato verso ciò che rappresenterà il suo unico rifugio per tutta la sua vita: la natura.

Decise di porre fine a questa sua rabbia e delusione, suicidandosi il 17 marzo 1987, a soli 35 anni.

Mile Pešorda

La guerra dei Balcani. Quella dove tutti avevano ragione e nessun torto. Quella che molti preferiscono dimenticare. Quella che tutti hanno perso.

martedì 12 novembre 2013

Vogliamo trattare questa settimana la poesia croata, mantenendoci al di fuori di qualsiasi diatriba che ha caratterizzato i rapporti tra i vari intellettuali di diversa etnia, appartenenti alla ex-Jugoslavia. Il poeta Mile Pesorda è stato protagonista nel recente passato di uno scontro verbale, ma anche a livello legale, con il noto scrittore Predrag Matvejevic, croato anch'egli, che in un articolo risalente al 2001 lo incluse nella lista degli scrittori, da Matvejevic definiti "talebani", che secondo lui si resero protagonisti di complicità con i leader nazionalisti della Serbia, Croazia e Bosnia ed Erzegovina. Per la cronaca, Matvejevic fu dapprima condannato a cinque mesi di carcere, da scontare solo nel caso di reiterazione del reato nei successivi due anni dalla condanna (2005), in seguito, per volontà stessa dello scrittore incriminato di non ricorrere in appello, la Corte Suprema croata confermò la pena inflittagli.

Confermiamo la nostra volontà di voler documentare solo l'aspetto culturale di uno dei due protagonisti, che al di là di qualsiasi considerazione, ha prodotto versi di sicuro interesse.

Monologo

Avete calpestato anche le mie pietre
Nell'assalto
Lo scalpitìo degli zoccoli
Incide
Nel cuore il terrore

Mi avete ucciso anche il cielo
Con gli aghi dei vostri sguardi
Mi avete contaminato anche la sorgente

Soglia insanguinata
Traccia di fruste del trionfo

Mi avete calpestato anche le pietre
Nell'assalto
Il fuoco del vostro odio
Popola
Le case di apprensione

Mile Pešorda Poeta, traduttore dal francese, giornalista ed ex editore croato, è nato nel 1950 a Grude presso Međugorje. Si è laureato in romanistica alla Facoltà di filosofia a Sarajevo, poi ha continuato gli studi post-universitari alle Università di Zagabria e di Parigi, dove - sotto la guida di Milan Kundera - ha preparato tutti gli elaborati necessari per la dissertazione di dottorato di ricerca "L'idea dell'Europa nell'opera di Andrić e Krleža" (il manoscritto è rimasto bruciato nel 1992, durante un bombardamento di Sarajevo). Ha vissuto per vent'anni a Sarajevo lavorando in una casa editrice come redattore. Per quattro anni accademici è stato lettore-docente all'Università di Rennes. Attualmente vive a Zagabria, capitale della Croazia.

Ha pubblicato le prime poesie nel 1967 nel giornale "Lica" di Sarajevo, dove nel 1971 è uscita la sua prima silloge Život vječni (Vita eterna - ottenendo il Premio della casa editrice Svjetlost). Una selezione di sue poesie è stata pubblicata nei seguenti libri: Izabrane pjesme (Poesie scelte - Svjetlost, Sarajevo 1985), Kuća za jezikot (Casa per la lingua) - tradotta in macedone da Eftim Kletnikov che ha pubblicato anche un'intervista all'autore (Makedonska knjiga, Skopje 1986), Knjiga ljubavi i gnjeva (Libro d'amore e di rabbia - Nakladni zavod Matice hrvatske - HKD Napredak, Zagabria 1998) e Drevo z dušo ptice / Stablo s dušom ptice (L'albero dall'anima d'uccello), tradotto in sloveno da Ines Cergol e con la postfazione dell'accademico Ciril Zlobec (Lipa, Capodistria 2002). Ha pubblicato anche un libro di poesie francesi Parole pour elle (La Rivière échappée, Rennes 1992). Sue poesie sono presenti in varie antologie e tradotte in una ventina di lingue. Il giornale francese "Europe" nel 2003 ha incluso Pešorda in una scelta antologica di dodici rappresentanti della poesia contemporanea croata, ritenuti i migliori.

Jean Cocteau

L'artista poliedrico francese. Rappresentate unico dell'arte totale.

martedì 19 novembre 2013

Les façades

Il est des cris plaintifs qui se tordent les bras,
Mordus entre les dents, avortés sur les lèvres,
Des fards astucieux masquant l'ardeur des fièvres,
Et des corps moribonds sous la fraîcheur des draps.

La douleur nous fait honte en nous prenant pour cible.
Cherchons le mot qui trompe et le regard qui ment !
Le sanglot doit se perdre en un ricanement,
Et le cerveau bondir sous un flot impassible...

Combien rencontrons-nous de chaos inconnus,
Pantins qui crisperaient, enfin réels et nus,
Leurs traits démaquillés à la clarté des lampes !

Ignorons-nous assez les larmes et le sang !...
Et près des volets clos qu'on regarde en passant,
L'anneau froid des canons appuyés sur les tempes!

Scrivere di Jean Cocteau non può esimere dai vari accostamenti con altri notissimi personaggi della sua epoca che questo nome, simbolo di cultura d'oltralpe e internazionale, possa richiamare alla mente. Basterebbe citare l'elogio funebre che Cocteau scrisse in occasione della morte di Edith Piaf. O rileggere le parole di elogio che gli rivolse un altro grande della poesia francesce, Marcel Proust, quando la fama di Cocteau era ancora agli albori.

L'elenco è una fila di celebrità in ogni campo dell'arte: Picasso, Modigliani, Apollinaire o addirittura l'aviatore Roland Garros, ricordato per sempre grazie al famoso torneo internazionale di tennis, che si disputa ogni anno a Parigi. Ma la sua versatilità in qualsiasi sfumatura d'arte, lo portò a frequentare i salotti culturali d'Europa e a cimentarsi in collaborazioni le più svariate.

Cocteau è stato, senza dubbio, una delle figure più innovative e rivoluzionarie del suo tempo, ma che avrebbe condizionato anche il mondo artistico dei decenni a venire. La sua enorme produzione ha saputo esprimersi in diversi campi. Oltre alla sua attività predominante di poeta e romanziere, ha prodotto testi teatrali, ha scritto sceneggiature cinematografiche, ma si è anche deliziato con la pittura e la creazione di decori per gli spettacoli.

Appassionato di mitologia, della quale ebbe a dire *"Da sempre ho preferito la mitologia alla storia perchè la storia è fatta di verità che con il tempo diventano delle menzogne, e la mitologia è fatta di menzogne che diventano, al lungo andare, delle verità"*, che manifestò nella pittura con gli affreschi di Villefranche (cappella di Santo Pietro), di Cap d'Ail (anfiteatro antico del Centro Mediterraneo), e di Menton (Sala dei matrimoni), ma anche nelle sue ultime produzioni letterarie, scrivendo opere teatrali, quali *Antigone*, *La Macchina infernale* e *Orfeo*; così come nelle sceneggiature per il cinema, fra tutte *La Bella e la Bestia*.

Amico e frequentatore del grande Chaplin, sulla loro amicizia affermò la grandezza dell'arte come mezzo di comunicazione, che scavalcava la sua scarsa padronanza con l'inglese e quella di Chaplin con il francese. Questa su concezione di arte completa, creativa su vari fronti, lo ha consegnato ai posteri come emulo del più alto livello che l'essere umano possa raggiungere grazie alle arti.

Jean Cocteau nacque a Maisons-Laffitte, nella regione dell'Ile-de-France, il 5 luglio 1889 e morì a Milly-la-Forêt, l'11 ottobre 1963, qualche ora dopo aver appreso la scomparsa di Edith Piaf.

Li Po

Un salto nel tempo. Mille anni ed oltre. Il mondo di uno dei più antichi popoli della storia dell'uomo. Ancora oggi, ammirato e temuto.

martedì 26 novembre 2013

Tristezza d'autunno

Lungo
la gialla argilla dorata
della Grande Muraglia
lui cavalca il bianco cavallo.

Così lei sogna e sempre pensa
all'amato in guerra, nel deserto ostile.
Le lucciole sfiorano la sua finestra,
la luna accarezza i suoi capelli,
e lei, abbandonata alla sua tristezza
nel colore delle foglie d'autunno
che cadono appassite,
vista da nessuno
piange e geme
pur sapendo
che le lacrime non salvano nulla.

Un poeta cinese della dinastia Tang, Li Po (conosciuto anche come Li Bai, Li Pai, Li T'ai-po, e Li T'ai-pai) nacque probabilmente in Asia centrale e crebbe nella provincia del Sichuan. Abbandonò la casa paterna nel 725 per spaziare come eremita nella Vallata del fiume Yangtze e per dedicarsi alla scrittura delle poesie. Nel 742 fu nominato all'Accademia Hanlin dall'Imperatore Xuanzong, sebbene fosse stato espulso dalla corte. In seguito prestò servizio presso il Principe di Yun, durante il periodo di repressione nei confronti della ribellione scoppiata nel 755 nella provincia del Lushan, oggi parco nazionale della provincia dello Jiangxi, ad alto sfruttamento turistico. Li Po fu arrestato per tradimento; ottenne la grazia e ritornò in una sorta di esilio spirituale e intellettuale nella vallata dello Yangtze. Le cronache dell'epoca registrarono quattro matrimoni e raccontano della sua amicizia con un altro famoso poeta del suo tempo, Tu Fu.

Li Po si dedicò alla poesia, componendo versi e poesie a carattere autobiografico. La sua poesia è nota per la sua fervida immaginazione e lo stile del dialogo nella lingua parlata. Uno stile che influenzerà molti poeti del ventesimo secolo, quali Ezra Pound e James Wright.

Nato nel 701, morì nel 762.

W. H. Auden

Autore della famosissima "Funeral Blues", ripresa e citata nel film "L'attimo fuggente", inglese di nascita, si fece adottare dagli Stati Uniti negli anni della guerra.

martedì 3 dicembre 2013

Lullaby

Lay your sleeping head, my love,
Human on my faithless arm;
Time and fevers burn away
Individual beauty from
Thoughtful children, and the grave
Proves the child ephemeral:
But in my arms till break of day
Let the living creature lie,
Mortal, guilty, but to me
The entirely beautiful.

Soul and body have no bounds:
To lovers as they lie upon
Her tolerant enchanted slope
In their ordinary swoon,
Grave the vision
Venus sends
Of supernatural sympathy,
Universal love and hope;
While an abstract insight wakes
Among the glaciers and the rocks
The hermit's carnal ecstasy.

Certainty, fidelity
On the stroke of midnight pass
Like vibrations of a bell,
And fashionable madmen raise
Their pedantic boring cry:
Every farthing of the cost,
All the dreaded cards foretell,
Shall be paid, but from this night

Not a whisper, not a thought,
Not a kiss nor look be lost.

Beauty, midnight, vision dies:
Let the winds of dawn that blow
Softly round your dreaming head
Such a day of welcome show
Eye and knocking heart may bless,
Find the mortal world enough;
Noons of dryness find you fed
By the involuntary powers,
Nights of insult let you pass
Watched by every human love.

Wystan Hugh Auden nacque a York, Inghilterra, nel 1907. Si trasferì a Birmingham durante l'infanzia e fu educato alla chiesa cristiana di Oxford. Da giovane fu influenzato dalla poesia di Thomas Hardy e di Robert Frost, così come da quella di William Blake, Emily Dickinson, Gerard Manley Hopkins, e la poesia tradizionale inglese. A Oxford le sue capacità precoci in campo poetico emersero subito e, nel frattempo, ebbe modo di consolidare l'amicizia, che durerà per tutta la vita, con due colleghi e scrittori, Stephen Spender e Christopher Isherwood.

Prima della guerra, visse nel 1928 a Berlino, dove ebbe occasione di conoscere Bertold Brecht, che ispirerà le sue successive opere teatrali. Tornato in Inghilterra, nel 1930, pubblica la sua prima raccolta, intitolata *Poems* (sebbene i suoi contenuti fossero vari), con la quale Auden si affermò come voce poetica della nuova generazione.

Da quel momento, è sempre stato ammirato per la sua insuperabile tecnica virtuosa e l'abilità di scrivere poesie in qualsiasi forma stilistica; l'introduzione della sua opera nella cultura popolare, attualità e lingua parlata; ma anche per la sua padronanza intellettuale che manifestò facilmente grazie alla straordinaria varietà di interessi letterari, forme artistiche, teorie sociali e politiche, e nozioni scientifiche e tecniche. Fu un determinante testimone e, spesso ha imitato lo stile di scrittura di altri poeti, come Dickinson, W. B. Yeats e Henry James. La sua poesia frequentemente narra, letteralmente e metaforicamente, la ricerca e i suoi viaggi, per procurarsi un ricco materiale d'ispirazione per i suoi versi.

Nel 1935, quasi a voler respingere la sua indole omosessuale, sposò la figlia dello scrittore Thomas Mann, Erika, anche per aiutarla a espatriare dalla Germania nazista, che le avevo revocato la cittadinanza. La coppia non visse mai insieme.

Nel corso della sua vita, visitò la Germania, l'Islanda e la Cina, prestò servizio durante la Guerra Civile in Spagna e, nel 1939 si trasferì negli Stati Uniti, dove conobbe lo studente Chester Kallman, che diventerà in seguito poeta e traduttore, con il quale collaborò nella traduzione dei libretti musicali *Il Flauto Magico* e il *Don Giovanni*, e che divenne suo compagno di vita. Austen diventò cittadino americano. I suoi ideali cambiarono radicalmente rispetto alla carriera giovanile iniziata in Inghilterra, quando era un fervente sostenitore del socialismo e della psicoanalisi freudiana. In America la sua preoccupazione principale divenne la Cristianità e la teologia del moderno Protestantesimo.

Uno scrittore alquanto prolifico, aggiudicandosi il Premio Pulitzer per la poesia con l'opera *The Age Of Anxiety*, Auden fu anche un ottimo compositore di libretti musicali, editore e saggista. Da molti considerato il più grande poeta inglese del ventesimo secolo, la sua opera esercitò maggiore influenza nella generazioni successive di poeti, in entrambe coste dell'Atlantico.

W. H. Auden fu anche Rettore dell'Accademia dei Poeti Americani dal 1954 al 1973, e trascorse la parte finale della sua vita, alternando la sua residenza tra New York e l'Austria. Morì a Vienna nel 1973.

William Ernest Henley

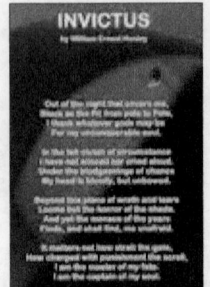

La poesia utilizzata dal Madiba per allievare le sue sofferenze durante il periodo dell'apertheid.

martedì 10 dicembre 2013

"La poesia non è di chi la scrive, è di chi gli serve" - la famosa frase pronunciata ne *Il Postino*, l'ultimo film di Massimo Troisi. Non sappiamo se Clint Eastwood abbia pensato a Troisi, quando scrisse e diresse nel 2009 il suo *Invictus*. Di certo sappiamo che Nelson Mandela, scomparso il 5 dicembre, ebbe modo, diverse volte, di mettere in pratica la battuta del comico napoletano. La poesia scritta da Henley nel 1875 fu di conforto per il Madiba durante la sua prigionia ai tempi dell'apartheid in Sud Africa, prova indiscutibile di una grande verità nascosta nelle parole ironiche recitate da Massimo Troisi.

Invictus

Out of the night that covers me,
Black as the pit from pole to pole,
I thank whatever gods may be
For my unconquerable soul.

In the fell clutch of circumstance
I have not winced nor cried aloud.
Under the bludgeonings of chance
My head is bloody, but unbowed.

Beyond this place of wrath and tears
Looms but the Horror of the shade,
And yet the menace of the years
Finds and shall find me unafraid.

It matters not how strait the gate,
How charged with punishments the scroll,
I am the master of my fate:
I am the captain of my soul.

William Ernest Henley (23 Agosto 1849 - 11 Luglio 1903) è statoun poeta, critico e editore inglese.

Henley nacque a Gloucester e educato alla Crypt Grammar School. La scuola rappresentò una mediocre attinenza con la Cathedral School, e Henley descrisse le sue carenze in un articolo pubblicato sul Pall Mall Magazine, nel novembre del 1900 su T. E. Brown, il poeta che fu preside presso la scuola per un breve periodo. L'incarico di Brown fu un colpo di fortuna per Henley, grazie al quale entrò in contatto con un luminare. "Fu particolarmente gentile con me nei momenti in cui ebbi bisogno più di gentilezza che di incoraggiamento", ebbe a dire in merito. Brown gli garantì un servizio molto utile, prestandogli i suoi libri. Henley on fu uno studente tradizionale, ma la sua conoscenza e amore per la letteratura fu molto vitale.

Dopo aver sofferto nell'infanzia di tubercolosi, nel 1874, all'età di 25 anni, fu ricoverato presso l'ospedale di Edimburgo. Durante il ricovero, cominciò a spedire ad una rivista letteraria, la Cornhill Magazine, alcune poesie, descrivendo il suo disagio provato con l'esperienza dell'ospedalel. Leslie Stephen, suo futuro editore, andò a fargli visita accompagnato da Robert Louis Stevenson, un altro dipendente della rivista Cornhill. L'incontro con Stevenson e la profonda amicizia che ne nacque, rappresentò uno degli episodi più famosi della letteratura inglese (si veda la lettera di Stevenson a Mrs Sitwell, nel gennaio del 1875, e le poesie di Henley "*An Apparition*" e "*Envoy to Charles Baxter*").

Nel 1877 Henley si recò a Londra e cominciò la sua carriera di editore presso il *London*, un giornale scritto più per gli interessi dei finanziatori che per il pubblico. Tra le tante attività per le quali si distinse, è merito suo la conoscenza al pubblico mondiale del *The New Arabian Nights* di Stevenson. Henley stesso contribuì alla stesura, in modo particolare per quanto riguarda una serie di versi scritti in una forma arcaica francese. Si dedicò alla composizione di versi già dal 1872, ma (così affermò nella sua "prefazione" alla sua raccolta di poesie *Poems*, nel 1898) egli "trovò se stesso completamente solo nel 1877, considerandosi senza mercato e deluso dall'arte da essere costretto a mantenersi con il giornalismo per i successivi dieci anni." Quando *London* chiuse, diresse la Rivista d'Arte dal 1882 al 1886. Solo al termine di questo periodo, entrò nel mondo letterario come poeta. Nel 1887 Gleeson White selezionò per un'edizione popolare del Canterbury Poets (pubblicata da William Sharp) una selezione di poesie in francese arcaico. In questa silloge Gleeson White incluse molti pezzi dal *London*, e solo dopo aver completato la raccolta, scoprì che i versi erano stati scritti da Henley. L'anno seguente, HB Donkin nel suo volume *Voluntaries*, scritto per un ospedale dell'East End, incluse le memorie poetiche di Henley che il poeta aveva scritto durante il suo soggiorno presso la clinica di Edinburgo. Alfred Nutt ebbe occasione di leggere questi versi e approfondendo l'argomento, nel 1888 la sua casa editrice pubblicò *A Book of Verse*.

Henley in quel periodo era conosciuto in un ristretto circolo letterario, e la pubblicazione di questo volume determinò la sua fama di poeta, che rapidamente si espanse a tal punto che due nuove edizioni furono ristampate nell'arco di tre anni. Nello stesso anno (1888) Fitzroy Bell fondò il *Scots Observer* a Edinburgo, e Henley ne fu l'editore, e intorno al 1889 Bell gli lasciò la guida del giornale. Era uan rivista settimanale sulla falsa riga di una più vecchia rivista chiamata Saturday Review, ma ispirata in ogni paragrafo dalla vigorosa e combattiva personalita dell'editore. La sede fu trasferita a Londra e rimase sotto la direzione di Henley fino al 1893. Sebbene, come Henley confessò, il giornale avesse molti scrittori come lettori, e la sua notorietà era confinata presso una classe elitaria e letteraria, rappresentava un'influenza culturale del tempo. Henley ottenne diversi riconoscimenti quale editore e gli "Uomini del Scots Observer," come Henley affezionatamente chiamava il gruppo di collaboratori, in molte occasioni giustificarono le sue intuizioni. La rivista trovò consensi presso un crescente imperialismo di quei giorni, e tra i tanti servizi offerti alla letteratura, consegnò al mondo le famose *Barrack-Room Ballads* di Rudyard Kipling.

Alessio Di Giovanni

La Sicilia delle zolfatare. Quella dei "carusi" dentro le miniere nei versi del poeta che ci ha vissuto accanto per tutta la vita.

martedì 17 dicembre 2013

Sudanu li viddana ni la fara

Guardanu li patruna taciturni.
Carnala e no surfara t'hè chiamari

Carnala no di morti ma di vivi.
E vennu a matina: li viditi?

Parinu di la morti accompagnati,
vistuti di scuru, li cunfunniti

mmenzu lu scuru di li vaddunati.
Scinninu a la pirrera e ognunu 'mmanu

Porta la so' lumera pi la via
Ca non pi iddi, pi l'ervi di lu chianu

luci lu suli biunnu a la campia.
Sempri di ddassutta veni un cantu

Ca pari di ddu scuru lu lamentu.
E ni la notti funna scunsulatu

Lu carcarini…Supra la muntagna
S'allarga scuru lu celu stiddatu.

Scinninu muti, e quannu ammanu
Scumpariscinu 'na nfunnu a la scuria,

e si sentinu persi, chianu chianu
preganu a San Giuseppi ed a Maria

Ma doppu, accuminciano a travagghiari
Gridannu, gastimannu a la canina

Ca lu stessu Signuri l'abbannuna.
Oh putissiru, allura abbannunari

Dda vita 'nfami, dda vita assassina
Comu l'armali 'nfunnu a li vadduna.

La Sicilia di Alessio Di Giovanni, poeta dialettale nato a Cianciana (Ag) l'11 ottobre 1872, era quella legata alle tradizioni e alle risorse che il territorio offriva. Era la Sicilia che aveva creduto nel rilancio in un'Unità d'Italia, dopo aver soffocato nella speranza un popolo che si era illuso, diversi decenni prima, di essere stato liberato dai latifondisti con le riforme apportate dai Borboni, in nome di un non ben identificato ideale di riscatto sociale. Era soprattutto, la Sicilia delle zolfatare.

Generazioni di minatori che sin da "carusi" avevano il destino segnato dal buio delle gallerie sotterranee delle zolfatare e un futuro da malato cronico di sinusite, se avevano la fortuna di invecchiare, sopravvissuti ai crolli e alle esalazioni che questo lavoro riservava.

Il padre, Gaetano, era anch'egli proprietario di miniere di zolfo, per quanto le sue attività principali erano quelle di notaio e di studioso del folclore siciliano. Con la nomina a sindaco, che il padre del poeta deterrà per tre mandati consecutivi, Di Giovanni trascorse la sua infanzia nella semplicità della vita di campagna.

Nel 1884 la famiglia Di Giovanni si trasferisce a Palermo, dove il padre tentò di avviarlo alla vita ecclesiastica. Ne seguì un periodo di grave crisi economica per la famiglia, situazione che portò il poeta a dedicarsi integralmente alla scrittura, vivendo nel contempo le sofferenze per le condizioni di semi-povertà e la tenacia dimostrata nei suoi primi tentativi di produzione letteraria.

Nel 1892 abbandona definitivamente l'esperienza ecclesiastica, nella quale non si riconosceva, e si concentra con maggior vigore alla scrittura, dedicandosi al giornalismo. E' il periodo in cui stringe amicizia con il pittore toscano Garibaldo Cepparelli, con il quale seguirà da vicino il mondo della pittura, scrivendone diverse recensioni per il quotidiano "L'Amico del popolo".

Le condizioni economiche della famiglia lo faranno rientrare a Cianciana, dove ritornerà con la madre e le sorelle, mentre il padre raggiungerà la cittadina di Noto, nel siracusano, per intraprendere la carriera di notaio. Sono di questo periodo le prime importanti pubblicazioni: *Canti popolari di Girgenti*(1894), *Scongiuro!* (1895), *Maju siciliano* (1896).

Fluente anche la sua attività di giornalista, con varie collaborazioni dedicate alla poesia dialettale, che sarà l'idioma dei suoi versi. Fra le tante, la collaborazione con il periodico catanese "D'Artagnan", fondato e diretto da Nino Martoglio, per il quale pubblica l'articolo *Cu lu sangu*; sulla stessa testata appare *Na dumanno a li fumusi puetie 'Ntra l'aira*, traduzione delle Fonografie valdesane di Garibaldo Cepparelli.

L'intensa attività di letterato sarà caratterizzata dalla sua denuncia artistica verso lo sfruttamento del suo popolo e dei suoi *carusi*, schiacciati dalla fatica del lavoro nei latifondi e nelle zolfatare, e il potere mafioso che tutelava i potenti. E' una denuncia diversa, forse addirittura più "vera", rispetto a quella che sarà condotta dagli altri grandi interpreti di questo genere letterario, quali Verga o Pirandello.

E' il dialetto, l'arma in più di Di Giovanni nel raccontare gli *umili*. Il dialetto che rafforza il destino dei protagonisti, è la lingua utilizzata dagli sfruttati e dai disperati. L'unica lingua che il poeta potesse usare per tradurre la disperazione e la povertà di quegli uomini.

Rodolfo Alonso

Il linguaggio della poesia come mezzo di comunicazione e di diffusione della cultura. Unico collante cosmopolita.

martedì 24 dicembre 2013

Pachamama

Toco la tierra pongo
mi corazón mi mano
sobre la tierra negra
gris roja fértil
reseca zumbadora
marrón de viva carne
color del elemento
material sol sonido
vibraciones caricia

Piso la tierra toco
lo que tengo soy sé
tierra por descubrir
tierra que nutre
madre tierra hasta el fin
tierra que entierra

Sobre la tierra desde
la tierra un paso
una mirada una canción
que celebre el encuentro
de un hombre con su hembra

Rodolfo Alonso è un poeta e traduttore argentino, nato 4 ottobre 1934 nella provincia di Buenos Aires. Da adolescente fu affascinato dalle opere di César Vallejo e Roberto Arlt, che rappresentarono la base della sua crescita come scrittore. Iniziò, all'età di diciassette anni, a lavorare per la rivista *Poesìa Buenos Aires*, e in quegli anni pubblicò le sue prime poesie. Dopo aver interrotto la sua attività a causa del servizio militare, che era obbligatoria a quel tempo in Argentina, si iscrisse alla facoltà di architettura, che abbandonò pochi mesi dopo.

Ha collaborato per molti anni per *La Gaceta*, in particolare per il supplemento culturale, e ha avuto l'opportunità di viaggiare e incontrare molti dei personaggi più importanti della letteratura del tempo. E' un poeta con una attività intensa, che ha coltivato la scrittura nelle sue varie sfaccettature e ha raccolto riconoscimenti internazionali in molte occasioni.

La dedizione alla cultura di Alonso è completa, sia con la sua produzione personale, possiamo citare le sue raccolte *"Salud o nada"* e *"E arte de callar"*, sia con la sua attività di traduttore, tra le tante la sua traduzione in spagnolo di *"El banquero anarquista"* di Fernando Pessoa.

Giuseppe Ungaretti

Apriamo l'anno con uno dei più grandi poeti della nostra letteratura. Versi carichi di un'immensa nostalgia, abbracciati a tanta umanità.

mercoledì 1 gennaio 2014

Dove la luce

Come allodola ondosa
Nel vento lieto sui giovani prati,
Le braccia ti sanno leggera, vieni.
Ci scorderemo di quaggiù,
E del mare e del cielo,
E del mio sangue rapido alla guerra,
Di passi d'ombre memori
Entro rossori di mattine nuove.

Dove non muove foglia più la luce,
Sogni e crucci passati ad altre rive,
Dov'è posata sera,
Vieni ti porterò
Alle colline d'oro.

L'ora costante, liberi d'età,
Nel suo perduto nimbo
Sarà nostro lenzuolo

Aïcha Arnaout

Espressione letteraria del tormento di un popolo. Uno dei tanti appartenenti a quell'angolo di mondo, accomunato solo da una guerra perenne.

martedì 7 gennaio 2014

La traversée du blanc

Tes plantes de pied brûlées
entre deux infinis
et tu n'es qu'à mi-chemin
vers ce blanc vertige

les dunes migratrices
attisent les distances
froissent les temps

ne restera de toi
qu'une ombre sans pas
dans l'assonance des abîmes

qu'un regard compacté
dans la chair des mots

Pronunciare la parola "Siria", oggi più di ieri, obbliga la mente ad accostarsi a pensieri di guerra, che sanno di profughi, di bambini nudi a giocare con ordigni inesplosi, di vedove in cerca di un ruolo sociale, che sia diverso da quello trascinato nei decenni di vedove in silenzio. Nella migliore delle ipotesi. Un paese che un Dio occidentale, o un Allah mediorientale, o una qualsiasi utopia che funga da capro espiatorio e che giustifichi guerre per ristabilire non si sa bene cosa, ha deciso di porre questo paese al centro di una deflagrazione di culture, religioni, estremismi. Ma anche povertà, fame, disperazione. A volte, anche rassegnazione.

Basterebbe pensare ai paesi confinanti. Turchia, Iraq, Libano, Israele, Giordania. Senza andare troppo indietro nel tempo, negli ultimi cinquanta anni, è davvero difficile trovare un periodo di pace che abbia coinvolto i cinque paesi confinanti contemporaneamente. Eppure la Siria fa parte anche di quei territori storici, tra il Tigri e l'Eufrate, che hanno originato la civiltà moderna, direttamente dal antichi Egizi e Greci, e già questo basterebbe per riconoscerle un debito storico che, forse, il mondo occidentale non ha voluto mai saldare del tutto.

Anzi, storicamente, è sempre stata terra di conquista. Con un destino molto simile a quello della Sicilia e con accostanti periodi di dominio straniero. Identico anche per il susseguirsi delle etnie di dominio, tra Greci, Romani, Bizantini, Arabi, Francesi. Una indipendenza che apparentemente fu conquistata solo nel 1946. Apparentemente, perché i decenni di guerra civile che ne seguirono, dimostrò come sia difficile, se non impossibile, liberarsi in quei territori dalla guerra.

Tralasciamo volontariamente qualsiasi cenno storico degli ultimi anni, fino ai giorni nostri. Lasciamo ad altri il compito di raccontare le ipotetiche verità sulla minaccia atomica lanciata da Asad o quelle sulle armi chimiche utilizzate dall'esercito siriano. Preferiamo dedicarci alla voce, spesso consolatrice, della poesia siriana e di una delle maggiori espressioni liriche di questo tormentato paese.

Aïcha Arnaout è nata a Damasco il 13 ottobre 1946, si è trasferita a Parigi nel 1978. Autrice di raccolte di poesie e di romanzi, scritte in arabo e in francese, è stata tradotta in diverse lingue europee. Tra i suoi successi letterari, possiamo ricordare *Eau et Cendre*, *Fragments d'Eau*, *La Fontaine* (scritta a quattro mani con Alain Gorius) e *La Traversée du Blanc.*, dalla quale abbiamo estratto il frammento poetico proposto nella nostra rubrica.

Modesto Della Porta

L'ironia e l'umanità di una terra umile e ricca di tradizioni come l'Abruzzo, nei versi di un poeta da molti sconosciuto.

martedì 14 gennaio 2014

Lu Destine

I

E' state mo, chell'avetra matine.
'Nnanz'a la chiese de la 'Ddulurate
nu vecchie che sunave lu pianine
dicè': "Curréte, non vi vruvignate,

avete dispiacere? Avete spine?
Saprete l'avvenire e il passate.
Due soldi, e il pappagalle ammaestrate
vi troverà il cartelle del destine".

Che! Lu destine? E m'arivenne a 'mmente
di quande Mammarosse certe sere
parlave de destine: "È gni lu vente,

dicè'- 'n si vede e suffie, dà le stratte,
t'accide, t'accarezze, è nu mistere!...".
Mo, pe' ddu' solde... e chi nen se l'accatte?

II

M'avvicinive. Chelu vicchiarelle
aprì lu spurtellucce: "Avanti amore!
fece- sortite fuore, Rosinelle,
prendetemi il destine del signore".

Lu pappahalle 'scì da lu spurtelle,
fece tre quattre zumpe allòche fore;
ma mentre tenè' 'mmocche lu cartelle,
èsce la hatte di Zi' Cassiedore,

l'affèrre 'ncanne, e ttele gnì lu vente.
"Acchiappe! Aiute!... Addie lu capitale!
fece lu vecchie-. Leste bbona gente!..."
Ma chela hatte avè scappate a bballe,
si i' a fficcà sott'a nu capescale
e si magnà destine e pappahalle!

Modesto Della Porta, nacque a Guardiagrele (Ch) il 21 marzo 1885 da Donato e Maria Vitacolonna. Dopo le scuole elementari frequentò una scuola media privata e successivamente imparò il mestiere di sarto, che esercitò per tutta la vita, prima nel suo paese natìo e poi a Roma, dove creò una rinomata sartoria dirigendo un piccolo gruppo di artigiani. Amava però comporre poesie che era solito recitare agli amici. Nel 1933 l'editore lancianese Gino Carabba pubblicò le sue poesie in un volume intitolato Ta-pù, dal nome di uno dei suoi più noti componimenti. Non si sposò e morì a Guardiagrele il 23 luglio 1938, a 53 anni. Nel 1954 alcuni amici del poeta fecero pubblicare delle sue poesie inedite dalla casa editrice Marchionne di Chieti. La sua cultura quindi, più che nascere dai libri scolastici, derivava dalla conoscenza dei proverbi e delle tradizioni abruzzesi.

Giuseppe Marco Calvino

Che ci fosse un modo diverso per descrivere la realtà del proprio tempo, utilizzando versi duri e arditi, se n'era accorto qualche secolo fa Cielo D'Alcamo. Il resto lo ha fatto il dialetto, nei secoli successivi.

martedì 21 gennaio 2014

Lu Seculu Decimunonu

Seculu filosoficu!...
Seculu di stu cazzu...
Seculu minchiunissimu!
Minchiuni! porcu! e pazzu!

Basta a diri stu seculu,
Seculu illuminatu!
L'omo chi voli futturi
Si chiama sciliratu.

Rubari cu politica,
nun è piccatu affattu:
Vinniri la giustizia
E' sociali pattu:

Ammazzari pri boria
Di li conquistaturi,
Ragiun di statu, gloria!
Cose chi fannu onuri!

Scurciari anchi li poveri,
Drittu di proprietà:
Imposturari un miseru,
Geniu di verità.

Sulu sulu lu futtiri,
Chissu è piccatu sulu...
Tempi illuminatissimi!
Tempi di cazzi n'culu!

L'erotismo e la sana volgarità sono ingredienti irrinunciabili della sicilianità. Anche nel dialetto, una vera lingua autonoma, condita di influenze arabe e francesismi, tra le spezie più suadenti, si possono decantare intercalari coloriti, dove l'oggetto sessuale fa da cornice, talvolta per ribadire un concetto, tal altra per opporsi ad una congettura che non si condivide. Spesso, per ilarità e ironia, a giudicare un mondo che, ci illudiamo, non ci appartenga.

Delle espressioni colorite, sfacciate e irriverenti, ce ne eravamo già occupati quando trattammo nella nostra rubrica il poeta catanese Domenico Tempio (vedi:http://www.girodivite.it/La-poesia-della-settimana-Domenico.html). Questa settimana ci spostiamo verso occidente, a lambire le spiagge dorate del trapanese, lungo le impervie *vie del sale* e dei mulini a vento, ubriacati ma satolli di profumi e di nettare color rubino delle famose cantine locali.

E ce ne occupiamo ricordando un poeta stravagante e dialettale che, con i suoi versi, raccontò i suoi tempi, le eterne dominazioni della sua terra, l'ipocrisia, il falso pudore e la dubbia moralità, censora di predicatori loquaci e invettivi, ma da sempre, arditi razzolatori di debolezze umane.

Giuseppe Marco Calvino (Trapani, 6 ottobre 1785 – Trapani, 21 aprile 1833) è stato un poeta e commediografo italiano. Insieme al catanese Domenico Tempio e al palermitano Giovanni Meli, è ritenuto esponente di vertice della poesia dialettale satirica e licenziosa siciliana dell'Ottocento.

Figlio di Giuseppe Calvino Via e di Anna Patrico, seguì studi di filosofia e di diritto: dal suo atto di morte risulta, infatti, essere stato «utrusque juris doctor». Sposò Maria Scichili (figlia del raiss Nicolò), da cui ebbe i figli Anna (moglie del medico Giuseppe Cascio Cortese) e Nicolò. Fu Consigliere degli Ospizi, Consigliere provinciale e Deputato di salute, e si batté per la costruzione a Trapani del Teatro Ferdinandeo. Partecipò a varie accademie: Arcadia (col nome di Taliso Smirnense), Reale Istituto Peloritano, Tiberina e Civetta. Sepolto nell'ex convento dell'Itria di Trapani, nel 1884, nello stesso capoluogo gli fu eretto un cenotafio nella Cattedrale di San Lorenzo e gli fu intitolata - per una forse involontaria ma felice coincidenza - una via in cui, prima della legge Merlin, sorgevano dei postriboli, alle cui operatrici egli dedicò molti versi e novelle pieni di riguardi, comprensione e gratitudine.

La sua fama è soprattutto legata alla sua produzione poetica "pornografica", che ha riscosso le attenzioni critiche di molti studiosi di letteratura erotica. Suo capolavoro sono ritenute *Le poesie scherzevoli*, da lui segretamente distribuite e recitate agli amici, e uscite in stampa per la prima volta soltanto nel 1900, a cura degli anarchici della sua città. Da allora sono state pubblicate altre quattro edizioni (1969, 1978, 1990 e 1997) di questa silloge, piccante ma anche molto attenta ai profili sociali e politici della Sicilia del suo tempo. Essa si caratterizza per un linguaggio esplicito e corposo, sanguigno e pieno di vitalità e sapienza. Calvino maneggia, peraltro, lo strumento vernacolare, sul quale aveva anche "teorizzato", con estrema perizia e consapevolezza. Egli fu scrittore precoce e prolifico. Si cimentò in una molteplicità di generi letterari: dal teatro (tragedie, commedie, cantate) alla poesia, dalla novellistica bernesca alle traduzioni. Gran parte della sua produzione rimase a lungo inedita, anche a causa della sua prematura e improvvisa morte nel corso di un'epidemia di tifo.

Sandro Penna

martedì 28 gennaio 2014

Sandro Penna nacque il 12 giugno 1906 a Perugia, dove trascorse la giovinezza compiendo studi irregolari. Nel 1929 si trasferì a Roma, città nella quale visse sino alla morte (salvo una breve parentesi milanese), esercitando i più disparati mestieri.

Le prime liriche di Penna uscirono su «L'Italia letteraria», nel '32. Se ne deve la pubblicazione alle premure di Umberto Saba che fraternamente lo incoraggiò a coltivare il dono della poesia. Ci sono rimaste, di quegli anni, alcune lettere che oltre a essere un documento letterario, costituiscono anche la testimonianza di un'amicizia, come traspare dal tono affettuoso, talvolta svagato e scherzoso, dell'epistolario. Così il 23 novembre 1932 il poeta triestino scriveva a Penna: «Ho copiato le tue nuove poesie in un fascicoletto che ora gira per le mani dei miei amici. Tutti quelli che l'hanno letto, Stuparic, Giotti e altri che non conosci, sono rimasti entusiasti. [...] Ti vedo sempre con la tua valigetta, le tue nove meravigliose poesie, e poca (non molta) nevrosi. O leggero Penna, tu non sai una cosa: non sai quanto t'ho invidiato!».

Solamente nel dopoguerra, però, uscirono le raccolte più significative di Penna: nel '56 Una strana gioia di vivere, nel '58 Croce e delizia. Per dodici anni il poeta non pubblicò altri volumi di versi: fino al '70, quando da Garzanti apparve il libro Tutte le poesie, che comprendeva le raccolte precedenti e importanti inediti.

Dopo il '70, nel frattempo, intorno al personaggio Penna, al vecchio poeta malato e vagabondo, alle sue difficili condizioni di vita, si rivolgeva l'interesse di molti intellettuali italiani, i quali in un appello sul quotidiano romano «Paese Sera» esprimevano l'urgente necessità di occuparsi di lui, ormai «ammalato e in condizioni di estrema indigenza».

Le ultime due raccolte del poeta furono pubblicate postume: nel '76, a pochi mesi dalla morte, uscì Stranezze; infine, nell''80, Confuso sogno.

Una strana gioia di vivere

La tenerezza tenerezza è detta
se tenerezza cose nuove dètta.

Oh non ti dare arie
di superiorità.
Solo uno sguardo io vidi
degno di questa. Era
un bambino annoiato in una festa.

La tua giusta fierezza
per il mio gesto vile
pareva senza asprezza
dorata dal tuo stile.

*Come è bello seguirti
o giovine che ondeggi
calmo nella città notturna.
Se ti fernú in un angolo, lontano
io resterò, lontano
dalla tua pace, - o ardente
solitudine mia.*

*O solitario intorno a una fontana.
Il poetico nudo della leva
militare nel tuo cuore ardeva
più che la Venere Botticelliana.*

*Le stelle mi guardavano se a tratti
socchiudevano gli occhi come fanno i gatti.*

*Era la vita tua lieta e gentile.
Quando a un tratto arrivò, gonfio d'amore,
un lombrico vestito da signore.
E' quieta la tua vita e senza stile.*

*Il ciclista polverosa
castità offre alla sposa.*

*Passando sopra un ponte
alto sull'imbrunire
guardando l'orizzonte
ti pare di svanire.
Ma la campagna resta
piena di cose vere
e tante azzurre sfere
non valgono una festa.*

*Tra due malandri in fiore
deriso era il mio cuore.
Nel sonno al loro viso
perdonai con amore.*

*Il fanciullo magretto torna a casa
un poco stanco e molto interessato
alle cose dell'autobus. Pensa
con quella luce che viene dai sensi
dai sensi ancora appena appena tocca -
in quanti modi adoperar si possa
una cosa ch'è nuova e già non tiene*

se inavvertito ogni tanto egli tocca.
Poi si accorge di me. E raffreddato
si soffia il cuore fra due grosse mani.
Io devo scendete ed è forse un bene.

Della romantica tuta
oh non amai solo la scorza.
Ma proprio la dolcezza ch'è sperduta
fra le montagne della forza.

Per averlo soltanto guardato
nel negozio dove io ero entrato
sulla soglia da dove egli usciva
è rimasto talmente incantato
con gli occhi tonti ferma la saliva
che il più grande gli fece: Hai rubato?
Poi ne ridemtno insieme tutti e tre
ognuno all'altro tacendo un perché
uniti da quell'ultimo perché
che lecito sembrava a tutti e tre.

Un po' di pace è già nella campagna
L'ozio che è il padre dei miei sogni guarda
i miei vizi coi suoi occhi leggeri.
Qualcuno che era in me ma me non guarda
bagna e si mostra negligente: appare
d'un tratto un treno coi suoi passeggeri
attoniti e ridenti - ed è già ieri.

La luna ci guardava assai tranquilla
al di là dello schermo ov'egli attento
seguiva le incredibili vicende
col suo profilo di bambino, caro
a quella luna già, ma assai lontano
solo mezz'ora prima...

Un amore perduto quanta gioia
di nuove sensazioni in me sorprende.
Ma l'amore è perduto.
E la pena riprende.

Cercando del mio male le radici
avevo corso tutta la città.
Gonfio di cibo e d'imbecillità
tranquillo te ne andavi dagli amici.

*Ma Sandro Penna è intriso di una strana
gioia di vivere anche nel dolore.
Di se stesso e di te, con tanto amore,
stringe una sola età – e te allontana.*

*Oh se potessi io lo compererei.
Solo cosi forse mi calmerei.*

*Dacci la gioia di conoscer bene
le nostre gioie, con le nostre pene.*

*Notte bella, riduci la mia pena.
Tormentami se vuoi. ma fammi forte*

*Ma insieme a tanto urlare di dolore,
te scomparso del tutto dai miei occhi,
perché restava in me tanto fervore
ch'io posavo ogni giorno in altri occhi?
Rimase in me di te forse una scia
di pura gioventù se tu scomparso
dalla mia scena la malinconia
restava come neve al sol di marzo?*

*Se l'inverno comincia sulle calde
e sporche mani un odore di arance
al quieto sole della festa arde
nell'aria come qualcosa che piange*

*«Cullo una solitudine mortale
nel mortale mattino, che da sempre... »
Il verso dell'amico si era imposto
da qualche giorno. Il fiume, come un olio
lucido e calmo nello stanco agosto...
Forse mia madre era perduta. Solo
lucido e calmo mi era intorno, specchio
a quello specchio nell'ampio silenzio,
quegli che poi doveva il mio silenzio
già triste come di un lontano assenzio –
rompere con tanto mio consenso...
(Il suo odore, la sera, come un cane
sporco e fedele dopo le campane).
Notte d'inverno, la tua dolce boria
fa lontana, fa buffa questa storia.*

Un dì la vita mia era beata.
Tutta tesa all'amore anche un portone
rifugio per la pioggia era una gioia.
Anche la pioggia mi era alleata.

Con il cielo coperto e con l'aria monotona
grassa di assenti rumori lontani
nella mia età di mezzo (né giovane né vecchia)
nella stagione incerta, nell'ora più chiara
cosa venivo io a fare con voi sassi e barattoli vuoti?
L'amore era lontano o era in ogni cosa?

Il gatto che attraversa la mia strada
o bianco o nero stasera mi aggrada.
Ma non mi aggradi tu stanca puttana:
chiuditi con un altro nella tana.

Come è bella la luna di dicembre
che guarda calma tramontare l'anno.
Mentre i treni si affannano si affannano
a quei fuochi stranissimi ella sorride.

E l'ora in cui si baciano i marmocchi
assonnati sui caldi ginocchi.
Ma io, per lunghe strade, coi miei occhi
inutilmente. Io, mostro da niente.

Come è forte il rumore dell'alba!
Fatto di cose più che di persone.
Lo precede talvolta un fischio breve,
una voce che lieta sfida il giorno.
Ma poi nella città tutto è sommerso.
E la mia stella è quella stella scialba
mia lenta morte senza disperazione.

La rosa al suo rigoglio
non fu mai così bella
come quando nel gonfio orinatoio
dell'alba amò l'insonne sentinella

Jorge Carrera Andrade

Quando l'arte poetica supera l'attività di diplomatico di uno dei paesi più all'avanguardia del Sud America.

martedì 4 febbraio 2014

Versión de la Tierra

Bienvenido, nuevo día:
Los colores, las formas
vuelven al taller de la retina.

He aquí el vasto mundo
Con su envoltura de maravilla:
La virilidad del árbol.
La condescendencia de la brisa.

El mecanismo de la rosa.
La arquitectura de la espiga.

Su vello verde la tierra
sin cesar cría

la savia, invisible constructora,
en andamios de aire edifica
y sube los peldaños de la luz
en volúmenes verdes convertida.

El río agrimensor hace
el inventario de la campiña.
Sus lomos oscuros lava en el cielo
La orografía.

He aquí el mundo de pilares vegetales
y de rutas líquidas,
de mecanismos y arquitecturas
que un soplo misterioso anima.

Luego, las formas y los colores amaestrados,
el aire y la luz viva

sumados en la Obra del Hombre,
vertical en el día

Poeta ecuadoriano il cui lavoro è considerato il superamento del modernismo e l'avvio per le riforme d'avanguardia nel suo paese. Cosmopolita nella sua formazione e nei suoi approcci estetici, superò i confini locali grazie alla sua attività diplomatica, con lo stesso zelo con cui ha scritto poesia.

Frequentò la Facoltà di Giurisprudenza di Quito, e quella di Filosofia e Lettere di Barcellona (Spagna) e ad Aix (Francia). Politico e diplomatico, fu segretario generale del Partito socialista ecuadoriano (1927-1928), segretario del Senato e del Congresso, e console del suo paese in Paita (Perù), Le Havre (Francia), Yokohama (Giappone) e San Francisco (Stati UU). Segretario d'Ambasciata in Venezuela, ministro plenipotenziario in Gran Bretagna e delegato per l'UNESCO.

Jorge Carrera Andrade, nato a Quito nel 1903 dove morì nel 1978, apparteneva a una generazione che si distaccò dall'estetica dei poeti modernisti. Intorno al 1920 la poesia ecuadoriana si affacciò ad un concetto più cosmopolita, aperta a più ampi contatti internazionali che hanno reso la produzione poetica contemporanea dei grandi movimenti artistici dell'America Latina più matura e maggiormente accostata a una forma definita d'*avant-garde*.

L'Ecuador nei primi tre decenni del XX secolo concretizzò la democratizzazione della Rivoluzione liberale. Gli intellettuali si avvicinarono a forme critiche di interpretazione e di partecipazione alla vita sociale, un atteggiamento che ha avuto una delle sue espressioni ideologiche nel socialismo. Gli operai ei contadini, che avevano iniziato a combattere accanto ai sindacati, trovato il loro "battesimo di sangue" per le strade di Guayaquil, dove si verificò il massacro dei lavoratori del 15 novembre 1922, evento drammatico che è stato anche interpretato come il vero inizio del ventesimo secolo, in Ecuador.

In questo contesto di rinnovamento, e all'interno di quello che è stato chiamato "postmodernismo" ecuadoriano, si collocano le tre grandi figure di Alfredo Gangotena, Jorge Carrera Andrade e Gonzalo Escudero. I tre pubblicarono i loro libri tra il 1928 e il 1935, più o meno in coincidenza con gli anni di produzione di Pablo Palacio, con il quale si poterono accostare molte somiglianze espressive, sia per la sperimentazione di linguaggio, che per le connessioni con alcuni dei movimenti culturali della Prima Guerra Mondiale (il dadaismo, futurismo, ultraísmo, surrealismo).

Un giovane Carrera pubblicò *Estanque inefable* (1922) come una poesia bucolica e malinconico del suo tempo, con esaltazioni della campagna e della natura. Già allora si poteva ammirare lo spirito di un punto di vista letterario rivolto verso le "piccole cose" e esposta ad una linea poetica che chiedeva di occuparsi di grandi questioni. In *Guirnalda del silencio* (1926) un vivo interesse per la creazione di un accento poetico di rinnovamento che destò preoccupazione da parte dei politici del tempo perché Carrera era in procinto di costruirsi un'identità poetica distinta, anche se da una prospettiva meno intima, più umana e universale.

Tra il 1957 e il 1959 pubblicò *Hombre planetario*, opera chiave per comprendere la maturazione della sua poetica, per i testi Carrera radicalizzò il processo di dimostrazione dell'impossibilità delle parole a cogliere la totalità della realtà. Il testo del secondo volume di *Hombre planetario*, 1959, fu un progetto a più ampio respiro, più lungo del primo, richiede anche poeticamente un piano che non si disperda in altre poesie, ma con una sequenza di venti poesie tematicamente integrate alla ricerca del singolo. La poesia di Carrera Andrade esprime una percezione estetica del mondo che tratta le grandi e le piccole cose.

Inger Christensen

La voce femminile di un paese, solitamente accostato al mondo delle favole.

martedì 11 febbraio 2014

Men's Voices

Men's voices in the dark
once in a temple
men's voices in the sun
once I was caryatid
number nine
men's voices in the park

—I was a statue
untouchable naked
with no other mirror
than the fingers of the air
yielding to thought after thought
with no other sadness
than the rustling of leaves—
men's voices in the park:
why did they waken me?

Inger Christensen, 1935-2009, è stata una poetessa, scrittrice e saggista danese. Il suo primo lavoro importante, la grande raccolta di poesie *Det* (1969) è caratterizzata da un linguaggio orientato, dove l'espressione stessa costituisce il principio della creatività, e il linguaggio e il mondo descritto nell'opera trovano un punto d'incontro nei due concetti basilari dell'autrice: un sogno di libertà e la solidarietà.

Questo stile quasi magico che canta sulla paura e l'amore, il potere e l'impotenza, rappresenta il preludio delle successive opere, quali *Lys* (1962) e *Graes* (1963) e troverà l'apice nei romanzi in prosa, tra i quali *The Painted Room*, nelle opere di saggistica e in particolare la raccolta di poesie *Alfabet* (1981), che secondo il titolo combina il sistema a lettere con una sequenza matematica di numeri per dare vita a una descrizione davvero inusuale di una gamma ricca dei soggetti.

In *Sommerfugledalen* (1991) si è cimentata nel sonetto e ha creato raggianti poesie sulla morte e la speranza sotto l'ala protettrice che il titolo del libro suggerisce (La vallata della farfalla).

Con la sua influenza in campo letterario, Inger Christensen è stata portatrice delle tradizioni del modernismo nella poesia, ed è stata tradotta nelle principali lingue del mondo. Più volte è stata candidata al premio Nobel.

Olga Sedakova

Principio

    Nei primi tempi, quando agricoltori e allevatori
    abitavano la terra, e sulle colline
    si diffondevano bianchi armenti,
    straripanti, come l'acque,
    raccogliendosi a sera
    alle tepide rive

    al cospetto del popolo, che ancora non aveva veduto
    nulla eguale al volto della Medusa:
    all'offesa bruciante,
    annichilante,
    dopo la quale,
    come pietra al fondo,
    precipitano alla fine
    al cospetto del popolo, sopra l'amplitudine dello spazio,
    libero più dell'onda del mare

    (poi che la ferma terra è più libera sempre: la perseveranza
    respira più profonda e piana e non si stanca di sé)

    e così, nella volta celeste, di cui non si sanno ancora le figure,
    innominate, e però ardono, come ne han voglia,
    al cospetto del popolo
    sulla scala del cielo
    sopra l'amplitudine dello spazio
    sopra l'attento sguardo dei monti,
    rivolto a lei,
    alla prima stella,
    con il calice ricolmo della notte
    che sale sulla scala sospesa,
    improvvisamente apparve:

luce, che pronunciava,
come una voce,
ma infinitamente più veloce
quelle stesse sillabe:

Non temere, piccolo!
Non c'è nulla da temere:
io sono con te.

Ol'ga Aleksandrovna Sedakova è nata nel 1949. Ha studiato e si è laureata presso la Facoltà di Filologia dell'Università di Mosca Lomonosov nel 1976. Scrive fin dagli anni sessanta e la sua produzione poetica, rimasta ai margini tra gli anni settanta e ottanta, era affidata, in patria alla fortuna delle copie dattiloscritte di circolazione limitata e, all'estero, all'editoria dei centri culturali dell'emigrazione. Ma dalla metà degli anni ottanta circa i suoi versi e la sua prosa e la sua attività di traduzione cominciarono ad apparire in riviste letterarie russe specializzate, in Estonia (a Tartu) e in Russia. I suoi testi furono nello stesso tempo tradotti in diverse lingue: inglese, italiano, tedesco, francese, svedese, olandese, ebraico, albanese, serbo, greco, finlandese, polacco e cinese. La sua prima raccolta di poesie è stata pubblicata a Parigi nel 1986. In Russia i suoi libri sono pubblicati dal 1989. Ol'ga Aleksandrovna insegna dal 1991 alla Facoltà di Filologia dell'Università di Mosca, Dipartimento di Storia e Teoria della cultura mondiale.

Marceline Desbordes Valmore

Poetessa saltimbanco, figlia di una rivoluzione sociale, mai portata a termine del tutto.

martedì 25 febbraio 2014

Les roses de Saadi

J'ai voulu ce matin te rapporter des roses ;
Mais j'en avais tant pris dans mes ceintures closes
Que les nœuds trop serrés n'ont pu les contenir.

Les nœuds ont éclaté. Les roses envolées
Dans le vent, à la mer s'en sont toutes allées.
Elles ont suivi l'eau pour ne plus revenir ;

La vague en a paru rouge et comme enflammée.
Ce soir, ma robe encore en est tout embaumée...
Respires-en sur moi l'odorant souvenir.

Nascere donna non è mai stato facile. Neanche nella Francia rinata dalle ceneri della Rivoluzione. Una rivoluzione che, se non riuscì a mettere in pratica le idee di rinnovamento e di eguaglianza sociale, non fu certo in grado di riconoscere un ruolo paritario alla donna. Dimostrazione di quanto esposto, sono le molteplici lotte culturali che ancora oggi caratterizzano il mondo "moderno", condotte da più parti per gli stessi argomenti.

Marceline Desbordes Valmore se ne accorse sin da tenera età. Nata a Douai nel 1786, si affacciò giovanissima al mondo dell'arte, seguendo la strada tortuosa e discriminante dell'attrice. Una scelta quasi obbligata dalle pessime condizioni economiche della famiglia.

Gitana del palcoscenico, si spinse fino alla Guadalupa, per sfuggire alla fame e agli stenti, lasciandosi dietro diversi lutti familiari. Raggiunse un lontano parente della madre che le aveva promesso un futuro migliore, frutto della sua ricchezza acquisita, ma che non risolse i problemi economici della poetessa. Raggiunta dalla madre nelle Antille, dovette provare anche il dolore per la morte prematura della madre, colpita da febbre gialla.

Come protagonista di un romanzo d'avventure, Marceline, dopo altre disavventure vissute durante il suo viaggio di ritorno per mare, riuscì a tornare in Francia. Inizia qui la sua carriera di poetessa, apprezzata e stimata dai letterati del suo tempo. Fra tutti, Paul Verlaine, che oltre a dedicarle un intero capitolo all'interno del suo testo più famoso, *Les poètes maudits*, dichiarerà: Noi proclamiamo, a voce alta e chiara che Madame Desbordes-Valmore è semplicemente l'unica donna di genio e di talento, di questo e di ogni secolo.

Questo non le permise, però, di passare ai posteri con il ricordo e la gloria che meritava. Donna vissuta. Pronta a ogni riscatto che la vita le riservò fino alla morte. Sopravvisse ad un mondo che

neanche allora ebbe il coraggio completo di cambiare. La poesia l'aiutò a superare lo strazio della perdita dei figli, la cui morte fu costretta a piangere in diversi momenti della sua vita.
Morì a Parigi nel 1859 a 73 anni.

Vinicius de Moraes

Bossanova, poesia, saudade, carnevale, colori. Il Brasile e le nostre voglie di fuga.

martedì 4 marzo 2014

Poética

De manhã escureço
De dia tardo
De tarde anoiteço
De noite ardo.

A oeste a morte
Contra quem vivo
Do sul cativo
O este é meu norte.

Outros que contem
Passo por passo:
Eu morro ontem

Nasço amanhã
Ando onde há espaço:
Meu tempo é quando.

Brasile è sinonimo di musica, allegria, colori. Infinite distese di sabbia e alveari, per i quali, neanche il miglior istituto di statistica potrebbe censirne il numero giusto di abitanti. Questi giorni, poi, sono quanto di più identificativo che una nazione possa esporre al resto del mondo. Potremmo azzardare nell'affermare che, se "pizza" sta a "Italia", sicuramente "carnevale" sta a "Brasile". Ma se questa equazione rispecchia senza dubbio il luogo comune folcloristico delle culture dei due paesi, vale anche quella che ha reso "famosa" la nostra nazione come terra di mafia e il Brasile come la terra dei *ninho de rua*.

In comune abbiamo la grande capacità di occultare i cattivi pensieri con un repertorio vastissimo di note, semicrome, motivetti in tre quarti, melodie sciogli lacrime, tamburelli, percussioni e un'innata autoironia. Pulcinella, Giufà e Masaniello, ma anche Boitatà, Curupira e la Mula sem cabeça hanno ridicolizzato le maschere umane durante i secoli. A ritmo di samba e di tarantella, per qualche ora si possono dimenticare faide mafiose, corruzione, comuni sciolti per infiltrazioni (e non solo di acqua), patti scellerati stato-mafia. Ma si può anche credere che i grattaceli della speculazione edilizia di Salvador de Bahia facciano parte dello sfondo da cartolina, che la scomparsa dei bambini dalle strade di Rio e il commercio di organi siano atti eroici nei confronti dei paesi più evoluti. Che i "Plano de

Saúde" siano un passo evolutivo verso la democratizzazione statunitense.

Non resta che affidarci alle braccia consolatrici della samba e dei versi da saudade dei poeti brasiliani. Tra questi, Vinicius de Moraes. Nato a Gávea, Rio de Janeiro il 19 ottobre 1913, come la tradizione dei nomi brasiliani impone, il suo nome completo era Marcus Vinícius da Cruz de Mello Moraes. La lunghezza del suo nome rispecchia integralmente la sua indole artistica, considerando che nelle biografie viene ricordato come poeta, cantante, compositore, drammaturgo e diplomatico.

La dolcezza dei suoi versi, dove il tema dell'amore e della natura fa da filo conduttore di una musicalità e armonia, lo aggraziò agli occhi dei grandi compositori musicali brasiliani, che trovarono nelle sue liriche il completamento letterario delle loro composizioni. Come non ricordare quella che, forse, è la più conosciuta canzone brasiliana nel mondo, *Garota de Ipanema*, nata dall'ispirazione osmotica tra Vinicius e il musicista Antônio Carlos Jobim, che per rendergli omaggio, riportiamo in una versione eseguita da Toquinho.

La sua carriera di compositore adombrò in parte la sua figura di poeta. Sarà sempre ricordato in Italia per le sue collaborazioni musicali con Sergio Endrigo e Ornella Vanoni, e con lo stesso Toquinho, praticamente adottato dal nostro paese, ma sotto l'aspetto puramente letterario, se il nostro Giuseppe Ungaretti, che conobbe personalmente, lo onorò traducendo diverse sue poesie, il livello artistico dei suoi versi merita un posto d'onore nella poetica internazionale. Dopo aver soggiornato per diverso tempo in Italia, sfuggendo in parte le vicende burrascose della politica brasiliana tra gli anni '60 e '70, tornò nella sua Rio de Janeiro, dove si spense il 9 luglio del 1980.

Osip Mandel'stam

Vittima della crudeltà di Stalin, testimone del suo tempo e della tragedia dei Gulag, che lo ospiteranno fino alla morte.

Per l'alto valore dei secoli a venire

Per l'alto valore dei secoli a venire,
per la nobile stirpe umana ho rinunciato
anche ad alzare il calice al banchetto dei padri
e alla letizia e al mio stesso onore.

Mi incalza alle spalle il secolo-canelupo,
ma non ho sangue di lupo nelle vene;
ficcami piuttosto come un cappello nella manica
della calda pelliccia delle steppe siberiane,

che io non veda il vigliacco, né il gracile lerciume,
né le ossa insanguinate sulla ruota,
e per me tutta notte brillino volpi azzurre
nella loro bellezza primigenia.

Portami via nella notte, dove scorre l'Enisej
e il pino si slancia a toccare la stella,
perché nelle mie vene non c'è sangue di lupo
e soltanto un mio pari potrà uccidermi.

Osip Emil'evič Mandel'štam nasce nel 1891 a Varsavia in una famiglia ebraica della media borghesia. Trascorre l'infanzia e l'adolescenza a Pietroburgo. Nel 1907 soggiorna per alcuni mesi a Parigi e frequenta la Sorbona, mentre nel 1910 segue a Heidelberg dei corsi di francese antico. Nel 1911 si iscrive alla Facoltà storico-filologica di Pietroburgo (Dipartimento germanico-romanzo). Non conseguirà la laurea.

Nel 1912 partecipa alla «Gilda dei poeti acmeisti», di cui fanno parte Nikolaj Gumilëv, Anna Achmatova, Sergej Gorodeckij, e scrive *Il mattino dell'acmeismo* (che uscirà nel '19). Nel '13 pubblica, a sue spese, la raccolta *Kamen'* [pietra]. Dal '15 al '16 soggiorna spesso in Crimea, dove stringe amicizia con i poeti Maksimilian Vološin e Marina Cvetaeva.

Nel '18 è accolto, con Majakovskij e Pasternak, nel Circolo linguistico di Mosca. Nel '19 conosce a Kiev Nadežda Jakovlevna Chazina, sua futura moglie. Nel '22 esce la sua seconda raccolta, *Tristia*. Nel '25 si stabilisce con la moglie a Carskoe Selo (cittadina prossima a San Pietroburgo, detta anche Puškin), dove abitano anche l'Achmatova e il marito Nikolaj Punin. Escono le prose Il rumore del tempo e quattro libretti di poesie per bambini. Nel '28 pubblica la raccolta *Poesie*, contenente versi scritti tra il 1908 e il '25, le prose di *Il francobollo egiziano* e il saggio *Sulla poesia*. Sfrattato dall'appartamento di Carskoe Selo, Mandel'štam si trasferisce a Mosca; le sue condizioni economiche si aggravano.

Dopo un viaggio in Crimea, nel quale scrive *Conversazione su Dante* (che in Russia apparirà solo nel '67), pubblica nel '33 *Viaggio in Armenia*, e nel novembre un libello contro Stalin nel quale prende in giro "Il montanaro del Cremino" e denuncia la grave carestia provocata dalla collettivizzazione forzata; viene attaccato sulla «Pravda». Nel '34, per componimenti «antisovietici», è esiliato per tre anni a Cerdyn', negli Urali, a oltre mille chilometri da Mosca. Qui, ricoverato in ospedale per una forma di miocardite, tenta il suicidio. Per intervento di Bucharin la pena è commutata in residenza coatta.

Sceglie Voronež, nel sud della Russia, dove vive con la moglie dal '35 al '37. Qui compone le poesie dei «Quaderni di Voronež». Rientrato a Mosca, non ottiene il permesso di residenza; tenta di stabilirsi a Leningrado. La sua salute peggiora. Nel '38 è di nuovo arrestato e condannato a cinque anni di deportazione «per attività controrivoluzionaria». Internato in un lager di transito presso Vladivostok, muore – ufficialmente – il 27 dicembre. Il suo ricordo fu conservato, per lungo tempo clandestinamente, dalla moglie Nadežda che aveva imparato a memoria numerosi testi poetici del marito.

Renzo Barbera

Torniamo in Sicilia, a ricordare uno dei personaggi più estrosi dell'isola.

martedì 18 marzo 2014

Nenti

Nascemu comu tutti
Cu ddi pugnidda chiusi,
Gridannu preputenti,
Strincennu sulu... nenti

Muremu comu tutti,
Chi manu abbannunati,
Stancati, affaticati
Di strinciri ddu...nenti!

Lo si poteva incontrare passeggiando sul corso principale di Taormina, in una delle tante giornate di inizio primavera. L'andatura da distinto signore e lo sguardo di chi si sarebbe rimasti volentieri ad ascoltare per ore, seduti su un antico *bisolo* della cittadina turistica.

Renzo Barbera era nato a Palermo il 19 giugno del 1923, da una nota famiglia di industriali nel settore alimentare. Della sua infanzia ricordava sempre la rigidità e la correttezza con le quali fu educato dal padre, nel pieno rispetto delle tradizioni familiari e del lavoro degli umili, vera colonna portante dell'azienda. Un'educazione che gli consentì di apprezzare e considerare i sacrifici degli operai ingaggiati dal padre e l'umiltà nel sapere affrontare la propria vita, senza appoggiarsi troppo sulle condizioni economiche agiate, nelle quali "...senza alcun merito personale", come amava dichiarare, aveva avuto la fortuna di nascere.

Saranno proprio questi personaggi e queste riflessioni sulla vita e i rapporti sociali a ispirare tutta la sua indole artistica che, se in prevalenza ha lasciato versi di altissima umanità e sensibilità, ha attraversato vari campi, tra i quali anche il teatro. Ma è con le sue poesie che ha costruito il ricordo di uno dei letterati più estrosi della Sicilia, dove l'umorismo, la satira e l'autoironia si sono sempre ritrovati a passeggiare insieme all'amerezza e a quella, volutamente malcelata, nostalgia.

Per la cultura siciliana, in genere, ma soprattutto per chi si dedica alla letteratura, Renzo Barbera rappresenterà sempre un esempio, non solo sotto l'aspetto prettamente artistico, ma nel vivere e nell'affrontare la quotidianità di "esserci" come il vero miracolo dell'esistenza umana. Considerare ogni giorno come un prezioso dono da conservare nel proprio bagaglio esistenziale, è l'unico modo degno di maturare e crescere, senza costruirsi mai la folle idea in testa di essere immortali.

Henry Miller

Lo scrittore americano esule volontario a Parigi, contro qualsiasi falso perbenismo, preconfezionato.

Primavera Nera

*E ora prendo commiato da voi
e dalla vostra sacra cittadella.
Vado a sedermi sulla cima di una montagna
ad aspettare altri diecimila anni
che vi facciate largo tra la luce.*

*Vorrei solo che questa sera
attenuaste le luci, abbassaste gli altoparlanti.
Stasera vorrei meditare
un po' in pace e tranquillità.*

*Per un po' vorrei dimenticare
che v'accalcate intorno
al vostro favo da quattro soldi.*

*Domani potrete completare
la distruzione del vostro mondo.
Domani potrete cantare in paradiso
sopra le rovine fumanti
delle vostre città terrene.*

*Stasera però vorrei
pensare ad un uomo,
a un individuo solo,
a un uomo senza nome né paese,
un uomo che io rispetto
e che non ha niente in comune con voi:
me stesso.*

*Stasera vorrò meditare
su ciò che io sono.*

Quando si ha tra le mani un libro di Henry Miller, parlare di letteratura risulta alquanto riduttivo. Perché Miller non è stato semplicemente uno scrittore. Il fine comunicativo che la scrittura ha sempre rappresentato, in Miller assume valenza di testimonianza e giudizio del proprio tempo. Consapevolmente e volutamente, lo scrittore è salito sul pulpito della storia a elucubrare la sua personale sentenza sull'uomo e sulla sua follia distruttiva. Con stizza e con una nota di rammarico, le generazioni successive di lettori e di pseudo-critici letterari hanno dovuto fare i conti con le sue parole. Finendo spesso per dargli ragione.

Gli anni dei suoi esordi letterari furono quelli, che più di altri, non consentirono particolari distacchi di neutralità. Scrivere nel decennio 1935-1945 obbligava ad una presa di posizione, davanti allo sfacelo e al desiderio famelico di conquista di Hitler, che invase il mondo. Miller andò ben oltre quel sommario giudizio da tribunale, che provò a pulire le coscienze dopo lo sbarco degli alleati in Europa. La complicità, nascosta e travestita da democrazia, che regnava incontrastata già ai suoi tempi, in un'America dove le stelle della sua bandiera erano i sogni insanguinati delle guerre del passato e dell'imminente futuro, e le strisce rappresentavano le innumerevoli strade che l'ipocrisia statunitense non avrebbe fatto mai unire, tutto questo costituì il testamento onirico che lo scrittore ha voluto consegnare ai posteri, attraverso i suoi libri.

Un giudizio così crudo, estremo, fin troppo vicino alla realtà, disorientò i suoi contemporanei, perché sputare contro il *Thanksgiving Day* negli Stati Uniti è una bestemmia. Che lo abbia fatto un letterato americano, per la bigotta ipocrisia made in U.S.A., diventava inaccettabile. Eppure Henry Valentine Miller è stato quanto di più americano i suoi "compatrioti" potessero ambire. Nato a Manhattan il 26 dicembre 1891 da genitori immigrati di origine tedesca, ha costruito tutta la sua esistenza sul principio del "tutto contrario di tutto", al quale ci sentiamo di aggiungere "il niente in cambio di tutto".

Non sappiamo se quel primo viaggio a Parigi nel 1928 sia stato il vero motivo che lo abbia ricondotto nella capitale francese l'anno successivo, dove probabilmente ci sarebbe rimasto definitivamente, se l'armata nazista non avesse invaso la Polonia. Apparentemente, la sua, potrebbe sembrare una fuga da due matrimoni in poco più di trenta anni di vita, ma leggendo le opere letterarie scritte in Francia, *Tropic of Cancer* (1933), *Black Spring* (1936) e *Tropic of Capricorn* (1938), appare evidente il suo distacco dal paese che gli ha dato i natali, ma anche l'amarezza di un debito storico che, forse, non è stato mai saldato.

Sono questi tre libri, i più conosciuti al mondo della sua intera produzione letteraria, uniti da un unico "conato di vomito" contro un mondo che rinnegò durante tutta la sua vita che, ironia della sorte, lo abbandonerà solo il 7 giugno del 1980, a quasi 89 anni.

Libero Bovio

Torniamo ad omaggiare i cantori napoletani, quelli che con i loro versi hanno scritto le più belle pagine della letteratura e della musica italiana.

martedì 1 aprile 2014

Senza sole

Dint'a nu vecariello senza sole
J' sentivo 'e cantà matina e ssera;
erano belle musica e parole;
e 'a voce era cchiù fresca 'e Primavera.

Penzaie: "Forse è 'a cchiù bella 'e sti figliole
Chella che canta spensierata e allera,
e tene ll'uocchie ca so' doie viole
ca danno luce a 'na faccela e cèra."
E le mannaie 'na lettera d'ammore
'na lettera 'a cchiù ardente e 'a cchiù
sincera
a 'stu bello canario cantatore.

Ma avette pe' risposta sta mmasciata;
"Chella che canta d' 'a matina a' sera
e tene 'a voce d'oro, è 'na cecata."

Non si potrebbe parlare oggi di cultura napoletana in versi, se non si tenesse conto della produzione letteraria che la città di Napoli ha saputo consegnare alla storia, grazie al così detto *periodo d'oro*, che ebbe come protagonisti gli appartenenti ad una scuola che avrebbe conquistato il mondo.

Sono i cantori che vissero tra le due guerre e che videro le loro poesie trasformarsi in canzoni, versi dei quali rimarrà sempre il dubbio se avessero un'origine tipicamente letteraria, o fossero stati scritti per essere musicati. La differenza storica sarebbe irrilevante, se si considera che, in ambo i casi, la struttura compositiva regge alle due sfide artistiche.

Lo stile compositivo si poteva già accostare a quello del verso libero, con il quale nella stessa poesia si potevano leggere versi abbinati in quartine e con la ricerca della rima alternata. Una regola non troppo rigida, visto che nella stessa lirica potevano essere presenti versi espressivamente più liberi, quasi da prosa.

Tra i tanti appartenenti a questa scuola, Libero Bovio ne rappresenta uno dei più significativi. Chi non hai sentito o ripercorso a memoria quella sorta di *tragedia napoletana* manifestata in *Lacrime napuletane*? Una delle più celebri rappresentazioni di questa sceneggiata è quella presente nel film di

Francis Ford Coppola, il Padrino parte II, nella famosa sequenza che vede come protagonista un giovane Robert De Niro che impersona Vito Corleone giovane, emigrato in America.

L'autore di questa struggente e scenografica rappresentazione è proprio Libero Bovio, che la scrisse nel 1925 per ricordare il dramma dell'emigrazione di massa degli italiani verso i paesi oltreoceano, che ai tempi nostri, troppi preferiscono dimenticare davanti alle tragedie delle carrette del mare.

Famosissima anche *Reginella*, una delle più belle e conosciute poesie musicate della tradizione napoletana. Così bella da contrastare *O' sole mio*, tra le più interpretate nel mondo.

Geppo Tedeschi

Il Futurista del profondo Sud, seguace e amico del Marinetti. Dalla Calabria, terra di cultura. Prima di ogni cosa.

martedì 8 aprile 2014

In Tono di Farnetico

Io vedo, io vedo.
Non so che cosa, mamma.
Fondo era il fiume da valicare.
Fondo era il fiume ed io mi ero smarrito
tra cespugli di spine e di brughiere.
Si trovava a pastura il mio cuore,
sulle montagne annose del tempo.
Ma io non lo udivo brucare.
Ma io non lo udivo brucare.
Come non udivo le mie parole arruffate
che a districarle non ci riuscivo.
M'erano di ghisa pesante,
pesante ghisa, aulente di fornace,
le palpebre, sipario degli occhi,
e tutto mi pareva novizio, anche l'anima
coi suoi misteri.
Io vedo io vedooo.
Io vedo che bisogna camminare
per essere nella luce.
Bisogna camminare, bisogna camminare!
Io vedo, io vedo
e mi spavento di ombre.

Geppo Tedeschi (Tresilico, 11 agosto 1907 – Roma, 11 marzo 1993) è stato un poeta e scrittore italiano, compì gli studi di infanzia a Oppido Mamertina, poi a Locri e a Messina. Aderì negli anni '30 al Futurismo fondato da Filippo Tommaso Marinetti, del quale fu intimo amico oltre che di Umberto Boccioni. Il Marinetti firmò le prefazioni di diverse sue opere (*Corti Circuiti*, 1938; *Gli adorabili della patria*, 1941).

Ottenne prestigiosi riconoscimenti e titoli, tra questi: Premio Reale Accademia D'Italia del 1938, Premio Assisi del 1953; ex aequo Carducci del 1954; premio Dante Alighieri del 1959; Premio Cultura della Presidenza del Consiglio dei Ministri e della Pubblica Istruzione del 1966; nel 1959 conseguì a Parigi la medaglia d'argento dall'accademia di Arts, Sciences, Lettre e si aggiudicò la cattedra di Letteratura Classica all'Accademia Parigina dei Classici; Consigliere d'Onore della Legion d'Oro di

Roma; Grande Ufficiale della Republica Italiana per meriti letterari.
Dal 2009, è stata istituita in Oppido Mamertina l'Associazione Culturale "Geppo Tedeschi".

James Joyce

Scrivere di ciò che si conosce, che si osserva quotidianamente, che si condivide nel proprio ambiente. C'è già abbastanza materiale per fare letteratura.

martedì 15 aprile 2014

Alone

The noon's greygolden meshes make
All night a veil,
The shorelamps in the sleeping lake
Laburnum tendrils trail.

The sly reeds whisper to the night
A name— her name-
And all my soul is a delight,
A swoon of shame.

James Augustine Aloysius Joyce è stato un romanziere e un poeta irlandese, considerato come uno dei più grandi scrittori che ha influenzato la letteratura moderna, della così detta avanguardia, del Ventesimo secolo. Joyce diventò famoso per il romanzo *Ulysses* (1922), un'opera epocale nella quale i capitoli sull'Odissea di Homer vanno in parallelo con una varietà di stili letterari, forse il più significativo il flusso di coscienza, che Joyce perfezionò. Un'altra opera da ricordare è la raccolta di racconti *Dubliners* (1914), e i romanzi *A Portrait of the Artist, Young Man* (1916) e *Finnegans Wake* (1939). La sua produzione letteraria comprende anche tre raccolte di poesia, un soggetto teatrale, qualche articolo giornalistico e alcune lettere.

Joyce nacque in una famiglia della classe media a Dublino, dove si fece notare come studente eccellente nelle scuole gesuite di Clongowes e Belvedere, per accedere in seguito all'Università di Dublino. Durante i primi vent'anni della sua vita, girò l'Europa, vivendo a Trieste, Parigi e Zurigo. Sebbene la maggior della sua vita sia stata vissuta all'estero, l'ambiente letterario di Joyce non si estese oltre Dublino, e i personaggi sono stati tratti dai componenti della famiglia, amici e nemici del suo tempo; *Ulysses* in particulare è ambientato con precisione nelle strade e nei vicoli della città. Dopo la pubblicazione di *Ulysses*, Joyce chiarì la sua scelta dichiarando "Personalmente scrivo sempre di Dublino perché se io arrivo al cuore di Dublino, posso arrivare al cuore di tutte le città del mondo. Nel particolare è racchiuso l'universo."

Giuseppe Conte

Amico di Italo Calvino, che lo ha menzionato nella prefazione del suo romanzo Palomar, definendolo amico conterraneo.

martedì 22 aprile 2014

Il poeta

*Non sapevo che cosa è un poeta
quando guidavo alla guerra i carri
e il cavallo Xanto mi parlava.
Ma è passata come una cometa*

*l'età ragazza di Ettore e di Achille:
non sono diventato altro che un uomo:
la mia anima si cerca ora nelle acque
e nel fuoco, nelle mille*

*famiglie dei fiori e degli alberi
negli eroi che io non sono
nei giardini dove tutta la pena*

*di nascere e morire è così leggera.
Forse il poeta è un uomo che ha in sé
la crudele pietà di ogni primavera.*

Guardare il mondo. Quello intorno a te. Quello distante migliaia di chilometri. Quello che credi non ti appartenga, proprio per quelle migliaia di chilometri di distanza. Quello che ti appartiene perché per sfuggirlo avresti dovuto salire su una montagna e scomparire per sempre nell'oblio. O non nascere affatto.

Giuseppe Conte lo ha osservato il mondo. Ne ha assorbito le crudeltà e le vane speranze, attendendole davanti a un panorama ligure, dove rifugiarsi nei suo versi spontanei. Crudi. Veri. Senza compromessi. E ce li consegna, questi versi puri, come acqua che sgorga dalla durezza della vita, alla quale dissetarsi di cultura e libero pensiero.

Sarà la sua origine siciliana, il cognome lo evidenzia fin troppo, mescolata alla dolcezza della riviera ligure, violentata da speculatori del nuovo millennio, che traspare da una sopita nostalgia, che trascina il lettore oltre i confini ipocriti della propria tana domestica. E lo invita a spalancare gli occhi ciechi davanti al disagio degli orrori di una nuova guerra.

E' la poesia, quell'anima maledetta avvolta da sentimenti distratti, l'ultima isola di Wight dove adagiare le esperienze, spesso che avremmo evitato di vivere, e provare pietà per il mondo. E per noi stessi.

Antonio Machado

Ancora la Spagna protagonista della nostra rubrica. Il poeta che visse durante la guerra civile, tra la musicalità di Segovia e la delusione del sogno repubblicano.

Lungo la nuda terra

Lungo la nuda terra della strada
sboccia l'ora fiorita,
biancospino solingo,
d'umile valle nella svolta ombrosa.

Il salmo vero torna
oggi con voce tenue
al cuore, e sulle labbra
la parola interrotta e trepidante.

Dormono i vecchi mari miei; si smorza
il suono delle spume
sopra la spiaggia sterile.

Lontano va la bufera nella nube torva.
Torna la pace in cielo;
la brezza tutelare ancora aromi
sparge sui campi, e nella benedetta
solitudine appare la tua ombra.

Pascal D'Angelo

Il poeta dell'emigrazione. New York, città di futuro. Spesso, solo di fuga.

martedì 6 maggio 2014

Luce

Ogni mattina,
mentre mi affretto al lavoro
lungo River Road,
passo davanti
l'avara catapecchia di Stemowski
vicino alla quale
palpita un bianco alone profumato di acacie,
e la pungente primavera mi trafigge.

I miei occhi sono di colpo felici,
simili a ombre nuvolose
quando s'imbattono
nell'oscurità che li protegge
dopo un lungo periodo di difficoltà
in un mare di vitrea luce.

Poi mi precipitai al cantiere,
ma la mia mente vaga ancora sulle orme
dei sogni in cerca di bellezza.
O come sanguigno angosciato!
Soffro in mezzo ai miei compagni di fatica
allegri ma insignificanti!

E' forse il prezzo di un sogno proibito
inabissato nel purpureo mare
di un futuro oscuro.

C'è una tonalità immatura, quasi adolescenziale, in questi versi quasi scolastici ma già sprizzanti di una nostalgia, che guardava speranzosa a un futuro migliore. Era lo scotto da pagare per tutti coloro che abbandonarono l'Italia tra la fine dell'Ottocento e l'inizio del Novecento, lasciando affetti, terra, povertà e disperazione per gettarsi in un'avventura dall'esito incerto su migliaia di miglia marine verso l'Eldorado newyorkese che, non sempre, garantiva a tutti una vita migliore.

Una storia che si ripete, senza sosta, nel tempo. Cambiano i protagonisti, ma non le vicende umane che dettano le regole e le ipocrisie di queste migrazioni attraverso un mondo mai equamente distribuito, dove nella fortuna del luogo di nascita, qualcuno crede se ne possa rivendicare un merito.

Questo poeta abruzzese, Pascal D'Angelo, nato a Introdacqua in provincia de L'Aquila nel 1894, e morto a New York nel 1932, è stato testimone di quella fuga di massa, che lo ha visto coinvolto a sedici anni all'inizio del XX secolo, che avrebbe regalato ai libri di storia le due guerre mondiali.

La sua ingenuità lo portò a pensare che i sacrifici e le sofferenze patite, lavorando da operaio, sottopagato e sfruttato, sarebbero state superate dalla riconoscenza che la vita riserva alla povera gente. Forse una concezione religiosa e poco realistica delle condizioni di quegli uomini che, sfuggendo la povertà delle terre d'Abruzzio, finirono a sostenere l'espansionismo industriale statunitense.

In parte, questa ricompensa, D'Angelo la ottenne acquisendo notorietà da poeta in quel continente straniero. I suoi sacrifici a studiare una lingua e una cultura così diversa, furono ripagati, quanto meno dalla sua possibilità di far conoscere, attraverso i suoi versi, le tristi e misere condizioni dell'uomo che lascia la sua terra, sognando una via da tracciare per altri "Son of Italy".

Bob Geldof

Poeta, rock star, attivista e attore. L'artista irlandese ha ancora molte cose da fare e da dire. Il mondo ha solo in parte raccolto il suo messaggio di solidarietà. E la strada è ancora lunga.

martedì 13 maggio 2014

Great Song Of Indifference

I don't mind if you go
I don't mind if you take it slow
I don't mind if you say yes or no
I don't mind at all

I don't care if you live or die
Couldn't care less if you laugh or cry
I don't mind if you crash or fly
I don't mind at all

I don't mind if you come or go
I don't mind if you say no
Couldn't care less baby let it flow
'Cause I don't care at all

I don't care if you sink or swim
Lock me out or let me in
Where I'm going or where I've been
I don't mind at all

I don't mind if the government falls
Implements more futile laws
I don't care if the nation stalls
And I don't care at all

I don't care if they tear down trees
I don't feel the hotter breeze
Sink in dust in dying sees
And I don't care at all

I don't mind if culture crumbles
I don't mind if religion stumbles

I can't hear the speakers mumble
And I don't mind at all

I don't care if the Third World fries
It's hotter there I'm not surprised
Baby I can watch whole nations die
And I don't care at all

I don't mind I don't mind I don't mind I don't mind
I don't mind I don't mind
I don't mind at all

I don't mind about people's fears
Authority no longer hears
Send a social engineer
And I don't mind at all

Molti lo ricorderanno mentre, nei panni del personaggio *Pink*, con una lametta da barbiere si libera delle sopracciglia e dei peli sul petto, lasciando grondare nell'acqua del lavandino gocce di sangue che, nella sequenza successiva, daranno vita ad una delle scene più indimenticabili della cinematografia mondiale. Eravamo nel 1979 e il film era *The Wall* di Alan Parker. La musica, scontato dirlo, quella di Pink Floyd.

Altri, invece, hanno avuto la fortuna di ascoltarlo qualche anno dopo, durante il megaconcerto del 13 luglio 1985, passato alla storia con il nome di Live Aid, che riuscì a accorciare le distanze tra gli Stati Uniti e l'Europa, unendo le sponde dei due continenti sotto la bandiera della nera Africa, ai cui problemi atavici di fame e malattie, Bob Geldof ha dedicato gran parte della sua carriera artistica.

Un'esperienza che, l'artista irlandese, ripeterà nel 2005, organizzando il Live 8, motivato dalla stessa sensibilità verso i problemi dell'Africa e da venti anni trascorsi senza che il mondo avesse ancora definitivamente risolto il problema.

La durezza dei versi che proponiamo, racchiude il pensiero e lo stile di vita di un attore, musicista, poeta che, dalla sua terra martoriata da secoli, l'Irlanda, dove è nato nel 1951, lo ha portato sempre a spingersi oltre i confini della propria esistenza, comprendendo sin dai primi successi che il compito di un artista non può limitarsi allo sterile guadagno, se con la propria fama può sfruttare l'immagine della rock star per avviare iniziative umanitarie.

Tonino Guerra

Il poeta che ci ha lasciato il 21 marzo del 2012. Un paio di mesi dopo, la sua terra, quasi a volerlo piangere, tremò al silenzio dei suoi versi.

martedì 20 maggio 2014

La fica l'è una telaragna

*La fica è una ragnatela
un imbuto di seta
il cuore di tutti i fiori;
la fica è una porta
per andare chissà dove
o una muraglia
che devi buttare giù.*

*Ci sono delle fiche allegre
delle fiche matte del tutto
delle fiche larghe o strette,
fiche da due soldi
chiacchierone o balbuzienti
e quelle che sbadigliano
e non dicono una parola
neanche se le ammazzi.*

*La fica è una montagna
bianca di zucchero,
una foresta dove passano i lupi,
è la carrozza che tira i cavalli;
la fica è una balena vuota
piena di aria nera e di lucciole;
è la tasca dell'uccello
la sua cuffia da notte,
un forno che brucia tutto.*

*La fica quando è ora
è la faccia del Signore,
la sua bocca.*

È dalla fica che è venuto fuori
il mondo, con gli alberi, le nuvole, il mare
e gli uomini uno alla volta
e di tutte le razze.
Dalla fica è venuta fuori anche la fica.
Ostia la fica!

Qualche rappresentante delle nuove generazioni lo avrà visto la prima volta solo in occasione degli spot pubblicitari. Un baffetto irriverente, spesso infastidiva nella sua esortazione ottimistica che, già qualche anno fa, appariva sarcastica.

Ma sono gli amanti del cinema che lo ricorderanno per sempre. Un poeta sceneggiatore che ha saputo mettere in immagini la delicatezza e l'ironia descrittiva di un mondo che provava a cambiare, dopo la guerra nazi-fascista e che forse, non ci è riuscito mai completamente.

Si fece aiutare in questa sua prevalente attività artistica dai nomi più altisonanti del cinema italiano, quello per intenderci che ci ha fatto scrivere una delle pagine più significative e apprezzate della cinematografia mondiale. Elio Petri, Vittorio De Sica, Mario Monicelli, Mauro Bolognini, Damiano Damiani, Federico Fellini e Michelangelo Antonioni sono solo alcuni dei nomi che vengono in mente, e siamo sicuri di averne tralasciati altrettanti che meritano lo stesso posto d'onore.

Il suo ottimismo è giustificato da una sorta di legge di contrappasso in contrapposizione agli anni vissuti in prigionia nel campo di concentramento di Troisdorf in Germania. Ma è stata la sua sincera umanità, associata ad un sano istrionismo e a una visione della vita, a volte onirica, a volte riflessiva, ma sempre ricca di particolari, che solo gli occhi di un osservatore attento può aver diritto di giudicare. Quella di un poeta.

E per rispetto della sua estrosità, che vogliamo ricordarlo con una delle poesie più controcorrente. Una poesia erotica che, come prevedibile, nasconde nei suoi versi, il Tonino Guerra che è passato ai posteri come uno dei poeti più influenti della letteratura romagnola.

Váci Mihály

Uno dei poeti meno conosciuti della tradizione ungherese, ha raccontato la guerra e i soprusi di un regime.

Leggero, come il vento (Szelíden, mint a szél)

Leggero, biondo, come il vento
mi sono alzato contro il mondo.
Girovago senza sosta, ma senza fretta,
alzo la polvere, brillo nel sole,
mi accarezzano tutte le foglie.

Leggero, biondo, come il vento
volo attraverso il bosco
mi ostacolano a centinaia:
alberi, rami, ma a loro non bado,
e superiore, volo oltre
dove mi attira il tempo e lo spazio.

Leggero, biondo, come il vento,
non con la forza o violenza,
ma con ali immobili, distese, senza sforzo
come un'aquila volo per il mondo,
luce e altezza mi trasportano
e la meta mi viene incontro.

Leggero, biondo, come il vento,
corro su pascoli, prati e boschi,
sollecito anche il fuoco,
frusto i campi, perciò
mi si alzano tutti contro:
erbe, foglie, spighe mi attaccano,
attiro la sorte contro di me.

Leggero, biondo, come il vento,
non mi possono ferire però,
chi mi fa male, l'accarezzo, l'abbraccio,
e rimane umiliato, mentre io,

invulnerabile, volo oltre,
rispecchio la luce,
fango non mi sporca mai.

Leggero, biondo, come il vento,
porto la vittoria in silenzio,
lenisco le ferite, mi attraversano
pallottole, baionette, ma non mi fanno male,
ma se pure muoio ogni giorno,
divento indistruttibile nel tempo
e vinco dolcemente, come il vento.

Quando ci si trova di fronte a dei versi composti da poeti ungheresi, la mente viene distratta da quello che storicamente l'Ungheria ha rappresentato in Europa. Leggendo poi le poesie di Váci Mihály, il dolore e le sofferenze di un popolo diventano testimonianza del mondo.

Si va oltre qualsiasi pensiero riduttivo di guerra, quella che abbiamo conosciuta nei versi di tanti poeti europei, molti anche italiani, che hanno vissuto tra la prima e la seconda guerra mondiale. Nell'opera di Mihály c'è l'uomo che è stato protagonista di quanto ha poi cercato di addolcire nelle sue liriche.

C'è la voglia di sfuggire a quegli orrori, ma anche la consapevolezza che solo liberando la mente in sogni e sensazioni si può trascinare l'uomo dentro una nuova speranza di riscatto, e che troppo spesso, la dura realtà finirebbe per smentire.

Il sogno, o forse solo l'utopia, di un uomo migliore, calato nel suo tempo e padrone del suo destino, dove la giustizia sociale, la costruzione di un futuro, le questioni del quotidiano che toccavano un mondo in continuo cambiamento e le misere condizioni del proletariato contribuirono a etichettare Váci Mihály come poeta socialista, se non comunista.

Ma nei suoi versi il rifugio nei ricordi d'infanzia, gli affetti familiari, l'amore, a volte anche l'alienazione da un mondo di sangue e distruzione, nasconde un sottile ottimismo verso un futuro migliore e un vero riscatto morale dell'individuo, in quanto uomo.

Maya Angelou

Tranviera, cameriera, cuoca, mezzana, prostituta, spogliarellista, ballerina, cantante. Scrittrice, poetessa, attrice e attivista. Cos'altro per rendere la propria vita un'opera d'arte.

martedì 3 giugno 2014

Men

When I was young, I used to
Watch behind the curtains
As men walked up and down the street. Wino men, old men.
Young men sharp as mustard.
See them. Men are always
Going somewhere.
They knew I was there. Fifteen
Years old and starving for them.
Under my window, they would pauses,
Their shoulders high like the
Breasts of a young girl,
Jacket tails slapping over
Those behinds,
Men.

One day they hold you in the
Palms of their hands, gentle, as if you
Were the last raw egg in the world. Then
They tighten up. Just a little. The
First squeeze is nice. A quick hug.
Soft into your defenselessness. A little
More. The hurt begins. Wrench out a
Smile that slides around the fear. When the
Air disappears,
Your mind pops, exploding fiercely, briefly,
Like the head of a kitchen match. Shattered.
It is your juice
That runs down their legs. Staining their shoes.
When the earth rights itself again,
And taste tries to return to the tongue,

Your body has slammed shut. Forever.
No keys exist.

Then the window draws full upon
Your mind. There, just beyond
The sway of curtains, men walk.
Knowing something.
Going someplace.
But this time, I will simply
Stand and watch.

Maybe.

C'è un destino più crudele di quello di nascere donna in un mondo al maschile, dove millenni di storia e religioni non hanno fatto altro che dare credito alle disparità sociali e alle discriminazioni sotto il nome di un credo intellettuale che quietasse le coscienze.

E' il destino di chi nasce negra, si negra, senza falsi e ipocriti nomignoli che ci facciano sentire solidali e emancipati. Negra nel paese della libertà per antonomasia: gli Stati Uniti d'America. Aver vissuto nei decenni delle lotte per i diritti civili, dove dietro queste due nobili parole si sono nascoste politiche democratiche che, con sangue e soprusi, non hanno mai avuto niente in comune né con i diritti, né tanto meno con ciò che l'attributo "civile" dovrebbe rappresentare.

Maya Angelou era nata a St. Louis il 4 aprile del 1928, un decennio dopo che migliaia di negri afroamericani avevano combattuto una guerra dall'altra parte del mondo, in alternativa a una vita da schiavo nei latifondi bianchi americani. Giovanissima ragazza madre, in un paese che identificava la donna negra come la *Mammy* di *Gone with the wind*, ha vissuto la sua vita-romanzo inventandosi i più disparati mestieri, quali la spogliarellista, la cantante, la cameriera e anche il mestiere che non ha mai fatto questioni di razzismo: la prostituta.

Compagna di lotte sociali accanto a Malcolm X e Martin Luther King, tornò alle origini del suo popolo, prestando la sua esperienza di vita in Egitto, nelle vesti di giornalista, e di insegnante in Ghana, negli anni della post-colonizzazione, se ci illudiamo che quel periodo storico sia realmente superato.

E mentre i due velocisti americani, negri ovviamente, Tommy Smith e John Carlos, alzavano il pugno nero al cielo in quella storica edizione delle Olimpiadi di Città del Messico, Maya Angelou scriveva la sua vita, non solo metaforicamente. *I Know Why the Caged Bird Sings* scritto nel 1969, contiene già nel titolo originale l'umana sensibilità del canto malinconico di una figlia d'Africa votata alla libertà che i suoi ospiti americani non hanno mai avuto il coraggio di praticare integralmente.

Il 28 maggio di quest'anno questa poliedrica artista ci ha lasciato, portandosi dietro l'amarezza di un popolo, culla e origine dell'umanità, e il dubbio che un mondo che decanta l'ambizione di essere cosmopolita, possa rimanere per sempre impantanato nel fango di un razzismo di contraddizione dal quale non riesce a guarire.

Philippe Soupault

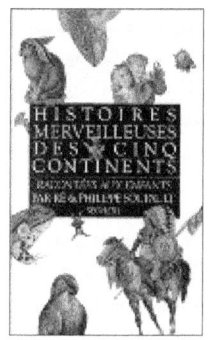

Conseils au poète

Sois comme l'eau
celle de la source et celle des nuages
tu peut être irisé ou même incolore
mais que rien ne t'arrête
pas même le temps
Il n'y a pas de chemins trop longs
ni de mers trop lointaines
Ne crains ni le vent
ni encore moins le chaud ou le froid
Apprends à chanter
sans jamais te lasser
murmure et glisse-toi
ou arrache et bouscule
Bondis ou jaillis

Sois l'eau qui dort
qui court qui joue
l'eau qui purifie
l'eau douce et pure
puisqu'elle est la purification
puisqu'elle est la vie pour les vivants
et la mort pour les naufragés

Philippe Soupault nacque a Chaville il 2 agosto 1897, nel cuore della borghesia parigina, alla quale si oppose già da giovane. All'inizio influenzato dal movimento Dadaista, grazie alla sua amicizia con André Breton e Louis Aragon, fondò con la loro collaborazione la rivista surrealista *Littérature*, con la quale pubblicò la sua prima raccolta di poesie *Champs magnétiques*. Collaborò e frequentò diversi artisti del suo tempo, ma per disaccordi politici, finì per allontanarsene.

Dopo quest'esperienza parigina, decise di dedicarsi ai viaggi e in seguito al giornalismo. Si accostò così alla così detta *Revue Européenne* e alla stesura di numerosi romanzi, inizialmente bistrattati dalle sue scelte artistiche. Ricordiamo *Bon apôtre* del 1923 ; *Le Nègre* del 1927 e *Les Dernières nuits de Paris* del 1928. Attraverso la narrativa, provò a volgere uno sguardo realista nei confronti dei tempi così mutevoli e in fermento di quei primi decenni del ventesimo secolo.

Particolarmente bizzarre le sue pubblicazioni di saggi sulle arti contemporanee, quali il jazz e il cinema. Dopo essersi dedicato alle raccolte Odes e Chansons, negli anni '40, scrisse anche alcuni testi teatrali, prima di curare numerose trasmissioni radiofoniche.

E' morto a Parigi il 12 marzo 1990.

Wislawa Szymborska

 martedì 17 giugno 2014

Accanto a un bicchiere di vino

Con uno sguardo mi ha resa più bella,

e io questa bellezza l'ho fatta mia

Felice, ho inghiottito una stella.

Ho lasciato che mi immaginasse

a somiglianza del mio riflesso

nei suoi occhi. Io ballo, io ballo

nel battito di ali improvvise.

Il tavolo è tavolo, il vino è vino

nel bicchiere che è un bicchiere

e sta lì dritto sul tavolo.

Io invece sono immaginaria,

incredibilmente immaginaria,

immaginaria fino al midollo.

Gli parlo di tutto ciò che vuole:

delle formiche morenti d'amore

sotto la costellazione del soffione.

Gli giuro che una rosa bianca,

se viene spruzzata di vino, canta.

Mi metto a ridere, inclino il capo

con prudenza, come per controllare

un'invenzione. E ballo, ballo

nella pelle stupita, nell'abbraccio

che mi crea.

Eva dalla costola, Venere dall'onda,

Minerva dalla testa di Giove

erano più reali.

Quando lui non mi guarda,

cerco la mia immagine

sul muro. E vedo solo

un chiodo, senza il quadro.

Annullare l'essere umano al cospetto di una natura, più meritevole di essere descritta, o cantata con i versi. L'essere umano, con le sue contraddizioni, capace di annientare milioni di anni di evoluzioni e mutamenti del mondo. L'essere, contaminato di presunzione e forza distruttrice, che con uno stolto amor proprio, si ostina ad accostarsi all'attributo "umano".

La verità non piace a nessuno. Sentirsela sbattuta in faccia da una donna, in un mondo bigotto e chiuso al più severo maschilismo, ancor meno. Se poi, dolcezza espressiva, poetica e una comunicazione semplice e diretta, accompagnano questo scrupolo di coscienza, che assale il lettore smarrito tra immagini metaforiche che mettono a nudo la vacuità dell'ambizione. Si, questa è poesia.

Wislawa Szymborska ha saputo costruirsi uno stile personale, fuori dai canoni e da un pregiudizio culturale verso il mondo letterario femminile, che non saprebbe esprimersi al di fuori dei dogmi e degli argomenti della tradizione romantica e nostalgica delle opere dell'Ottocento.

Polacca, nata a Bnin, Poznań, nel 1923, ha assistito adolescente all'invasione del suo paese da parte dei panzer tedeschi. Fa riflettere la sua clandestinità nel suo percorso di studi, che la portarono al diploma nel 1941. Da questa sua umiltà, ha gettato le basi di una poetica, dove la semplicità di un'intelligente ironia finisce per spiazzare un lettore disattento, trascinato in una logica lirica, che apparentemente conduce a una conclusione, contraddetta dai versi conclusivi.

Siyabonga A Nxumalo

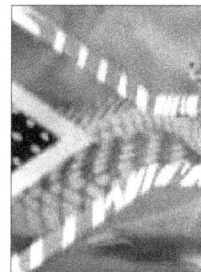

Il cuore e l'anima nera di un continente che abbiamo saputo sfruttare e insanguinare. Disprezzando il suo popolo, che oggi, abbandona la sua terra.

martedì 24 giugno 2014

I am an African

Not because I'm black.
But because my heart warms
And tears run down my face
When I think about Africa.

I am an African,
Not because I live here,
But because the African
Sun lit my paths.
Because the air that I breath
Is from these majestic mountains.

That air nurtured me
Growing up.

I am an African,
Not because I can speak
Swahili, Shona, Zulu or Xhosa.
But because my heart is
Shaped like a question mark,
Just like Africa.

I am an African,
Not because I am black,
But because my umbilical cord
Is burried under the majestic
Mountains of Africa.

Il titolo di questa poesia richiama il discorso che, al Congresso Nazionale Africano a Città del Capo, l'8 maggio 1996 fu pronunciato da Thabo Mbeki, personaggio di spicco della politica del Sud Africa, paragonato a Martin Luther King per le sue attività contro l'aperthied e le sue relazioni diplomatiche con gli altri paesi africani.

Non sappiamo fino a che punto l'ex presidente del Sud Africa sia stato condizionato dai versi di Siyabonga A Nxumalo, voce anonima del continente che, quasi a voler dare maggior enfasi al ruolo della poesia rispetto all'uomo che la decanta, ha utilizzato una poesia per consegnarci qualche nota biografica.

E così con la poesia *I am honored*, rivolgendosi al lettore e al visitatore della sua pagina internet, gli dice: *anche se mia vita non è di quelle gradevoli da ascoltare/e se nel mio profilo non c'è la foto/tu puoi mettere il volto che vuoi dietro questi versi*.

A coloro che leggeranno le sue poesie è rivolto il pensiero del poeta, a ringraziare chi avrà l'umiltà e la sensibilità di leggere i suoi versi dai titoli poco orecchiabili, e le parole poco divertenti. A chi avrà voglia di lasciare il proprio commento, che ispirerà altri versi; a chi non volterà lo sguardo davanti alla durezza di quel canto; a chi si riconoscerà nella crudeltà del mondo e a chi raccoglierà quel grido di dolore da quella terra, così lontana ma che ci appartiene, anche senza accorgercene. A chi avrà il coraggio di chiamarlo amico, metafora di un sentimento ancor più nobile che conduce alla fratellanza. Per tutti questi, Siyabonga A Nxumalo sarà onorato di appartenere all'umanità.

Gerrit Kouwenaar

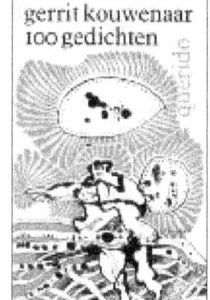

Considerato uno dei più grandi poeti olandesi, ha saputo umanizzare e trasformare il concetto tradizionale di poesia.

martedì 1 luglio 2014

Non ho mai

Non ho mai provato qualcosa di diverso da questo:
rendere la pietra tenera
fare fuoco dall'acqua
far piovere per la sete

Intanto, il freddo mi ha morso
il sole è stato una giornata piena di vespe
il pane era salato o dolce
e la notte nera nel giusto
o bianca nell'ignoranza

A volte mi confondevo con la mia ombra
come si può confondere la parola con la parola
la carcassa con il corpo
ero spesso lo stesso giorno e lo stesso colore della notte
e senza lacrime, e sordo

ma mai più di questo:
rendere la pietra tenera
fare fuoco dall'acqua
far piovere per la sete

piove bevo,
ho sete.

Nato a Amsterdam nel 1923, Gerrit Kouwenaar è stato uno dei primi poeti a unirsi all'Experimental Group Holland, sebbene fosse monopolizzato dai pittori. Le sue prime pubblicazioni furono stampate clandestinamente durante la Seconda Guerra Mondiale. Dopo la guerra si dedicò all'attività di traduttore e di giornalista. Scrisse anche qualche romanza, prima di volgere esclusivamente alla poesia.

Le sue prime opere si concentrarono su argomenti politici, a una particolare attenzione al linguaggio e alla curiosità per il significato intrinseco delle singole parole (questo suo interesse sarà espresso in una delle sue raccolte di poesia). Le successive composizioni riflettono la relazione tra il linguaggio e la realtà, trasformandosi in una sorta di laboratorio nel quale la poesia non si origina più attraverso la così detta "écriture automatique", ma è consapevolmente creata. Cercando di dare origine ad una forma poetica che identifichi la poesia come un oggetto, Kouwennar evidenzia l'idea di una poesia come veicolo di sfogo delle emozioni e rifiuta i concetti tradizionali di consolazione, desiderio e sentimento.

La poesia di Kouwenaar è spesso giudicata come una specie di delitto, poiché il poeta ha provato a cancellare il significato dogmatico delle parole. "Ho tagliato la gola al mondo", scrive Kouwenaar in una sorta di autopsia delle sue liriche. Il suo è un tentativo di disfarsi della realtà contenuta nelle parole, e attraverso esse consentire alla poesia di vivere di luce propria, diventando una cosa tra le cose, e quindi realtà essa stessa.

Grazie ai suoi versi e alle sue traduzioni, si aggiudicò molti premi, compreso il Premio Nazionale di Letteratura Olandese nel 1971, e nel 1989 il Premio per i Letterati Olandesi.

Paolo Rossi

Torna questa settimana il consueto appuntamento con la poesia. Vogliamo ricominciare con il più stravagante giullare dei teatri italiani.
mercoledì 10 settembre 2014

Un metro e (h)o...ttanta voglia di crescere. Un'espressione comica, la cui origine si perde nella notte dei tempi. Adattissima e metafora coniata ad hoc per questo comico goriziano, preso a prestito dalla nostra rubrica di poesia e dalla città di Milano.

Paolo Rossi, la più stravagante forma di arte recitativa che il nostro panorama artistico, sempre più bistrattato dai nostri politici, ha saputo esprimere negli ultimi trenta anni. Lo abbiamo visto formarsi artisticamente, passando dalla mani sapienti e formative di Dario Fo a quelle di Gabriele Salvatores.

Lo abbiamo visto "salire" sul palco dell'Ariston accanto al compianto Enzo Jannacci, lo abbiamo acclamato nelle sue irriverenti apparizioni televisive, dove ha trovato il tempo per farsi censurare con un pezzo di Tucidite del 431 a.C. che conteneva il discorso di Pericle sulla democrazia.

Ma è sicuramene a teatro che il comico sa dare il meglio di sè. Prendendo spunto dai grandi del passato, ha reinterpretato testi di Rabelais, Shakespeare e Alfred Jarry, evidenziando un suo particolare attaccamento al teatro dell'assurdo.

Questa sua poliedricità artistica, dove il teatro la fa da padrone, ci ha consentito di accostarlo all'arte poetica, da sempre errante e quasi occultata nei testi teatrali. Quelli che proponiamo sono dei versi tratti dalla raccolta di monologhi pubblicata una ventina di anni fa da Baldini & Castoldi, con il titolo di *Si fa presto a dire pirla*. Il titolo della poesia, non segnalato nel libro, lo abbiamo scelto noi.

Magia

Non lasciate che le luci artificiali
disegnino di voi strane ombre...
Sapevate cantare prima
che vi regalassero un bancomat,
Sapevate ballare...

Spegnete tutte le tv di questo paese,
sono guaste...

Se veramente cercate qualcosa,
guardate nelle vostre mani...

E' lì che si trova
la vera definizione di magia.

Prisca Agustoni

Una giovane interprete dalla Svizzera multilingue, degna di maggiore attenzione da parte del pubblico letterario.

mercoledì 17 settembre 2014

Le Dune

*lungo il lago
ci sono dune
che si spostano
con gli sguardi
di chi da tempo
vive altrove,
in un transitorio
perimetro,
disinnescando
grammatiche,
corto circuiti
che scavano
ripostigli di cose
nell'esitazione
tra una lingua e l'altra*

*e non riesco
a ricordare dove inizia
e dove finisce
l'imbastitura,
l'album con i ritratti
allineati e pazienti
per anni,
fino a cedere*

*si mettono in fila
le parole
come boe di ormeggio*

*poi scivolano calme,
una dietro l'altra,
nella memoria,*

da dove ci scrutano,
feline,
finché noi recuperiamo
la voce

Parlando di Svizzera, a onor del vero, gli argomenti di facile trattazione che ci collegano ai luoghi comuni caratteristici di questa nazione, ci fanno pensare all'insolito multilinguismo, alla notoria precisione simbolo nazionale, alla cioccolata e sicuramente alle banche. Da qualche anno, anche a tematiche sportive, tra le quali di recente il tennis.

Sarà sicuramente colpa di un pregiudizio atavico da parte del resto del mondo, ma anche di una scarsa manifestazione e enfasi dimostrata dagli stessi svizzeri nei confronti dei loro eroi nazionali, che l'ha fatta conoscere più per personaggi folcloristici, quali Guglielmo Tell, che per soggetti di più nobile attenzione.

Eppure Jean Jacques Rousseau, uno tra i più grandi filosofi della storia, era svizzero. Molti sapranno che Ursula Andress ha gli stessi natali. Forse pochi, sanno che il noto architetto Le Corbusier era nato nel cantone di Neuchatel. Ci auguriamo vivamente che sia di dominio pubblico l'origine elvetica del grande scrittore Friedrich Dürrenmatt.

Rimanendo su tematiche letterarie, questa settimana ci siamo voluti occupare di una giovane poetessa d'oltralpe che, forse ai più non troppo conosciuta, merita maggiori attenzioni grazie a una poetica dove la semplicità dei versi si unisce a metafore di sicura creatività artistica, dandole un'impronta personale e moderna nel difficile campo della poesia.

Nata a Lugano nel 1975, Prisca Agustoni si è trasferita a Ginevra dove ha completato gli studi in Letterature ispaniche, scrivendo una tesi sulle donne mulatte e la loro collocazione nella poesia negra del periodo del movimento d'avanguardia cubano. Una passione che la porterà nel 2002 a trasferirsi in Brasile e a dedicarsi alla traduzione di autori brasiliani.

Autrice multilingue, quasi a non voler smentire la caratteristica del suo paese di origine, ha prodotto raccolte poetiche scrivendo in italiano, portoghese e spagnolo. Caratteristica delle sue composizioni è un sommo letargo nostalgico dei luoghi d'infanzia, visti con la fierezza e il realismo dello sguardo attento della donna sudamericana. Un confronto, non solo generazionale, ma culturale, tra il suo mondo perfettibile della sua Svizzera e il duro quotidiano di tutti i Sud del mondo, sorretto e affrontato, a ogni latitudine, dal coraggio e la determinazione delle donne.

Pino Daniele

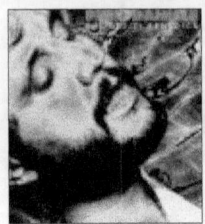 Lo abbiamo ammirato il 23 sera a San Vito Lo Capo, dopo averlo ammirato a agosto al teatro greco di Taormina. Chi ha scritto le parole di Napule è, non può essere solo un grande chitarrista.

mercoledì 24 settembre 2014

Pace e Serenita

Si me vuò bene overamente
nun me faciss' cchiù aspettà
io non ti ho chiesto mai niente
solo pace e serenità
si me vuò bene overamente
saje che so' uno che s'accuntenta
quann' le storie sono strane
miracoli non se ne ponno fa'
si me vuò bene overamente
circ' 'e me suppurtà
quann' me perdo 'mmiezzo 'a gente
quann' m'assetto a te parlà
quann' sto zitto jurnate sane
pecché nun me ne fido 'cchiù

Abituati a vederlo con la chitarra blues, accanto a mostri sacri quali Pat Metheny, Wayne Shorter, Jerry Marotta e Chick Corea, senza tralasciare i grandi musicisti italiani che hanno contribuito alla costruzione della sua immensa carriera di musicista e paroliere, vederlo salire sul palco di San Vito Lo Capo con le chitarre acustiche a deliziare il pubblico presente con il suo repertorio più classico, ci ha riconsegnato l'artista della nostra infanzia. Quello che dai quartieri della Napoli più vera, ci ha fatto sentire un po' tutti figli del Vesuvio.

Abbiamo adottato le sue canzoni, impadronendoci dei versi di Alleria, Sto' vicino a te, Appocundria, Io vivo come te. E ne lasceremmo sempre qualcuna ingiustamente nel dimenticatoio o nella distrazione della nostra mente.

Ci limitiamo a rubarne un'altra. Quella che proponiamo come poesia questa settimana. Forse meno conosciuta delle altre, ma la più adatta a rappresentare in questa bellicosa fase storica del mondo, il messaggio che vorremmo sentire pronunciare da tutte le bocche dei potenti, dei propositori, dei risolutori. Quelli che riscaldano le comode panche dei G8, G20 G...niente, che parlano pur non capendo un "cazzo" (usiamo a prestito la frase più riassuntiva e adatta, pronunciata da Gino Strada in diverse circostanze) di quanto ostentano trovarne la soluzione.

Jorge Luis Borges

Il mondo visto dal buio della propria malattia. Svelato e innalzato a metafisica, attraverso un viaggio letterario. Che non anelita un ritorno.

mercoledì 1 ottobre 2014

1964

I

Ya no es mágico el mundo. Te han dejado.
Ya no compartirás la clara luna
ni los lentos jardines. Ya no hay una
luna que no sea espejo del pasado,

cristal de soledad, sol de agonías.
Adiós las mutuas manos y las sienes
que acercaba el amor. Hoy sólo tienes
la fiel memoria y los desiertos días.

Nadie pierde (repites vanamente)
sino lo que no tiene y no ha tenido
nunca, pero no basta ser valiente

para aprender el arte del olvido.
Un símbolo, una rosa, te desgarra
y te puede matar una guitarra.

II

Ya no seré feliz. Tal vez no importa.
Hay tantas otras cosas en el mundo;
un instante cualquiera es más profundo
y diverso que el mar. La vida es corta

y aunque las horas son tan largas, una
oscura maravilla nos acecha,
la muerte, ese otro mar, esa otra flecha
que nos libra del sol y de la luna

y del amor. La dicha que me diste
y me quitaste debe ser borrada;
lo que era todo tiene que ser nada.

Sólo que me queda el goce de estar triste,
esa vana costumbre que me inclina
al Sur, a cierta puerta, a cierta esquina.

L'errore più grave, che si possa commettere leggendo i libri di Jorge Luis Borges, è quello di dare un'interpretazione univoca al messaggio che, ingenuamente, si crede di aver carpito. Come se milioni di lettori che ci hanno preceduto, e altrettanti che ci seguiranno, possano realmente avere avuto la sfortuna di aver mancato il privilegio della traduzione di quel codice letterario, che lo scrittore ci ha consegnato.

E' un errore umano. Giustificabile, diremmo. Davanti a qualsiasi forma letteraria a firma di Borges, proprio quando si crede di aver dissipato dubbi, di aver collegato storicamente la narrazione, di averci scoperto addirittura personaggi di vita vissuta, proprio in quel momento si tocca con mano il proprio fallimento di lettore, rilegati in quella ignoranza interpretativa, dalla quale lo stesso Borges non osa immaginare potersene liberare. Lui che in veste di direttore della Biblioteca Nazionale, ebbe l'opportunità di assaggiare le storie del mondo, attraverso quasi un milione di testi disposizione.

Evitiamo, quindi consapevolmente, di commettere la stessa ingenuità. Ci limitiamo a avanzare un paragone con un altro "poeta" di casa nostra, Federico Fellini, senza alcuna pretesa in merito a chi dei due, si debba riconoscere il ruolo di emulo.

Resta soltanto, la nostra, una mera constatazione di come, anche trovandosi davanti alle immaginifiche sequenze filmate di Fellini, come abbiamo visto alla stessa stregua del grande scrittore argentino, siamo stati trascinati in un indefinibile spazio-tempo dal quale, lo ammettiamo, abbiamo temuto di essere costretti a rientrare in una scomoda "realtà".

Il resto lo lasciamo ai lettori. A coloro che lo hanno già apprezzato e a coloro che hanno sempre temuto di confrontarsi con l'opera di un genio, prima che scrittore.

Ricardo Eliezer Neftalí Reyes Basoalto

Se non mettessimo il suo nome d'arte, Pablo Neruda, accanto alle sue poesie, lo si riconoscerebbe ugualmente dall'armonia dei suoi versi.

mercoledì 8 ottobre 2014

Amor América

Antes de la peluca y la casaca
fueron los ríos, ríos arteriales;
fueron las cordilleras, en cuya onda raída
el cóndor o la nieve parecían inmóviles;
fue la humedad y la espesura, el trueno
sin nombre todavía, las pampas planetarias.
El hombre tierra fue, vasija, párpado
del barro trémulo, forma de la arcilla;
fue cántaro caribe, piedra chibcha,
copa imperial o sílice araucana.
Tierno y sangriento fue, pero en la empuñadura
de su arma de cristal humedecida,
las iniciales de la tierra estaban
escritas.

Nadie pudo
recordarlas después: el viento
las olvidó, el idioma del agua
fue enterrado, las claves se perdieron
o se inundaron de silencio o sangre.

No se perdió la vida, hermanos pastorales.
Pero como una rosa salvaje
cayó una gota roja en la espesura,
y se apagó una lámpara de tierra.
Yo estoy aquí para contar la historia.
Desde la paz del búfalo
hasta las azotadas arenas
de la tierra final, en las espumas
acumuladas de la luz antártica,
y por las madrigueras despeñadas
´de la sombría paz venezolana,

te busqué, padre mío,
joven guerrero de tiniebla y cobre,
o tú, planta nupcial, cabellera indomable,
madre caimán, metálica paloma.

Yo, incásico del légamo,
toqué la piedra y dije:
Quién
me esper? Y apreté la mano
sobre un puñado de cristal vacío.
Pero anduve entre flores zapotecas,
y dulce era la luz como un venado,
y era la sombra como un párpado verde.

Tierra mía sin nombre, sin América,
estambre equinoccial, lanza de púrpura,
tu aroma me trepó por raíces
hasta la copa que bebía, hasta la más delgada
palabra aún no nacida de mi boca.

Non si può avvicinarsi alla poesia senza, prima o poi, cadere nella tentazione di confrontarsi con Pablo Neruda. Lo si può dilazionare nel tempo, fingere di dimenticare il suo nome, dimenticare i suoi versi. Appallottolare una sua massima dentro il profumo di una velina che avvolge una pralina di cioccolato. Alla fine si soccombe a un ricordo che sfiora un'adolescenza di platonici sentimenti che, forse, non si proveranno più.

Più della carnalità delle sue parole, più di quelle metafore che avremmo voluto lasciare incustodite sui diari scolastici dei nostri sogni notturni. Più di un inno rivoluzionario che avremmo voluto saper leggere, tra un alito di verità nascosta e una canzone degli Inti Illimani.

E chissà se la sua fama avrebbe acceso nostalgie da magliette rosse, volti graffitati di Che Guevara, impeti rivoluzionari anti-totalitarismi. Chissà, se non ci avesse lasciato i suoi inni all'amore, da contrapporre all'arroganza e al dolore patiti dal popolo cileno.

Perché la piccola diatriba, che Massimo Troisi e Renato Scarpa inscenano nel film Il Postino, nel descrivere il "poeta dell'amore" da contrapporre al "poeta comunista", non ha dato la risposta a chi lo adottato a conforto di una delusione amorosa. O di un altro dittatore da combattere.

Nel leggere i suoi versi, possiamo umilmente limitarci ad affermare che era un poeta. Per ciò che il mondo è diventato dopo oltre quaranta anni dalla sua morte (23 settembre 1973), sicuramente non una cosa da poco.

David Gilmour

Coautore e chitarrista dei Pink Floyd, ha scritto tra i più bei versi dell'intera produzione discografica, musicati insieme al resto del gruppo.

mercoledì 15 ottobre 2014

Wot's...Uh the Deal!

Heaven sent the promised land
looks alright from where I stand
'cause I'm the man on the outside looking in
waiting on the first step
show me where the key is kept
point me down the right line ' cause it's time

To let me in from the cold,
turn my lead into gold
'cause there's a chill wind blowing in my soul
and I think I'm growing old

Flash...the red is...wot's...uh deal
got to make it to the next meal
try to keep up with the turning of the wheel
mile after mile, stone after stone
you turn to speak but your alone
million miles from home you're on your own

Fly kite
by candle light
with her by my side
wish she prefers we never stir again
someone sent the promised land
well I grabbed it with both hands
now I'm the man on the inside looking out

Hear me shout, come on in
what's the news, where you've been
'cause there's no wind left in my soul
and I've grown old

La notizia dell'imminente uscita, il prossimo 10 novembre, di una nuova produzione discografica, a firma David Gilmour e Nick Mason ha acceso la curiosità del pubblico fedelissimo e seguace del mitico gruppo musicale dei Pink Floyd.

Ci sarà tempo per assorbire questa nuova esperienza *psichedelica*, nonostante le anticipazioni ci parlino di una rivisitazione del bagaglio pinkfloydiano di una ventina di anni fa, tra il materiale concepito e accantonato ai tempi della realizzazione di Division Bell, l'ultimo album prodotto dal gruppo, abbandonato da Roger Waters una decina di anni prima.

L'impronta musicale, ereditata e personalizzata da David Gilmour, ha fatto rivalutare con merito la vena poetica di questo virtuoso chitarrista che, già ai tempi del quintetto, che includeva un ormai *assente* Syd Barrett, aveva manifestato un'impronta decisiva in tutta la produzione discografica del gruppo, passata alla storia della musia rock specialmente per la cura dei testi, oltre alle ricercatissime sonorità.

Esempi di quanto appena esposto sono state le collaborazioni con il regista francese Barbet Schroeder, attraverso la composizione delle colonne sonore dei film More(1969) e La Vallée (1972). Una collaborazione che unì la creatività onirica del regista di *Il Mistero Von Bulow*, tanto per citare un altro film, con gli ideatori di quello che, solo un anno dopo (1973), sarebbe diventato uno degli album più venduti di sempre. Ci riferiamo a <u>The Dark Side of the Moon</u>, che Girodivite ha celebrato per i suoi quaranta anni dalla pubblicazione.

Se il film *La Valée* non è stato possibile ammirare dal pubblico italiano, visto che non fu mai distribuito nelle sale italiane, anche se in seguito ne fu prodotta un'edizione in DVD, le musiche e le parole composte dai Pink Floyd che ne fecero la colonna sonora (scarsamente utilizzata poi nel film), rappresentano quanto di meglio prodotto dal gruppo in quegli anni, racchiuso nell'album *Obscured by Clouds*.

Robert Burns

Un rock singer di oltre due secoli fa. Le sue poesie ancora oggi reggerebbero il confronto con più banali testi di moderni popstar.

mercoledì 22 ottobre 2014

To a Mouse

Oh, tiny timorous forlorn beast,
Oh why the panic in your breast?
You need not dart away in haste
To some corn-rick
I'd never run and chase thee,
With murdering stick.

I'm truly sorry man's dominion
Has broken nature's social union,
And justifies that ill opinion
Which makes thee startle
At me, thy poor earth-born companion,
And fellow mortal.

I do not doubt you have to thieve;
What then? Poor beastie you must live;
One ear of corn that's scarcely missed
Is small enough:
I'll share with you all this year's grist,
Without rebuff.

Thy wee bit housie too in ruin,
Its fragile walls the winds have strewn,
And you've nothing new to build a new one,
Of grasses green;
And bleak December winds ensuing,
Both cold and keen.

You saw the fields laid bare and waste,
And weary winter coming fast,
And cosy there beneath the blast,
Thou thought to dwell,

Till crash; the cruel ploughman crushed
Thy little cell.

Your wee bit heap of leaves and stubble,
Had cost thee many a weary nibble.
Now you're turned out for all thy trouble
Of house and home
To bear the winter's sleety drizzle,
And hoar frost cold.

But, mousie, thou art not alane,
In proving foresight may be in vain,
The best laid schemes of mice and men,
Go oft astray,
And leave us nought but grief and pain,
To rend our day.

Still thou art blessed, compared with me!
The present only touches thee,
But, oh, I backward cast my eye
On prospects drear,
And forward, though I cannot see,
I guess and fear.

Non è semplice scrivere di un poeta nato più di due secoli e mezzo fa, che ha utilizzato un dialetto scozzese per consegnare ai posteri una vastissima produzione letteraria, influenzando la letteratura del Regno Unito fino ai nostri giorni.

Se poi si tratta di Robert Burns, il tentativo diventa ancora più arduo. Un poeta che, qui in Italia, spesso ha rappresentato il confronto accademico con il quale affrontare l'esame di inglese all'università. Ostico, anche più di Shakespeare per certi versi, ha costretto generazioni di studenti a sincopate consultazioni di dizionari per interpretare prima quelle arcaiche parole, e poi catturare l'ironia sfacciate e irriverente del poeta.

La scelta della lingua, per comunicare il suo sguardo sarcastico e ridicolizzante, da molti fu attribuita a una sorta di prudenza nei confronti del potere del suo tempo che avrebbe trovato volentieri una buona scusa per farlo penzolare da qualche forca inquisitoria. Anche la geograficazione del suo linguaggio era stata giudicata come un limite al diffondersi della sua notorietà.

La realtà è stata ben diversa. Uno dei pochi poeti che visse il successo in vita, condusse un'esistenza fuori dalle regole. Una sorta di rock-star del Romanticismo con diverse relazioni extraconiugali e un numero imprecisato di figli illegittimi. Qualche amicizia particolare, oggi sarebbe definita "pericolosa", ha completato il personaggio.

Ma come molte rock-star eccessivamente *outlawed*, Robert Burns morì precocemente a soli 37 anni.

Eugenio Montale

Richiesto a più voci per essere inserito nella nostra rubrica, abbiamo scelto una poesia, che a nostro avviso, rappresenta la contemporaneità dei suoi versi.

mercoledì 29 ottobre 2014

I limoni

"Ascoltami, i poeti laureati
si muovono soltanto fra le piante
dai nomi poco usati: bossi ligustri o acanti.
Io, per me, amo le strade che riescono agli erbosi
fossi dove in pozzanghere
mezzo seccate agguantano i ragazzi
qualche sparuta anguilla:
le viuzze che seguono i ciglioni,
discendono tra i ciuffi delle canne
e mettono negli orti, tra gli alberi dei limoni.

Meglio se le gazzarre degli uccelli
si spengono inghiottite dall'azzurro:
più chiaro si ascolta il susurro
dei rami amici nell'aria che quasi non si muove,
e i sensi di quest'odore
che non sa staccarsi da terra
e piove in petto una dolcezza inquieta.
Qui delle divertite passioni
per miracolo tace la guerra,
qui tocca anche a noi poveri la nostra parte di ricchezza
ed è l'odore dei limoni.

Vedi, in questi silenzi in cui le cose
s'abbandonano e sembrano vicine
a tradire il loro ultimo segreto,
talora ci si aspetta
di scoprire uno sbaglio di Natura,
il punto morto del mondo, l'anello che non tiene,
il filo da disbrogliare che finalmente ci metta
nel mezzo di una verità.
Lo sguardo fruga d'intorno,

la mente indaga accorda disunisce
nel profumo che dilaga
quando il giorno più languisce.
Sono i silenzi in cui si vede
in ogni ombra umana che si allontana
qualche disturbata Divinità.

Ma l'illusione manca e ci riporta il tempo
nelle città rumorose dove l'azzurro si mostra
soltanto a pezzi, in alto, tra le cimase.
La pioggia stanca la terra, di poi; s'affolta
il tedio dell'inverno sulle case,
la luce si fa avara - amara l'anima.
Quando un giorno da un malchiuso portone
tra gli alberi di una corte
ci si mostrano i gialli dei limoni;
e il gelo dei cuore si sfa,
e in petto ci scrosciano
le loro canzoni
le trombe d'oro della solarità"

Ti ritrovi senza niente da dire, o da scrivere se preferite. Davanti ai colori che estraneano dal caos di una vita frenetica, che abbiamo creato, e che sempre più, assume valore di perdita di tempo.

Il quadro è lì, tra quei versi dipinti, come una scenografia di una partitura cinematografica, da raccogliere e con la quale nutrirsi in mesto silenzio. Nostalgico. Dentro penombre di stanze autunnali. Tempi di scuola. E primi innamoramenti poetici.

Cullati dalla fantasia reale che questo Van Gogh italiano della letteratura internazionale ci ha lasciato in eredità, da custodire e preservare. Scritta, o rubata in clandestinità, tra le buie righe di un quaderno abbandonato da schiamazzi di puerili ricreazioni, da consumare in cortili bagnati da gocce di pioggia colorata, dove trovare rifugio e rinascere. Ad ogni cambio di stagione.

Lo abbiamo fatto centinaia di volte. Per tracciare il territorio, arido e scarno da bullismo immaturo, abbiamo copiato i suoi versi, spacciandoli per personale animo umano. Osservati da curiose e allegre lettrici, che sognammo, un giorno, divenissero le nostre.

Eugenio Montale è stato questo. E mille altre emozioni. Non per tutti, senz'altro. Ma è una consolazione sapere che sia vissuto in quelle terre calpestate, oggi forse impunemente, dove riaccendere l'ottimismo, abbagliati dal giallo dei limoni.

Mokhtar Sakhri

Quando nel proprio cammino, si lasciano dietro morti, vedove, orfani e distruzione, pretendere un motivo religioso che giustifichi il nostro operato, è un'ipocrisia.

mercoledì 5 novembre 2014

A Civitavecchia

Mentre la statuetta piangeva le lacrime del miracolo,
Che dal gesso faceva zampillare il sangue,
La speranza perse la fede cantata dagli oracoli
E l'Uomo si vide bandire dalla società e dal suo rango.

La folla in preda ad un paganesimo atavico,
Cerca Dio in sogni e visioni sublimi
Ove Egli si manifesta irreale e apatico,
Simile a quei demoni che abitano gli abissi:

Una volta guida attenta e loquace della sua Creatura,
Al punto di dettare il Corano e i Comandamenti,
Oggi l'abbandona, gettandola in pasto
Ai ciarlatani che non giurano che con i Testamenti.

Declassato, il debole senza più soffio né preghiera,
Trascurato dall'immagine specchio della sua somiglianza
E dai suoi simili dalla vita altera e fiera,
Si libera dalla solitudine e dalla sua sofferenza.

Alla fine, pur ammettendo che la sensazione sia reciproca, si avverte da secoli un sentimento di estraneità tra il mondo così detto occidentale e l'Islam. Culture diverse, storie diverse e anche stili diversi di vita. Le motivazioni potremmo cercarle in duemila anni di storia, più o meno attendibile. Qualsiasi discussione assumerebbe la caratteristica della sommarietà. E alla fine, non si riuscirebbe a rinsaldare quel destino comune che ci rende tutti, solo e inevitabilmente, appartenenti a questo mondo.

A dire il vero, c'è un altro elemento trascinante che ci accomuna tutti. Si tratta della religione e dell'approccio che si ha verso questo mistero mistico e pretenziosamente metafisico. La fede, il senso della vita, l'idolatria e, sempre più spesso, il fanatismo sono tasselli così accostabili tra loro che il confine antropologico non è più definibile, neanche dai vari muri divisori costruiti dall'uomo nei secoli.

Mokhtar Sakhri, nato ad Algeri nel 1941, rappresenta la terza dimensione di questa nostra congettura. Aver vissuto nella sua terra, per poi trasferirsi a Parigi nel 1971 e raggiungere in seguito la Sicilia, gli ha consentito di vivere tre distinti modi di concepire la vita e l'aspetto religioso-politico. Non occorre sforzarsi troppo per intuire il significato intrinseco del rapporto Algeria-Francia-Italia. Letterature su terrorismo, integralismo e arroganze giustificate da motivi religiosi, lasciano libertà di giudizio con le quali è difficile non contraddirsi.

Particolare e riassuntivo il messaggio di questa poesia che proponiamo. Scritta il 14 marzo del 1996, ispirata dalla vicenda dell'anno precedente, che inchiodò milioni di fedeli e curiosi davanti alle immagini della statua raffigurante la Madonna di Medjugorje che piangeva sangue a Civitavecchia, racchiude il pensiero del poeta sull'argomento.

Altre storie simili si sono archiviate, forse mai del tutto, in varie zone del mondo cattolico, alternate a vicende di terrorismo islamico, di diritti negati al mondo femminile, sia occidentale che orientale, ha condotto a nuove guerre di religione, in piena sintonia ai tempi delle crociate.

Ogni tanto, una profezia si presenta al cospetto del mondo, provando a segnare una strada ben definita sul suo destino. La prossima è prevista per il 10 novembre. Catastrofica e inquietante, come quelle precedentemente sconfessate. Nell'attesa, affidiamo ai versi dei poeti il sogno di un mondo meno superstizioso e meno bisognoso di verità assolute, e rifugiamoci tra le pagine di un libro. Un modo sublime per attendere la fine del mondo.

Elena Bono

Occultata da rigide leggi di mercato "culturale", il suo nome è tornato tra le pagine di giornale, come spesso accade, solo con la sua morte avvenuta il 26 febbraio di quest'anno.

mercoledì 12 novembre 2014

Lamento di David sul gigante ucciso

La notte è troppo pesante sopra il mio capo,
la luna non s'alza
non s'alza dalle colline,
io grido
e non mi risponde la terra di bronzo.

Ma ieri chiamavo la luna su quelle colline
e il giovane vento a giuocare
nella foresta
e i cani e le nuvole
l'acqua del fiume
ed il sonno.

Docile sonno, o mio agnello perduto
io non so dove.
Giuochi che David
non giuocherà mai più.
Se io fossi morto, mia madre
piangerebbe su me,
s'io fossi ferito, qualcuno
laverebbe il mio sangue.

Non piange nessuno
se in qualche parte ho perduto
il mio vergine cuore;
se grondo del sangue di un altro
nessuno mi lava.

Tutti laggiù fanno festa,
io sono qui solo
con quello che ho ucciso.

*Alzati, rosso gigante
ammucchiato ai miei piedi,
riprenditi il tuo respiro
le cento teste
e l'ira
e le armi di bronzo.*

*Ridammi la semplice fionda
e il mio cuore
il mio veloce cuore
in corsa sulle colline.*

*Tu non rispondi, gigante di bronzo.
Terra, tu non rispondi.
E sia pure così.
E' inutile gridare.
Dunque la luna ieri
non si alzava per me.*

Il quinto comandamento contempla "non uccidere", ma le leggi sono state concepite per essere aggirate. Si trova sempre un sistema pseudo-democratico per giustificare un'accezione della regola che, solo in parte, prova a pulire le coscienze.

Gli stati mondiali, che con questo raggiro, hanno vestito i panni dei giustizieri in terra, sono così notori che non ci sembra il caso di nominarli. Quanto meno per non suggerirne emuli, che non ci sentiamo di condividere.

Ma se in nome di un dio, si sono giustificate guerre, figurarsi se per le stesse motivazioni, non si possa dar forza a antichi testamenti, sotto l'emblema dell'occhio per occhio, dente per dente.

Poi, si sa, le "nostre" sono sempre le leggi migliori rispetto alle "altre". Sono quelle che dovrebbero regolare i rapporti umani di un intero pianeta e che, spesso non riescono a livellare un senso di giustizia neanche all'interno di piccole comunità.

La contraddittorietà è uno dei vanti che l'essere umano si trascina nei secoli. Non ha importanza se sia ingrediente di quello sputo vitale o di qualsiasi ricostruzione storica e mistica di quello che, nel trascorrere del tempo, assume sempre più valenza di un tragico errore.

E' davanti a questo scontro millenario di vita e morte che si concentrano le tesi, le interpretazioni, oseremo dire anche le manipolazioni, dei dettami che avrebbero dovuto stabilizzare l'incerto passo dell'uomo su questa terra e il suo rapporto inevitabile con i suoi simili.

In questa poesia, scritta da Elena Bono che, lo ricordiamo, è passata alla storia della letteratura italiana come una delle maggiori rappresentanti della poesia così detta "religiosa", il contrasto tra senso del dovere, patria, eroismo e una coscienza che chiede risposte, rimorso e rassegnazione davanti alla consapevolezza di aver vestito i panni dell'onnipotente e aver posto fine alla vita di un altro essere umano, scivola dai versi, attraverso il buio più infimo di ogni animo umano, per sprofondare nella terra delle proprie debolezze, oscurati da una luna che rifiuta di illuminare un peccato che non sarà mai espiato.

Polly Anne Samson

Musa ispiratrice, ma anche autrice dei versi che, con gli assoli suadenti che la chitarra del marito ci ha confezionato negli anni, ci hanno condotto sui nostri voli pindarici.

mercoledì 19 novembre 2014

Louder than words

We bitch and we fight
Diss each other on sight
But this thing we do
These times together
Rain or shine or stormy weather
This thing we do

With world-weary grace
We've taken our places
We could curse it or nurse it and give it a name
Or stay home by the fire, filled by desire
Stoking the flame
But we're here for the ride

The strings bend and slide
As the hours glide by
An old pair of shoes, your favorite blues
Gonna tap out the rhythm
Let's go with the flow, wherever it goes
We're more than alive

It's louder than words
This thing that we do
Louder than words
The way it unfurls
It's louder than words
The sum of our parts
The beat of our hearts
Is louder than words
Louder than words

Louder than words
This thing they call soul
Is there with a pulse

C'è sempre qualcosa di mistico nei versi scritti da Polly Anne Samson. Spesso contenuti nelle canzoni musicate dal marito David Gilmour, del quale ci siamo occupati in questa rubrica, hanno arricchito la sonorità psichedelica, completando il bagaglio artistico che ha accompagna l'ascoltatore, e quindi anche il lettore, in un viaggio emozionale, al quale non si vorrebbe porre una fine.

L'uscita dell'ultima produzione, dove "ultima" sembrerebbe proprio indicare la chiusura di un ciclo irripetibile, *The Endless River* dei Pink Floyd, ha sollecitato la curiosità degli appassionati sui versi cantati da Gilmour, in quell'unica traccia accompagnata dalle parole.

Quel grido, quasi uno slogan da riversare nelle strade di ogni singola vita, il pensiero in una voglia, quasi necessità, di lasciare un'impronta del proprio passaggio che superi, appunto, una riduttiva interpretazione delle parole, spesso sviate a proprio uso e consumo. Quasi mai involontariamente.

L'attributo di figlia d'arte ha sicuramente, come non mai, solleticato l'indole compositiva di questa autrice che, forse inizialmente, si era avvicinata alla scrittura in modo meramente professionale, sfruttando la sua attività di giornalista. Il padre Lance Samson fu corrispondente del *Morning Star*, noto tabloid della sinistra britannica, e la madre era una scrittrice cinese, conosciuta per la sua esperienza vissuta nell'Armata Rossa ai tempi di Mao, dalla quale ne ha tratto il romanzo *Black Country Girl in Red China*. L'incontro con Gilmour ha scoperchiato la natura di scrittrice e poetessa che, al di là delle produzioni musicali del marito, ci auguriamo possa, nell'immediato futuro, consegnarci emozioni *louder than words*.

Giacomo Leopardi

Forse il poeta più rivoluzionario della letteratura italiana. Di sicuro, il più emulato.

mercoledì 26 novembre 2014

La Ginestra

Sovente in queste rive,
Che, desolate, a bruno
Veste il flutto indurato, e par che ondeggi,
Seggo la notte; e sulla mesta landa
In purissimo azzurro
Veggo dall'alto fiammeggiar le stelle,
Cui di lontan fa specchio
Il mare, e tutto di scintille in giro
Per lo vòto Seren brillar il mondo.

E poi che gli occhi a quelle luci appunto,
Ch'a lor sembrano un punto,
E sono immense, in guisa
Che un punto a petto a lor son terra e mare
Veracemente; a cui
L'uomo non pur, ma questo
Globo ove l'uomo è nulla,
Sconosciuto è del tutto; e quando miro

Quegli ancor più senz'alcun fin remoti
Nodi quasi di stelle,
Ch'a noi paion qual nebbia, a cui non l'uomo
E non la terra sol, ma tutte in uno,
Del numero infinite e della mole,
Con l'aureo sole insiem, le nostre stelle
O sono ignote, o così paion come
Essi alla terra, un punto

Di luce nebulosa; al pensier mio
Che sembri allora, o prole
Dell'uomo? E rimembrando

*Il tuo stato quaggiù, di cui fa segno
Il suol ch'io premo; e poi dall'altra parte,
Che te signora e fine
Credi tu data al Tutto, e quante volte
Favoleggiar ti piacque, in questo oscuro*

*Granel di sabbia, il qual di terra ha nome,
Per tua cagion, dell'universe cose
Scender gli autori, e conversar sovente
Co' tuoi piacevolmente, e che i derisi
Sogni rinnovellando, ai saggi insulta
Fin la presente età, che in conoscenza
Ed in civil costume
Sembra tutte avanzar; qual moto allora,
Mortal prole infelice, o qual pensiero
Verso te finalmente il cor m'assale?
Non so se il riso o la pietà prevale.*

Ci si gira intorno. E ci si smarrisce. Tra versi e prosa e tutto quanto racchiude il contenitore culturale, a nome letteratura. A volte sorpresi, a volte estasiati, commossi, alienati. A volte, anche delusi. Tra un'irrefrenabile voglia di esternare un'anima che, nonostante aridità, rassegnazione e progressismo di "K" al posto di "che", di citazioni sfalsate, di autori più o meno conosciuti, sente il bisogno di manifestare e esternare la sua presenza a ipotetici interlocutori. Un'anima che spinge a emulazioni di stile nei quali provare a riconoscersi.

Alla fine, dopo un vagare da erranti lettori, naufraghi tra i significati custoditi nelle righe e messaggi, con i quali, manteniamo la libertà, o l'illusione, di poterli accostare alle nostre esistenze, ci si ritrova al cospetto di una poesia di Giacomo Leopardi.

Lo abbiamo riscoperto di recente, senza alcun oblio forzato, motivato da un modernismo discutibile, scorrendo una parte della sua vita che il regista Mario Martone ci ha donato dalle immagini del suo film, recentemente recensito su queste pagine.

Lui era rimasto lì, all'ombra di una Storia della Letteratura che abbiamo nostalgicamente rispolverato. E siamo rimasti catturati, come lo siamo stati negli anni scolastici, quando prendemmo a prestito le sue poesie che, anacronisticamente, ci obbligavano a chiamare *Canti*. Quando osservammo le immagini ricostruite di un volto al quale fu negata una riproduzione calzante di sofferenza. Che non fu solo anatomica, ma quello struggimento del vivere che ispirò e guidò la mano in quegli scarsi quaranta anni di non-vita, che conquistarono la nostra anima, ci ha preso per mano e ci ha fatto conoscere una Natura, che pensavamo già di nostro arbitrio. Un sogno interrotto, crudele e così reale. Tanto, da farci invidiare anche la sua solitudine.

Karin Boye

L'amore e la bellezza di un classicismo nostalgico, al quale affidarsi per un futuro migliore, raccogliendo i cocci seminati dalla Storia.

mercoledì 3 dicembre 2014

Quiete della sera

Senti come abita vicina la Realtà.
Respira qui a fianco
in sere senza vento.
Forse si mostra quando nessuno crede.

Il sole scivola su erba e roccia.
Nel tacito gioco di lei
è nascosto lo spirito della vita.
Mai come stasera fu così vicino.

Ho incontrato uno straniero silenzioso.
Se avessi teso la mano,
avrei sfiorato la sua anima,
quando ci siamo incrociati, con timidi passi.

La cultura, il pensiero, le ideologie. Il giusto e l'azzardo. La morale e l'ipocrisia. Dualismi che si combattono da sempre. Divisi, attratti, a volte occultati, respinti. Tremendamente umani.

Il resto è stato spesso completato da latitudini che credevamo di aver colmato con l'emancipazione, per riscoprirci cacciati nel passato davanti alla spontaneità di pensiero e consuetudini di vita che, a malincuore, abbiamo dovuto ammettere non ci appartenessero.

Leggere la poesia di Karin Boye, ma soprattutto, leggere la sua biografia, ci da conferme su luoghi comuni e discorsi da salotti culturali, nei quali abbiamo adagiato le nostre convinzioni di arretratezza, mai del tutto cancellate da un'unità europea, di recente, rimessa in discussione.

Karin Boye è stata la voce di un femminismo primordiale, sanguigna rappresentante di movimenti pacifisti. Dalla fredda e lontana Svezia, in un periodo in cui il nazismo deturpava le anime e cancellava i futuri, questa poetessa ha saputo trasmettere alle generazioni successive i suoi stati d'animo, dove amarezza, turbamento e sconforto hanno prevalso al cospetto di quelle immagini ovattate che provarono a nascondere gli orrori degli insaziabili bramosi di potere tra l'Urss di Stalin e la Germania di Hitler.

Ma è stata anche colei che, dalle ceneri di una rivendicazione sociale della donna spenta dai nuovi e sconvolgenti eventi del suo tempo, provò a lanciare il suo messaggio di riscatto, di pace, di bellezza e speranza. Una speranza sotterrata dalla terra di Grecia, calpestata dai panzer tedeschi in occasione dell'invasione del 23 aprile 1941. Giorno del suo suicidio.

Jean-Joseph Rabearivelo

L'indipendenza di un popolo non necessita sempre di armi per essere rivendicata. La parola ridicolizza l'uomo e la sua sete di potere.

mercoledì 10 dicembre 2014

Traduit de la nuit

Tu t'étonnes en suivant des yeux cet oiseau
qui ne s'égare pas dans le désert du ciel
et retrouve dans le vent
les sentiers qui mènent à la forêt natale.

Et les livres que tu écris
bruiront des choses irréelles
irréelles à forces de trop être,
commes les songes.

E ti può capitare di girare per strada, bighellonando riscaldato da un tiepido sole di inizio inverno ed essere attratto dallo sventolio di libri che un ragazzo senegalese ti propone di acquistare. E dopo un iniziale istinto di prudenza, rimanere senza parole al cospetto di una breve descrizione della letteratura africana e della musicalità dei versi che il promotore culturale ti decanta, con quella pronuncia ancestrale di un linguaggio francese che, mai come in questo momento, riesci a comprendere.

Lasciare ogni indugio e farsi catturare da quel momento di interscambio culturale che ti riporta alle origini. Che spezza qualsiasi sbarramento culturale. Che ti rassegna e ti innalza alla consapevolezza di appartenere, solo ed esclusivamente, ad un'unica razza umana, raccolta e ancora viva, tra le righe di un libro.

L'Europa ha un debito etico, non solo economico, nei confronti dell'Africa. Non lo salderà mai perché non c'è alcuna voglia se non quella di continuare a raschiare quel barile di umanità che, dalle proprie risorse e con una malizia più occidentalizzata, potrebbe dominare il mondo.

Il movimento "Négritude", nato negli anni '30, ha provato a ridare un'anima alla cultura e all'identità negra, dove "negra" rappresenta solo appartenenza, senza alcun doppio senso che stupri l'essenza del suo significato primordiale.

Da questa rivendicazione, tra i suoi esponenti ricordiamo Aimé Césaire che ne coniò il nome e il grande Jean-Paul Sartre che ne sostenne le idee, abbiamo voluto offrire ai nostri lettori i versi di Jean-Joseph Rabearivelo.

Luigi Pirandello

Ottanta anni fa veniva insignito del Premio Nobel per la Letteratura. Oggi è considerato ancora il più grande drammaturgo italiano di sempre.

mercoledì 17 dicembre 2014

Pianto di Roma

E come in campo o per sentieri schivi,
di tra le selci mal commesse, l'erba
dunque sorgea per le tue vie? Dormivi,
tu Roma, allora, chiusa in te, superba,
e sol quei fili d'erba erano vivi.

Dell'alto sonno suo parea volesse
fruir la Terra; e già destava, sotto
le selci, le sue zolle a lungo oppresse
dal tramestío o del viver tuo trarotto.
Oggi, un fil d'erba; doman, qui, la messe.

Altre città cosí, dove fermento
fu già di vita e allo splendor compagna
la gloria, si riprese ella: Agrigento!
Soli or due templi in mezzo alla campagna:
null'altro. Alberi e zolle. Anima, il vento.

Ah, meglio, o Roma, se anche in te compiuto
la terra avesse l'opera sua lenta!
Salve sol le rovine, e il resto un muto
campo! Meglio se fosse all'aura intenta
un popolo di querci qui cresciuto!

Un popolo di nani ora t'ha invasa
e profanata, osando, o Roma, dentro
il tuo grembo divino la sua casa,
covo d'ignavia, erigere, e far centro
te d'ogni sua miseria. E l'erba ha rasa;

l'erba che, mentre t'obbliavi assorta
nel tuo gran sogno, timida spuntava;
l'erba che certo non sarebbe corta

sempre rimasta al pari dell'ignava
turba che la divelse. Ah, di te morta,

meglio le querci, o Roma, e il faggio e il pino
alto stormenti avrebber nella notte
favellato al commosso pellegrino,
sacri fantasmi suscitando a frotte
dal tuo mistero: bosco, tu, divino.

Ostia per voi, Ostia per voi, pezzenti
nani, bastava. La grandezza enorme
di Roma come non vi fe' sgomenti?
Sia della Terra la Città che dorme!
Un bosco. E sopra, l'ala ampia dei venti.

Chissà se un giorno, pensando a un futuro lontano, Luigi Pirandello nel comporre questi versi, avrebbe immaginato un presente come quello che stiamo vivendo? Dove la città eterna ha scoperchiato un classico segreto di Pulcinella (con rispetto parlando, di Pulcinella), così il poeta, ancora una volta protagonista del suo tempo e precursore di un mondo che era da venire.

Che dire? Troppo preveggente Pirandello o forse soltanto un artista consapevole delle debolezze umane che, pur cambiando i contesti e i tempi, finiscono sempre per assomigliarsi? Ardua davvero la sentenza per ulteriori posteri.

Qualunque sia la risposta, ci rimane il ricordo di questo attuale "zolfataro" delle ridicolaggini umane che, a ottanta anni dalla sua consacrazione presso l'Accademia di Svezia, riuscì a consegnarci una descrizione minuziosa, ironica e reale di una società che si affacciava su un'alba pronta ad una nuova guerra.

A voler essere pignoli, uno, nessuno e centomila Mattia Pascal in cerca di un autore che riconsegni loro un po' di dignità. La stessa che ci commosse attraverso gli occhi di Ciàula al cospetto di una splendente luna, che lo mantenne "caruso" a vita. Un atto di coraggio che l'uomo ha smarrito, forse per sempre, nel buio della propria miniera.

John Lennon

Non sapremmo mai giudicare con onestà intellettuale, se la produzione artistica di John Lennon abbia raggiunto la sublimità con i Beatles o con Yoko Ono. Forse, non ha neanche importanza saperlo.

mercoledì 24 dicembre 2014

God

God is a concept
By which we measure
Our pain
I'll say it again
God is a concept
By which we measure
Our pain

I don't believe in magic
I don't believe in I-ching
I don't believe in Bible
I don't believe in Tarot
I don't believe in Hitler
I don't believe in Jesus
I don't believe in Kennedy
I don't believe in Buddha
I don't believe in Mantra
I don't believe in Gita
I don't believe in Yoga
I don't believe in kings
I don't believe in Elvis
I don't believe in Zimmerman
I don't believe in Beatles

I just believe in me
Yoko and me
And that's reality

The dream is over
What can I say?
The dream is over

Yesterday
I was the Dreamweaver
But now I'm reborn
I was the Walrus
But now I'm John
And so dear friends
You'll just have to carry on
The dream is over

Che la religione, o ciò che l'uomo ha trasformato a suo uso e consumo, rappresentasse da sempre il punto di frattura della convivenza dei popoli e l'alibi id una qualsiasi "guerra giusta", John Lennon lo aveva capito da tempo. Sicuramente non prima di altri, né più di altri, aveva avvicinato la sua spiritualità alle paure che l'uomo si trascina da millenni. Quel modo anche bizzarro di nascondere un ossessivo attaccamento alla vita, rifiutando di conseguenza la fine della propria esistenza.

Una paura nascosta dal credo di un "aldilà" che, a varie latitudini, si è manifestata estorcendo all'intelligenza una miscela di creatività, misticismo, idolatria e un pizzico di filosofia. Da un'idea di reincarnazione, bramata anche da costruttori di paradisi, più o meno artificiali, a un'opportunità di redenzione, spesso dopo una vita di soffocati scrupoli di coscienza, ognuno si è creato una giustificazione che assomigliasse a una rassegnazione, vero collante di un destino comune.

Per questo suo realismo mistico, forse John Lennon pagò il suo scotto culturale con la propria vita, ma di quanto ha scritto ci rimangono l'umiltà di un uomo, al quale, altri uomini riconobbero una fama internazionale; il suo struggimento davanti alla vacuità di milioni di parole disperse nel vento, come Zimmermann, per certi versi il suo alter ego americano, ebbe modo di cantare; la sua voglia di dimostrare al mondo che, se l'obiettivo comune dovrebbe essere quello della pace, allora bisognerebbe essere disposti a rinnegare qualsiasi cosa che stimoli una competizione. Tra queste, anche la religione.

Peccato che qualcuno pensò di tappare per sempre la bocca di questo discusso poeta, una sera di dicembre di trentaquattro anni fa. Ma ci riuscì per davvero?

Michail Jur'evič Lermontov

Uscire solo sulla strada significa accettarne i pericoli e le difficoltà, scegliere da solo il proprio cammino, rischiare di inciampare sul selciato impervio e sassoso.

mercoledì 28 gennaio 2015

Sulla strada esco solo

Sulla strada esco solo.
Nella nebbia è chiaro il cammino sassoso.
Calma è la notte.
Il deserto volge l'orecchio a Dio
E le stelle parlano tra loro.
Meraviglioso e solenne il cielo!
Dorme la terra in un azzurro nembo.

Cosa dunque mi turba e mi fa male?
Che cosa aspetto, che cosa rimpiango?
Nulla più aspetto dalla vita
E nulla rimpiango del passato,
cerco solo libertà e pace!
Vorrei abbandonarmi, addormentarmi!
Ma non nel freddo sonno della tomba.

Addormentarmi, con il cuore
Placato e il respiro sollevato.
E poi notte e dì sentire
La dolce voce dell'amore
Cantare carezzevole al mio orecchio
E sopra di me vedere sempre verde
Una bruna quercia piegarsi e stormire.

Ci si riconosce in quel desiderio di libertà e pace, desiderio perseguibile a quanto pare solo attraverso la solitudine, amata e aborrita nello stesso tempo. Una solitudine che consente di estraniarsi da una moltitudine vuota e confusa, per intraprendere la scomoda via dell'anticonformismo, della ribellione, della protesta. Via che spesso si rivela un vicolo cieco, un cammino disperato quanto inutile per uscire da una strada a senso unico di gran lunga più semplice da percorrere, ma solo per chi sceglie di lasciarsi condurre. Uscire solo sulla strada significa accettarne i pericoli e le difficoltà, scegliere da solo il proprio cammino, rischiare di inciampare sul selciato impervio e sassoso, nel buio come nella luce, nel sole come nella nebbia senza sapere cosa ci sarà alla fine della via. Un duello sbarrò improvvisamente la strada del giovane Lermontov, strada ancora desiderabile per quanti come lui nulla più si aspettano dalla vita, ma cercano solo libertà e pace al di sopra di una moltitudine informe che brulica come gregge mansueto verso una meta decisa da altri. E a distanza di circa duecento anni la sua domanda resta ancora attuale e senza risposta: "... come è misero l'uomo! Che cosa vuole?... Il cielo è puro e quaggiù c'è posto per tutti; pure senza motivo e senza necessità solitario egli vive di odio. Perché?"

Peter Turrini

Il passato ritorna. Sempre. E senza chiederci il permesso. Non essere pronti ad accoglierlo, ci rende stupidi smemorati di un mondo, che pretendiamo in esclusiva.

mercoledì 4 febbraio 2015

Alla fine della tristezza

Alla fine della tristezza e della rabbia
capisco mio padre.
Questo piccolo italiano
che trovò la neve troppo presto
e la lingua tedesca troppo tardi
aveva paura.

Intuiva
che per uno straniero
non c'era posto
al tavolo dell'osteria locale.

Per non dare nell'occhio
taceva e lavorava.
Imitò le virtù locali
Finché ne fu sotterrato.

Una volta
mi raccontò di un mio fratellastro, anni dopo
voleva dar fuoco alla bottega
lasciare la famiglia
e ritornare al suo paese.

Mi dispiace
di non potergli più dire
quanto sarei andato volentieri
con lui
verso sud.

Pensando ai giorni nostri e alle migrazioni di popoli verso l'Europa, si dimentica facilmente e ci si allontana volontariamente da una realtà che, se ha avuto come protagonisti i nostri nonni e i nostri padri, ci lega al destino millenario racchiuso nel proverbio "si sa dove si nasce, non si sa dove si muore".

Quando sentiamo la frase ricorrente, che non riesce a liberarsi della sua stessa natura banale nel formularla, di come i popoli d'Africa hanno da sempre elemosinato quella dignità, tornata di moda in questi giorni. Loro, detentori di una ricchezza culturale e anche più materiale, grazie alle risorse dei sottosuoli di questo immenso continente, hanno subito i saccheggi democratici, nascosti più o meno palesemente da tiranni impazziti e crudeli da estirpare alla libertà. Quando i potenti del globo si riempono la bocca con la solidarietà e la fratellanza, si dovrebbe tornare alle antiche usanze che imponevano alla cultura di essere trasmessa, generazione dopo generazione, vivendo il presente in pieno contatto con il passato.

Ci spiegheremmo, specialmente noi italiani, moltissimi figli dello stesso destino di Peter Turrini, erede dell'emigrazione in Austria della sua famiglia, la falsità e il paradosso di una rivendicazione antropologica che, a torto, pensavamo aver sotterrato nel ricordo dei nostri antenati.

Larysa Petrivna Kosach-Kvitka

L'identità nazionale rivendicata attraverso i versi, in lotta perenne tra la sofferenza del vivere e una speranza da coltivare. L'Ucraina, terra in pasto ai lupi, nelle parole di Lesja Ukrainka.

mercoledì 11 febbraio 2015

Ode alla speranza

Via, pensieri oscuri, voi nubi autunnali!
Una primavera d'oro adesso è qui!
Sarà nella tristezza e nel compianto
Che trascorrerà la mia giovinezza?

No, con le mie lacrime sorriderò ancora,
Canterò canzoni nonostante i miei problemi;
Coltiverò la speranza nonostante le avversità,
Voglio vivere! Via, pensieri malinconici!

Su questo povera e misera terra
Seminerò fiori dai colori fluenti;
Seminerò fiori nel gelo,
E li innaffierò con lacrime amare.

E con queste lacrime cocenti scioglierò
La crosta di ghiaccio, così dura e forte,
Forse i fiori sbloccheranno e
Porteranno per me un'allegra primavera.

Fino a una tortuosa e granitica montagna
Sopporterrò questa pesante pietra,
E, nonostante questo devastante fardello,
Intonerò un'allegra canzone.

Nonostante questo persistente buio notturno
Non chiuderò gli occhi per un solo istante,
Cercando all'infinito la mia stella cometa,
L'imperatrice lucente dei cieli scuri della notte.

Non lascerò che il mio cuore si assopisca,
Sebbene lo scoramento e la tristezza mi avvolgono,

Nonostante i miei indubbi sentimenti
Che la morte percuote nel mio seno.

La morte con il suo conto sospeso nel mio cuore,
La neve nascosta da una crudele foschia,
Ma la fierezza batterà nel mio petto,
E forse, con la sua ferocità, vincerà la morte.

Sì, riderò nonostante le mie lacrime,
Intonerò canzoni tra le mie contrarietà;
Coltiverò la speranza nonostante tutte le avversità,
Vivrò! Via, voi pensieri tristi!

L'etimologia del nome stesso (ukraina: al margine, sul confine) , assegna all'Ucraina un destino di terra di conquista che, in effetti, si è perpetrato nei secoli dai paesi confinanti. Essere ucraino vuol dire anche questo. Aspettare il prossimo invasore, al quale rivendicare la propria identità nazionale.

Questa rivendicazione è stata, da sempre, manifestata con le armi, come del resto viene dimostrato anche ai giorni nostri con le cronache di guerra e di eccidi civili che hanno annullato l'idea quasi folcloristica di questo sconosciuto paese. Ci ritornano in mente le immagini in bianco e nero, volontariamente riprese con questa tecnica quasi a metafora di un'arretratezza storica, che ci illustravano corpulente contadine ripiegate su sè stesse a raccogliere i poveri frutti della terra.

Erano i giorni successivi a quella speranzosa dichiarazione di sovranità del 1990, che negli anni successivi dimostrò più i connotati di una registrazione storica, piuttosto che una reale rivoluzione politico culturale del paese.

Ma da certi schiavismi storici, si può tentare di fuggire con la cultura. Lesja Ukrainka, pseudonimo utilizzato dalla poetessa, è stata la prima e sicuramente la più alta voce ucraina a cantare le sofferenze del suo popolo sotto l'imperialismo russo. I suoi versi, intrisi dall'eterna lotta tra il bene e il male, dove il bene è rappresentato dalla speranza di un domani e il male dalla rassegnazione ad un presente avverso, sono diventati nel tempo l'urlo di un popolo, racchiuso in una sorta di inno patriottico.

Abilio Estévez

Essere radicato alla propria terra, continuando a sfuggirla in attesa, forse, di farsi tornare il coraggio per riabbracciarla.

mercoledì 18 febbraio 2015

I messaggi

Vado tutti i giorni in riva al mare:
ho imparato a decifrare i messaggi degli uomini.
So di fogli, grigi o gialli, con grafie disperate
dentro bottiglie che non possono essere aperte dalle onde.
Grida, gemiti alla deriva che giungeranno intatti
fino al Baltico o al Mar del Giappone.
A forza di trovarli tra la sabbia,
provenienti da tutti i punti della terra,
so riconoscere i quattro versi del languido,
la sua richiesta d'aiuto rimata in strofe impeccabili.
So distinguere le lacrime dozzinali
con cui il grossolano sigilla il suo appello,
le imprecazioni del violento e il tono freddo dell'orgoglioso.
So riconoscere il messaggio del nostalgico:
appone sempre ben chiari nome e data.
L'abitudine a ricevere messaggi mi permette di affermare
che dietro ogni cuore disegnato si nasconde un'anima di
vergine, così come gli anziani disegnano orologi e gli adolescenti ghigliottine.
Ci sono lunghi lamenti: appartengono al vanitoso,
che descrive prolissamente le sue aspirazioni
e tutto quanto tradisce il tempo,
tutto quanto si è trasformato in nulla e in menzogna.
Una donna di carattere aggiunge il ritratto in cui la si vede di profilo,
seria e orgogliosa, con un vestito da sera e una collana di zaffiri.
Il credente esige; l'incredulo supplica; l'indifferente si dimentica di firmare.
La lettera del saggio è un foglio in bianco.

La raffinatezza è forse l'aggettivo più adatto per descrivere l'arte poetica di questo scrittore/poeta cubano. La sua capacità di scavare nei ricordi della propria infanzia, innalzando un'esistenza a un'appartenenza nostalgica di un popolo, nel quale riconoscersi.

Pur riconoscendo alla creatività individuale di ogni singolo artista, alla libertà di imbastire storie sfuggenti una realtà, a volte troppo scomoda, alla voglia di rifugiarsi in mondi virtuali dove chiedere conforto, quando lo scrittore graffia l'anima attingendo dal proprio vissuto e dallo sguardo attento e riflessivo del mondo che ha conosciuto e custodito nella propria sensibilità, i critici possono anche sentire il bisogno di sintetizzare tutto questo affibbiandogli una non del tutto necessaria etichetta, tipo "neorealismo", ma quelle parole scritte che ci sono state donate sono più semplicemente, letteratura.

Quella espressa in prosa o in versi che, moltissimi autori come Abilio Estévez, hanno trasformato in emozione.

Leonard Nimoy

Scrollarsi di dosso un personaggio, da parte di un attore, è sempre impresa ardua. Se poi l'attore è stato anche un poeta, immaginare che un Vulcaniano decanti versi, può sembrare solo fantascienza.

mercoledì 4 marzo 2015

Irish Eyes

Irish eyes, there for me
Laughter in the rain
You called me child
My heart ran wild
I must have been a pain

Irish eyes were kind to me
You said I was a kid
The one regret
I harbor still
Is what we never did

We sat in cars and later bars
I wish we could again
To pay to you
My gratitude
For what you gave back then.

They came to me too late to say
That you were gone from now
Oh, how I wish
That I had known
And could have helped somehow.

I carry still within my ear
The laughing voice I heard
When Irish eyes
Did smile at me
Now, fly away, my bird.

Quando qualche giorno fa si è appresa la notizia della morte di Leonard Nimoy, molti appassionati del genere avranno pensato a un nuovo epilogo della saga di Star Trek, che lo ha consacrato, con l'interpretazione di Spock, come emulo della fantasia infinita nella quale, ogni tanto, sentiamo tutti il bisogno di rifugiarsi.

Per un attimo abbiamo volto lo sguardo verso il cielo, illudendoci di vederlo arrivare con l'Enterprise mentre elargiva consigli di saggezza di vita al Capitano Kirk. Quando poi, durante la rievocazione della sua carriera artistica da parte del commentatore televisivo che ne dava la notizia, si è resa nota la sua passione per la scrittura, si è ricomposta la figura poetica che, per un attimo, ha adombrato quella più eclettica dell'uomo dello spazio con sangue vulcaniano.

Certo immaginare un attore che, nonostante si sia cimentato con ottimi successi anche nella fotografia, oltre che il cinema e la scrittura, diventa un viaggio interstellare accostarlo a un personaggio diverso dallo Spock che lo ha consegnato alla fama internazionale.

Leggendo i suoi versi, però, ci troviamo di fronte all'uomo, con sentimenti e nostalgie più terrene, con un forte legame al passato e all'infanzia, con il quale tornare sulla terra dalla fantasia e lasciare il posto alla vita reale. Una vita reale che, nonostante un trascorrere del tempo inesorabile e la convinzione di tutti di aver vissuto un passato più degno di essere vissuto, ci tiene legata ad essa fino alla fine, consapevoli che l'unico valore è averla vissuta.

Gloria Fuertes

La poesia come simbolo di linguaggio universale, con il quale identificarsi. Se vogliamo realmente che i bei versi diventino il nostro stile di vita.

mercoledì 11 marzo 2015

Isla ignorada

Soy como esa isla que ignorada,
late acunada por árboles jugosos,
en el centro de un mar
que no me entiende,
rodeada de nada,
sola sólo.

Hay aves en mi isla relucientes,
y pintadas por ángeles pintores,
hay fieras que me miran dulcemente,
y venenosas flores.

Hay arroyos poetas
y voces interiores
de volcanes dormidos.
Quizá haya algún tesoro
muy dentro de mi entraña.

¡Quién sabe si yo tengo
diamante en mi montaña,
o tan sólo un pequeño
pedazo de carbón!

Los árboles del bosque de mi isla,
sois vosotros mis versos.
¡Qué bien sonáis a veces
si el gran músico viento
os toca cuando viene el mar que me rodea!
A esta isla que soy, si alguien llega,
que se encuentre con algo es mi deseo;

manantiales de versos encendidos
y cascadas de paz es lo que tengo.

Un nombre que me sube por el alma
y no quiere que llore mis secretos;
y soy tierra feliz que tengo el arte
de ser dichosa y pobre al mismo tiempo.

Para mí es un placer ser ignorada,
isla ignorada del océano eterno.
En el centro del mundo sin un libro
sé todo, porque vino un mensajero
y me dejó una cruz para la vida
para la muerte me dejó un misterio.

Cosa sia la poesia nella vita di un essere umano, Gloria Fuertes lo aveva capito già da ragazza, quando costretta dedicarsi al lavoro dopo la morte della madre, non rinunciò agli studi e alla passione per la letteratura. Tra le sue frasi, scolpite sull'eredità culturale che ci ha trasmesso, echeggerà per sempre nei pensieri di chi riconosce alla poesia il ruolo di mitigatrice delle vicende umane, quella che cita *"Un bambino che tiene tra le mani un libro di poesia, non avrà mai motivo nel suo futuro di custodire nelle stesse mani un'arma"*.

Per comunicare, aggiungiamo noi, la poesia sarà sempre il punto di incontro tra le culture diverse di popoli diversi. Quel bambino di un futuro che, inevitabilmente, sarà anche il nostro, e sul quale si affaccia trascinandosi dietro la crudeltà che, per motivi meno nobili della poesia, ha sempre preferito l'utilizzo delle armi a distruggere il dialogo, prima ancora che la vita.

Questa poetessa intuì l'importanza di educare l'essere umano, già in tenera età, ad abituarsi alla lettura e alla bellezza del linguaggio poetico, perché se i bambini si avvicinano a questo necessario e sublime mezzo comunicativo, finiranno per affezionarsi al gusto del bello e a quanto merita ancora di essere coltivato, nonostante la cattiveria dei suoi simili.

Un sogno, che se si manifesta dai versi di questa poetessa spagnola, vogliamo credere ancora, possa diventare parte integrante della nostra realtà.

Mihai Eminescu

La tragedia di un giovane operaio rumeno, addolcita e consolata dai versi melanconici di un grande poeta.

mercoledì 18 marzo 2015

Agli inizi di marzo, quasi a voler attualizzare ben più famosi idi romane, il crollo di un pilone della nefasta e omerica autostrada Salerno-Reggio Calabria, ha causato la morte di un operaio di venticinque anni. Si chiamava Adrian Miholca. Era di origine rumena.

Sarà dimenticato. Come tutte le morti bianche delle italiche riforme del lavoro. Lui, venuto da una delle nazioni più colpite dalla discriminazione e dal razzismo nazista. Lui, che a diciotto anni si è trasferito in un paesino del salernitano dalla lontana Romania. Lui, che è diventato protagonista involontario di un sacrificio umano per un'altra cattedrale nel deserto dell'indifferenza, vidimata dall'epica legge n.443 del 2001, passata alle cronache politiche con il nome altisonante di Legge Obiettivo.

E' a lui che dedichiamo, questa settimana, la nostra rubrica. Lo facciamo prendendo a prestito i versi romantici del più grande poeta rumeno, Mihail Eminescu. E con questi versi, ci permettiamo di accostarlo alle nostre vite, troppo spesso superbe, distaccate, tremendamente artefatte da false verità su mondi che non abbiamo il coraggio di voler conoscere.

Mai am un singur dor

Mai am un singur dor
În liniştea serii
Să mă lăsaţi să mor
La marginea mării,
Să-mi fie somnul lin
Şi codrul aproape,
Pe-ntinsele ape
Să am un cer senin.
Nu-mi trebuie flamuri
Nu voi sicriu bogat,
Ci-mi împletiţi un pat
Din tinere ramuri.

Şi nimeni in urma mea
Nu-mi plângă la creştet,
Doar toamna glas să dea
Frunzişului veşted.
Pe când cu zgomot cad
Isvoarele intruna
Alunece luna
Prin vârfuri lungi de brad.
Pătrunză talanga

Al serii rece vânt,
Deasupră-mi teiul sfânt,
Să-şi scuture creanga.

Cum n-oi mai fi pribeag
De atunci înainte,
M-or troieni cu drag
Aduceri aminte.
Luceferi, ce răsar
Din umbră de cetini,
Fiindu-mi prietini,
O să-mi zâmbească iar.
Va geme de patemi
Al mării aspru cânt...
Ca eu voi fi pământ
În singurătate-mi.

Un ultimo desiderio *(vers. italiana)*

Ho un solo desiderio,
Nel silenzio della notte
Lasciatemi morire
Vicino al mare.
Un sonno dolce avrò,
Il bosco vicino
Sulle distese acque
Mi sia il cielo sereno.
Non voglio bandiere,
Nè una ricca bara,
Fatemi solo un letto
Di teneri ramicelli.

Nessuno dietro dovrà piangere,
Solo l'autunno dovrà dare voce
Alle foglie morte
Che con rumore cadono.
Il fiumicello scorre,
Scivola anche la luna,
Dentro gli aghi dell'abete
Sopra, il tiglio santo
Fa tremare i rami.
Quando non sarò più vagabondo,
Da allora in poi
Mi accarezzeranno con amore
pensieri lontani.

Stelle che scorgono
 Dall'ombra del cedro,
 Essendomi amiche
 Mi sorridono ancora.
 Piange dal dolore
 Il canto del mare.
 Che io sarò polvere...
 Nella mia solitudine.

Jacopo da Lentini

Un salto nei secoli di un passato culturale siciliano e non solo. Quando la donna, tentatrice anche all'epoca, veniva innalzata al sublime da accostare all'ambito divino.

mercoledì 25 marzo 2015

Io m'aggio posto in core a Dio servire

Io m'ag[g]io posto in core a Dio servire,
com'io potesse gire in paradiso,
al santo loco ch'ag[g]io audito dire,
u' si manten sollazzo, gioco e riso.

Sanza mia donna non vi vorria gire,
quella c'ha blonda testa e claro viso,
ché sanza lei non poteria gaudere,
estando da la mia donna diviso.

Ma non lo dico a tale intendimento,
perch'io pec[c]ato ci volesse fare;
se non veder lo suo bel portamento

e lo bel viso e 'l morbido sguardare:
ché lo mi teria in gran consolamento,
veg[g]endo la mia donna in ghiora stare.

(Mi sono posto nel cuore di servire Dio / come potessi andare in paradiso, / al santo luogo che ho sentito dire / dove si mantiene sollazzo, gioco e riso. // Non ci vorrei andare senza la mia donna / colei che ha testa bionda e viso chiaro, / che senza di lei non potrei godere / stando diviso dalla mia donna. // Ma a tale intendimento non lo dico / perché ci volessi fare peccato; / se non per vedere il suo bel portamento // e il bel viso e il morbido modo di guardare: / perché lo terrei in gran consolazione / vedendo la mia donna stare in gloria (in paradiso)).

Iacopo da Lentini (Jacopo o Giacomo) nacque nel c.1210 (morì nel c.1260). Le poche notizie che restano della vita pubblica di questo notaio imperiale e i pochissimi accenni storici dei suoi versi armonizzano con il ruolo di capofila e iniziatore della "scuola" che gli è stato attribuito a partire da Alighieri (*Dante Alighieri: Purgatorio, XXIV).

A lui risale la codificazione delle forme metriche: dalla canzone aulica, nei suoi vari schemi, alla canzonetta di genere popolaresco, al discordo. Oltre al trapianto dei modi e dei temi provenzali, gli si deve probabilmente anche l'invenzione del sonetto, che fu tra i primi a impiegare nelle tenzoni scolastiche.

vedi: scheda biografica su Antenati, storia delle letterature europee.

Forugh Farrokhzad

La voglia di vivere la propria libertà di donna in un paese fiabesco, consegnato agli orrori della guerra. I versi di una poetessa ribelle, occasione per raccontare la vita di un uomo. Stanco di fuggire.

mercoledì 1 aprile 2015

Saluterò di nuovo il sole

*Saluterò di nuovo il sole,
e il torrente che mi scorreva in petto,
saluterò le nuvole dei miei lunghi pensieri
e la crescita dolorosa dei pioppi in giardino
che con me hanno percorso le aride stagioni.*

*Saluterò gli stormi di corvi
che a sera mi portavano in dono
l'odore dei campi notturni.
Saluterò mia madre, che viveva nello specchio,
immagine della mia vecchiaia.*

*E saluterò la terra, il suo desiderio ardente
di ripetermi e riempire di semi verdi
il suo ventre infiammato,
sì, la saluterò
la saluterò di nuovo.*

*Arrivo, arrivo, arrivo,
con i miei capelli come odori
che sgorgano dal sottosuolo
e gli occhi miei, l'esperienza densa del buio.
Con gli arbusti che ho strappato ai boschi oltre il muro.*

*Arrivo, arrivo, arrivo,
e la soglia trabocca d'amore
ed io ad attendere quelli che amano
e la ragazza che è ancora lì,
nella soglia traboccante d'amore, io
la saluterò di nuovo.*

Said (nome di fantasia, *n.d.r.*), lavora come tuttofare in un locale siciliano. Ti accoglie sempre con un sorriso, tra una lastra da vetrina da lavare e i suoi ingenui tentativi di prepararti un espresso italiano. E' iraniano. E' scappato dalla guerra, lasciandosi dietro una famiglia sterminata dall'esercito di uno dei tanti dittatori che hanno accompagnato la sua vita. Uno di quelli che, altri, hanno scelto per lui e il suo popolo.

La sera, dopo il turno di lavoro, ama rilassarsi in palestra e prima di andare a dormire, studia l'italiano perché dice "...io devo imparare la lingua del paese dove ho deciso di vivere". L'inglese lo conosce già, ma è stato un lasciapassare utile durante la sua fuga dall'Iran.

L'altra mattina ha visto su un quotidiano una foto di repertorio di uno dei Khamenei o Khomeyni che hanno venduto il suo popolo alla guerra. "Questo è un uomo cattivo, come tanti uomini di potere del mio paese", ha commentato con un sorriso di sconfitta, provando a riprendersi il ruolo di profugo di un paese che, forse, non rivedrà mai.

Poi mi ha mostrato delle foto in bianco e nero. Ritraevano delle ragazze e dei ragazzi sorridenti all'esterno di un palazzo che, Said ha confermato, era l'università. Quello che mi ha sorpreso è vedere le ragazze in jeans e camicia, con i capelli sciolti e una libertà di scambi sociali, manifestata dai loro volti che trasparivano serenità.

"Questo, una volta, era il mio popolo", mi dice soffermandosi su quelle immagini nostalgiche. "Prima che una rivoluzione ci illudesse che fosse stata combattuta per costruire una società migliore per le prossime generazioni", sentenzia senza che io possa profferire alcun commento che non evidenzi una conoscenza sommaria di quella realtà.

"Ho una moglie e dei figli". Mentre me lo confessa, guardo nuovamente le foto, quasi a cercarne il volto. "Sono negli Stati Uniti. Scappati e rifugiati sotto falso nome". Vorrei bloccarlo perché, in fondo, credo che non si debba giustificare di niente. "Per la loro sicurezza, mi sono dato anch'io un altro nome. Carmelo, Giuseppe, Rosario. Che importanza ha? Non posso neanche sentirli per telefono, per paura di creare problemi. Non possono permettersi un'altra fuga. Per dove, poi?"

Non trovo alcuna parola per rispondergli. Neanche solo per provare a mostrargli la stessa amicizia che lui mi sta offrendo, raccontandomi la sua vita. Lo guardo per un attimo allontanarsi per inscenare la professionalità del barista, in un altro suo tentativo di servire il miglior espresso della Sicilia.

Torna verso me, ancora sorridente. "Bella questa poesia. Non la conoscevo. Neanche la poetessa", il suo saluto, prima di congedarsi e rispondere al richiamo proveniente dalla cucina del locale.

Derek Walcott

Dal fondo di un oceano, troppo distante dai nostri sogni interrotti, ci facciamo cullare dalla marea poetica di un poeta caraibico.

mercoledì 8 aprile 2015

Concludendo

*Vivo sull'acqua,
solo. Senza moglie né figli.
Ho circumnavigato ogni possibilità
per arrivare a questo:*

*una piccola casa su acqua grigia,
con le finestre sempre spalancate
al mare stantio. Certe cose non le scegliamo noi,*

*ma siamo quello che abbiamo fatto.
Soffriamo, gli anni passano, lasciamo
tante cose per via, fuorché il bisogno*

*di fardelli. L'amore è una pietra
che si è posata sul fondo del mare
sotto acqua grigia. Ora, non chiedo nulla*

*alla poesia, se non vero sentire:
non pietà, non fama, non sollievo. Tacita sposa,
noi possiamo sederci a guardare acqua grigia,*

*e in una vita che trabocca
di mediocrità e rifiuti
vivere come rocce.*

*Scorderò di sentire,
scorderò il mio dono. E' più grande e duro,
questo, di ciò che là passa per vita.*

Il sogno di un fuga a dimenticarsi del mondo, come se il mondo non fosse in ogni luogo. Dentro l'apatia e un bizzarro desiderio di anticonformismo. Le nostre vite, distaccate da quelle degli altri. Affidate a parole e versi consolatori, provando ad immaginarsi protagonisti in moderni gypsy, erranti in un quotidiano che non riesce più a scuoterci.

Derek Walcott ci ha aiutato in questo divagare di pensieri confusi e di sogni ad occhi aperti. Almeno per un istante, ci ha lasciato l'illusione di un naufragio, dal quale credere di non poter far ritorno, tra un'isola caraibica e un raggio di sole a chiudere un altro giorno accarezzato dalla fantasia.

Juan Eduardo Cirlot

Il vuoto culturale di questi giorni, con la morte di Eduardo Galeano e Gunter Grass, sarà colmato solo in parte dalle loro opere. La poesia, ancora una volta, ci viene incontro per mitigare questa lacuna.

mercoledì 15 aprile 2015

Contemplo Entre Las Aguas de Tu Cuerpo...

Contemplo entre las aguas de tu cuerpo
la celeste blancura del pantano
desnudo bajo el campo con relieves
y circundado por el verde fuego.

No muy lejos el mar y las estrellas
en las arenas grises de las nubes.
Manos entre las piedras con las olas
y tus ojos azules en las hierbas.

Las alas se aproximan. Descomponen,
perdidas en las páginas del bosque,
Bronwyn, mi corazón, y cenicienta
sobre la tierra negra y en los cielos.

In un periodo triste per la letteratura internazionale, che ci ha fatto vivere nella stessa giornata la scomparsa di Eduardo Galeano e di Günter Grass, affidiamo ai versi del poeta spagnolo Juan Eduardo Cirlot il compito di innalzare la voce della cultura che, attraverso le opere degli scrittori, non morirà mai.

Cirlot, che lo scorso 9 aprile avrebbe compiuto 99 anni (è morto l'11 maggio 1973), ha spaziato durante la sua vita dedicandosi a varie forme d'arte e interessi culturali, apparentemente non sempre tra loro collegati.

Quando si analizza la sua vita artistica, ci assale la nostalgia di tempi in continuo fermento quando ci si poteva trovare al cospetto di Hemingway, Buñuel, Picasso, Pound o Gertrude Stein, nello stesso momento riuniti attorno ad un tavolo a parlare di cubismo o della Guerra di Spagna.

Perché anche Cirlot ha avuto la fortuna di vivere nel periodo a ridosso della seconda guerra mondiale, quando gli orrori della distruzione provocarono uno sviluppo culturale, sul quale porre le basi per la ricostruzione di un futuro.

I suoi incontri con Alfonso Buñuel, fratello del più noto Luis, con Benitez de Castro, ma anche con André Breton, uniti ai suoi studi di traduzione delle opere di Paul Eluard e Antonin Artaud, rappresentano solo una parte della sua dedizione all'arte, in senso generico.

Appassionato di musica e pittura, si dedicò anche alla etnologia e alla musicologia, per passare in seguito all'arte gotica e al simbolismo. Un modo davvero invidiabile di vivere, seppur una breve vita, la ricerca continua di nuovi stimoli a colmare un'eterna fame di conoscenza.

Francesco Guccini

Le stragi nel Mediterraneo non annullano soltanto un sogno di libertà, o d'illusione. Col tempo, stanno cancellando un ricordo di coscienza.

mercoledì 22 aprile 2015

Amerigo

Probabilmente uscì chiudendo dietro a sé
la porta verde.
Qualcuno si era alzato a preparargli in fretta
un caffè d'orzo.
Non so se si girò, non era il tipo d'uomo
che si perde
in nostalgie da ricchi, e andò per la sua strada
senza sforzo.

Quand'io l'ho conosciuto, o inizio a ricordarlo,
era già vecchio
o così a me sembrava, ma allora non andavo
ancora a scuola
colpiva il cranio raso e un misterioso e
strano suo apparecchio
un cinto d'ernia che sembrava una fondina
per la pistola
ma quel mattino aveva il viso dei vent'anni
senza rughe
e rabbia ed avventura e ancora vaghe
idee di socialismo.

Parole dure al padre e dietro tradizione
di fame e fughe
e per il suo lavoro, quello che schianta
e uccide: il fatalismo.
Ma quel mattino aveva quel sentimento nuovo
per casa e madre
e per scacciarlo aveva in corpo il primo vino
di una cantina
e già sentiva in faccia l'odore d'olio e mare
che fa Le Havre

*e già sentiva in bocca l'odore della polvere
della mina.*

*L'America era allora, per me i G.I. di Roosvelt
la quinta armata l'America era Atlantide, l'America era il cuore,
era il destino
l'America era Life, sorrisi e denti bianchi
su patinata
l'America era il mondo sognante
e misterioso di Paperino
l'America era allora per me provincia
dolce mondo di pace
perduto un paradiso, malinconia sottile,
nevrosi lenta
e Gunga-Din e Ringo, gli eroi di Casablanca
e di Fort Apache
un sogno lungo il suono continuo e ossessivo
che fa il Limentra.*

*Non so come la vide quando la nave
offrì New York vicino
dei grattacieli il bosco, città di feci e strade,
urla, castello!
E Pàvana un ricordo lasciata tra
i castagni dell'Appennino
l'inglese un suono strano che lo feriva al cuore
come un coltello
e fu lavoro e sangue, e fu fatica uguale
mattino e sera
per anni da prigione, di birra e di puttane,
di giorni duri
di negri ed irlandesi, polacchi ed italiani,
nella miniera
sudore d'antracite, in Pennsylvania, Arkansas,
Tex, Missouri.*

*Tornò come fan molti, due soldi e
giovinezza ormai finita.
L'America era un angolo, l'America era un'ombra
nebbia sottile
l'America era un'ernia, un gioco di quei tanti
che fa la vita
e dire boss per capo, e ton per tonnellata,
rifle per fucile.
Quand'io l'ho conosciuto, o inizio a ricordarlo,*

era già vecchio
sprezzante con i giovani, gli scivolavo accanto
senza afferrarlo
e non capivo che quell'uomo era il mio volto,
era il mio specchio
finché non verrà il tempo in faccia a tutto il mondo
per rincontrarlo.

"...Finché non verrà il tempo in faccia a tutto il mondo/per rincontrarlo", sono i versi finali di questa canzone che Guccini ripete tre volte nel finale nella versione cantata. Quando fu inserita nell'album omonimo, uscito nel 1978, era già un messaggio per le generazioni successive, dopo che anch'egli aveva attinto dal passato un'altra storia di migrazioni. Oggi, difficilmente con il ritorno citato nelle parole del cantautore.

E si potrebbero ricordare cronache, più o meno dimenticate, alcune lasciate nell'oblio di un mondo che prova a dare le risposte a domande che non sa più porsi. Si potrebbero citare film, libri, altre poesie di chi ha visto un aspetto cosmopolita del mondo che a molti, in questi tempi, sembra sfuggire.

Perché ci si appropria di un diritto di appartenenza, del quale solo una casualità ha stabilito una latitudine dove collocarlo. Ci si arrocca dietro ideologie, presunzioni, detenzioni di verità assolute, dentro le quali la vita umana vale meno di un oggetto galleggiante che "oltraggia" il nostro consumismo e i sensi di colpa.

Non si perde neanche il tempo per approfondire quanto una sommaria e oculata informazione ci crea intorno al nostro mondo, dove vorremmo rifugiarci per sempre e custodire un oltraggio all'immortalità. Quasi a proteggere un mito culturale che, in altre occasioni, abbiamo cancellato senza ritegno, e adesso rivendichiamo scandalizzati da invasioni culturali che ci ostiniamo a separare da un unico passato.

Qualcosa sta cambiando dentro le sicumere delle nostre vite, in quelle degli altri, in quelle che preferiamo ignorare illudendoci che non si debbano mischiare alle nostre. Ma non abbiamo alcun potere per controllare e modificare quanto accade intorno a noi, se non ci soffermeremo a cercare ostinatamente il rovescio della medaglia di quanto ruota attorno al nostro vissuto, che sentiamo minacciato.

Se non prendiamo a prestito quel verso di Guccini *"...e non capivo che quell'uomo/era il mio volto/era il mio specchio"* per trasformarlo in chiave di lettura del nostro destino.

Indice analitico

Achmadulina, Bella Achatovna 40
Adonis 238
Agustoni, Prisca 324
Al-Mala'ika, Nazik 215
al-Qasim, Samih 192
Alberti, Rafael 234
Alonso, Rodolfo 268
Andrade, Eugénio de 201
Andrade, Jorge Carrera 282
Angelou, Maya 313
Aresti, Gabriel 95
Arnaout, Aïcha 271
Attila, József 31
Auden, W. H. 261
Bachmann, Ingeborg 140
Barbera, Renzo 294
Basso, Salvo 89
Belli, Gioconda 19
Best, George 213
Bhatt, Sujata 229
Bialik, Hayyim Nahman 101
Binyon, Laurence 29
Blandiana, Ana 33
Blotto, Augusto 52
Bonaviri, Giuseppe 228
Bono, Elena 339
Borges, Jorge Luis 327
Bovio, Libero 297
Boye, Karin 345
Brecht, Bertolt 16
Bukowski, Charles 151
Burns, Robert 333
Buscemi, Piero 147
Buttitta, Ignazio 111
Cabral del Hoyo, Roberto 224
Calogero, Lorenzo 205
Calvino, Giuseppe Marco 275
Carpio, Manuel 54
Carver, Raymond 51
Casula, Antioco 122
Ceronetti, Guido 129
Christensen, Inger 284
Cirlot, Juan Eduardo 374
Cocteau, Jean 258
Conte, Giuseppe 302

Corbière, Tristan..**248**
Corso, Gregory..**74**
Cortazàr, Julio...**188**
Cvetaeva, Marina...**194**
D'Angelo, Pascal..**304**
Daniele, Pino...**326**
Darwish, Mahmud..**145**
De Andrè, Fabrizio...**250**
De Filippo, Titina..**132**
De Luca, Erri...**226**
de Moraes, Vinicius..**289**
del Paso Morante, Fernando...**92**
Della Porta, Modesto...**273**
Desbordes Valmore, Marceline...**287**
Di Giacomo, Salvatore..**109**
Di Giovanni, Alessio..**266**
Di Prima, Diane...**168**
Eluard, Paul..**36**
Eminescu, Mihai..**366**
Esenin, Sergej Aleksandrovič...**24**
Estévez, Abilio..**359**
Farrokhzad, Forugh...**370**
Ferlinghetti, Lawrence...**17**
Finiguerra, Assunta...**199**
Follereau, Raoul..**85**
Frost, Robert Lee..**58**
Fuertes, Gloria..**363**
Gaber, Giorgio..**160**
Gaetano, Rino...**212**
Geldof, Bob...**307**
Gilmour, David..**331**
Ginsberg, Allen...**231**
Guccini, Francesco..**375**
Guerra, Tonino..**309**
Guthrie, Woody...**106**
Haddad, Joumana...**138**
Heaney, Seamus...**236**
Henley, William Ernest..**264**
Hikmet, Nazim..**55**
Hölderlin, Friedrich..**240**
Impastato, Peppino...**57**
Jacopo da Lentini..**369**
Joyce, James..**301**
Kaufman, Bob...**181**
Kavafis, Kostantinos..**190**
Kerouac, Jack...**15**
Ko Un..**183**
Kōtarō, Takamura..**134**
Kouwenaar, Gerrit...**321**
Kusak, Victor...**148**

Lamantia, Philip	169
Leardini, Isabella	210
Lennon, John	350
Leonardo Da Vinci	223
Leopardi, Giacomo	343
Lermontov, Michail Jur'evič	352
Levertov, Denise	179
Li Po	260
Lihidheb, Mohsen	26
Lowry, Malcolm	149
Machado, Antonio	303
Majakovskij, Vladimir Vladimirovič	87
Mandel'stam, Osip	291
Maraini, Dacia	244
Martì, José	142
Medeiros, Martha	82
Melendez, Mario	104
Mihály, Váci	311
Millan, Gonzalo	27
Miller, Henry	295
Miller, Ruth	219
Mitre, Eduardo	220
Montale, Eugenio	335
Montemayor, Carlos	126
Morante, Elsa	119
Morrison, James Douglas	44
Neruda, Pablo	329
Ngana, Ndjock	34
Nietzsche, Friedrich Wilhelm	93
Nimoy, Leonard	361
Nxumalo, Siyabonga A.	319
Ó Direáin, Máirtín	117
O'Hara, Frank	197
Ortiz, Adalberto	252
Pascoli, Giovanni	79
Pasolini, Pier Paolo	67
Penna, Sandro	277
Pešorda, Mile	256
Pessoa, Fernando	39
Pirandello, Luigi	348
Prado, Adelia	217
Quasimodo, Salvatore	23
Rabearivelo, Jean-Joseph	347
Radnóti, Miklós	144
Rich, Adrienne	77
Ritsos, Yiannis	76
Rodari, Gianni	155
Romero, Candelaria	124
Rosselli, Amelia	171
Rossi, Paolo	323

Rubinstein, Lev...48
Sakhri, Mokhtar..337
Salisbury, Ralph...178
Samson, Polly Anne...341
Saramago, José...113
Sassoon, Siegfried...60
Sedakova, Olga...285
Serricchio, Cristanziano...208
Soupault, Philippe..315
Soyinka, Wole..69
Spaziani, Maria Luisa..47
Storni, Alfonsina...136
Szymborska, Wislawa..317
Tagore, Rabindranath..99
Tariq Ali..21
Tedeschi, Geppo..299
Tempio, Domenico...71
Thomas, Dylan...32
Toma, Salvatore...254
Totò..63
Trilussa..61
Troisi, Massimo..98
Turrini, Peter..354
Ugaas, Raage..246
Ukrainka, Lesja..356
Ungaretti, Giuseppe...270
Vallejo Mendoza, César Abraham...66
Vann'Antò..242
Verlaine, Paul...186
Vivanti, Annie...158
Viviani, Raffaele...202
Voznesenskij, Andrej Andreevich...135
Walcott, Derek...372
Waldman, Anne...174
Walser, Robert...46
Yanez, Carmen..108
Zanzotto, Andrea...42

Nota di edizione

Questo libro

Accanto a un bicchiere di vino, di Piero Buscemi – antologia della poesia da Li Po a Rino Gaetano -, raccoglie 174 autori. Nata come rubrica settimanale all'interno di www.girodivite.it tra il 2011 e il 2015, una poesia e un autore alla settimana, accoglie non solo poeti occidentali o provenienti dal mondo tradizionale della "poesia di carta". Il gusto e la scelta sono ben più vasti, fanno rientrare nella poesia e all'attenzione dei lettori contemporanei, poeti africani e latino-americani, poeti dialettali, e cantautori: un abbraccio universale e "laico" (dal punto di vista dei media), controcorrente e coraggioso che è stato molto apprezzato dai lettori online della rubrica, e che ora qui si ripropone in forma di libro. Il titolo dell'antologia fa riferimento al titolo di una poesia della poetessa polacca Wislawa Szymborska.

"Piero Buscemi è il direttore della misteriosa orchestra che ha creato la sorprendente sinfonia contenuta in queste pagine". Dalla nota introduttiva di Marisa Attanasio.

L'autore

Piero Buscemi è nato a Torino nel 1965. Redattore del periodico online www.girodivite.it, ha pubblicato : "Passato, presente e futuro" (1998), "Ossidiana" (2001), "Apologia di pensiero" (2001), "Querelle" (2004), "L'isola dei cani" (2008, ripubblicato nel 2015 presso ZeroBook), "Cucunci" (2011), "Ossidiana" (ed. 2013). Vincitore di diversi premi letterari, alcuni suoi racconti e poesie sono contenuti in alcune antologie nazionali. Il romanzo "Querelle" è stato tradotto in inglese e pubblicato dalla Pulpbits Press (Stati Uniti). E' tra i fondatori dell'Associazione culturale "Aromi Letterari" di Messina. Sostenitore Emergency, collabora con l'Avis (donatori sangue) ed è promotore delle iniziative di ActionAid Italia.

Le edizioni ZeroBook

Le edizioni ZeroBook nascono nel 2003 a fianco delle attività di www.girodivite.it. Il claim è: "un'altra editoria è possibile". ZeroBook è una piccola casa editrice attiva soprattutto (ma non solo) nel campo dell'editoriale digitale e nella libera circolazione dei saperi e delle conoscenze.

Quanti sono interessati, possono contattarci via email: zerobook@girodivite.it

O visitare le pagine su: http://www.girodivite.it/-ZeroBook-.html

Ultimi volumi:

Il cronoWeb 2015 / a cura di Sergio Failla (ISBN 978-88-6711-097-1)

Col volto reclinato sulla sinistra / di Orazio Leotta (ISBN 978-88-6711-023-0)

L'isola dei cani / di Piero Buscemi (ISBN 978-88-6711-037-7)

Saggistica:

Antenati: per una storia delle letterature europee: volume primo: dalle origini al Trecento / di Sandro Letta (ISBN 978-88-6711-101-5)

Antenati: per una storia delle letterature europee: volume secondo: dal Quattrocento all'Ottocento / di Sandro Letta (ISBN 978-88-6711-103-9)

Antenati: per una storia delle letterature europee: volume terzo: dal Novecento al Ventunesimo secolo / di Sandro Letta (ISBN 978-88-6711-105-3)

Il cronoWeb 2015 / a cura di Sergio Failla (ISBN 978-88-6711-097-1)

Il prima e il Mentre del Web / di Victor Kusak (ISBN 978-88-6711-098-8)

Col volto reclinato sulla sinistra / di Orazio Leotta (ISBN 978-88-6711-023-0)

Il torto del recensore / di Victor Kusak (ISBN 978-6711-051-3)

Elle come leggere / di Pina La Villa (ISBN 978-88-6711-029-2

Segnali di fumo / di Pina La Villa (ISBN 978-88-6711-035-3)

Musica rebelde / di Victor Kusak (ISBN 978-88-6711-025-4)

Il design negli anni Sessanta / di Barbara Failla

Maledetti toscani / di Sandro Letta (ISBN 978-88-6711-053-7)

Socrate al caffé / di Pina La Villa (ISBN 978-88-6711-027-8)

Le tre persone di Pier Vittorio Tondelli / di Alessandra L. Ximenes (ISBN 978-88-6711-047-6)

Del mondo come presenza / di Maria Carla Cunsolo (ISBN 978-88-6711-017-9)

Stanislavskij: il sistema della verità e della menzogna / di Barbara Failla (ISBN 978-88-6711-021-6)

Quando informazione è partecipazione? / di Lorenzo Misuraca (ISBN 978-88-6711-041-4)

L'isola che naviga: per una storia del web in Sicilia / di Sergio Failla

Lo snodo della rete / di Tano Rizza (ISBN 978-88-6711-033-9)

I ragni di Praha / di Sergio Failla (ISBN 978-88-6711-049-0)

Comunicazioni sonore / di Tano Rizza (ISBN 978-88-6711-013-1)

Radio Alice, Bologna 1977 / di Lorenzo Misuraca (ISBN 978-88-6711-043-8)

L'intelligenza collettiva di Pierre Lévy / di Tano Rizza (ISBN 978-88-6711-031-5)

I ragazzi sono in giro / a cura di Sergio Failla (ISBN 978-88-6711-011-7)

Proverbi siciliani / a cura di Fabio Pulvirenti (ISBN 978-88-6711-015-5)

Narrativa:

L'isola dei cani / di Piero Buscemi (ISBN 978-88-6711-037-7)

L'anno delle tredici lune / di Sandro Letta (ISBN 978-88-6711-019-3)

Poesia:

Il libro dei piccoli rifiuti molesti / di Victor Kusak (ISBN 978-88-6711-063-6)

L'isola ed altre catastrofi (2000-2010) di Sandro Letta (ISBN 978-88-6711-059-9)

La mancanza dei frigoriferi (1996-1997) / di Sergio Failla (ISBN 978-88-6711-057-5)

Stanze d'uomini e sole (1986-1996) / di Sergio Failla (ISBN 978-88-6711-039-1)

Fragma (1978-1983) / di Sergio Failla (ISBN 978-88-6711-093-3)

Cataloghi:

ZeroBook: catalogo dei libri e delle idee 2015

ZeroBook: catalogo dei libri e delle idee 2012

Catalogo ZeroBook 2007

Catalogo ZeroBook 2006